球史
全通

世界传世藏书

【图文珍藏版】

世界历史通览

刘凯⊙主编

第一册

线装书局

图书在版编目（CIP）数据

世界历史通览：全6册 / 刘凯主编. —— 北京：线
装书局, 2016.3
　ISBN 978-7-5120-2136-5

　Ⅰ.①世… Ⅱ.①刘… Ⅲ.①世界史 – 通俗读物
Ⅳ.①K109

中国版本图书馆CIP数据核字(2016)第019346号

世界历史通览

主　　编：刘　凯
责任编辑：高晓彬
装帧设计：博雅圣轩藏书馆
　　　　　Boyashengxuan Cangshuguan
出版发行：線裝書局
　　　　　　地　址：北京市西城区鼓楼西大街41号（100009）
　　　　　　电　话：010-64045283（发行部）　64045583（总编室）
　　　　　　网　址：www.zgxzsj.com
经　　销：新华书店
印　　制：北京彩虹伟业印刷有限公司
开　　本：787mm×1092mm　1/16
印　　张：150
字　　数：1826千字
版　　次：2016年3月第1版第1次印刷
印　　数：0001 – 3000套

定　　价：1580.00元（全六册）

更多资讯请访问官网

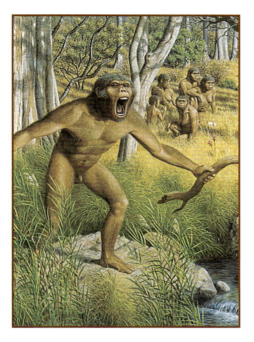

距今约1400～800万年

腊玛古猿出现

约公元前3100年

美尼斯统一埃及

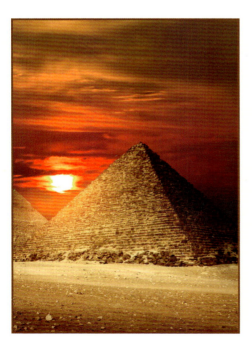

约公元前2700～2500年

金字塔的出现

约公元前3000年

楔形文字的出现

公元前1792~前1750年

《汉谟拉比法典》的颁布

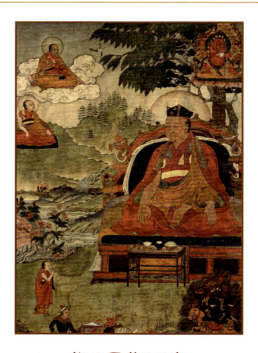

约公元前563年

乔达摩·悉达多（佛陀）的诞生

公元前431~前404年

伯罗奔尼撒战争

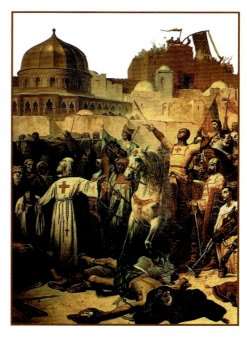

公元前334~公元前324年

亚历山大东征

公元前73年春夏之交

斯巴达克奴隶起义

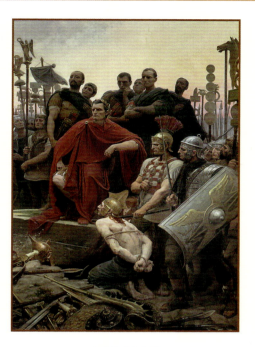

公元481年

法兰克王国墨洛温王朝的建立

公元529年

《罗马民法大全》的颁布

公元1204年

君士坦丁堡被十字军攻陷

公元1337年

英法百年战争爆发

公元1533年

伊凡四世成为首任俄国沙皇

公元1492年

哥伦布发现美洲新大陆

公元1517年

马丁·路德发表《九十五条论纲》

公元1775年

美国独立战争爆发

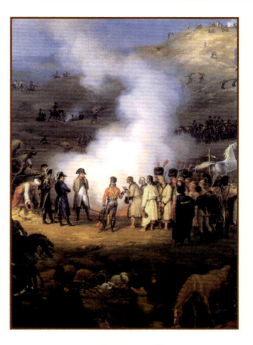

公元1804年

拿破仑加冕称帝

公元1868年

日本明治维新运动的开始

公元1894年

中日甲午战争爆发

公元1914年

第一次世界大战爆发

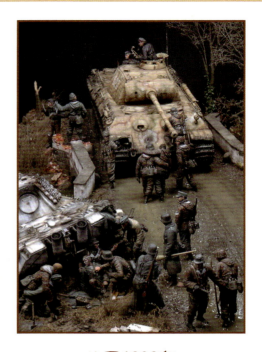

公元1939年

第二次世界大战爆发

公元1947年

美苏"冷战"正式开始

公元1991年

前苏联解体为15个国家

前　言

　　历史，简称史，一般指人类社会历史，它是记载和解释一系列人类活动进程的历史事件的一门学科，多数时候也是对当下时代的映射。如果仅仅只是总结和映射，那么，历史作为一个存在，就应该消失。历史的问题在于不断发现真的过去，在于用材料说话，让人如何在现实中可能成为可以讨论的问题。

　　历史是延伸的，是文化的传承、积累和扩展，是人类文明的轨迹。历史可提供今人理解过去，作为未来行事的参考依据，与伦理、哲学和艺术同属人类精神文明的重要成果。

　　历史记载着人类的进步的经验，失败的教训，民生的痛苦，正直善良的人的幸与不幸，社会发展的艰难。

　　历史进步中，有灿烂的人性，有智者的智慧，有国与国之间的友谊，有伟大人物光辉的人格，有平民百姓忧国的精神，这些都倍感可贵。

　　历史中也有谎言，有许多阴谋，有许多残忍，有许多人用残酷无情的手段对待民众，有许多人用卑鄙无义的手段对待其他政治势力。

　　国内有二十四史，不可谓不丰富，国外一百多个国家中，许多国家也有悠久灿烂的历史。

　　古时明月照今人，今月曾经照古人。风还是那个风，月亮还挂着头上，人类这几千年来也没有进化，古人爱钱，我们也爱钱，古人为权力所困，我们还是为权力所困。读历史有时就是让你去亲近几千年前，那个和你一模一样的人。

　　绝大多数人对于历史的爱好仅限于听故事图个热闹好看，拿评书和历史剧当历史，热衷于一吕二赵三典韦四关五马六张飞之类的演义八卦，这不叫读史。高级一点的，认为真实历史比小说有意思，比如说喜欢看二战史，对德军高级将领如数家珍，这也仅仅能算对历史的入门而已。就好比喝酒不是为了解渴一样，"读"不是"看"，要想谈论读史的境界，光了解人物事件不行，关键是自己要能从中得到思想。高手读史的三个境界：读权术、读大势、读历史。一个国家，历史是经验、教训、明鉴、秉承，是过去的沉积，未来的导向；一个人，历史是最好的老师，教你融会贯通、惩前毖后，是学习的源泉，进步的信心。

　　现如今国人学习中国历史的热情有增无减，大到著书立说、专业研究，小到影视作品、日常生活，无处不透着我国历史精华沉积在现代生活中的应用，但我们同时也发现在面对世界历史这个宝库时，我们手里开启的钥匙还不多，我们继承整个人类文明的精髓还不多，拿来主义还应用的远远不够。我们中华民族毕竟是世界人类文明的一部分，继承和发展世界历史文明是我们中华民族责无旁贷的重任，也是我们国家经济建设高度发展和社会文明高度进步的必由之路。我们必须清醒地认识这一点，从自身学习做起，从教育下一代重视学习世界史做起，创造学习环境和氛围，我们在不远的将来会看到一个更加繁荣强大、文明博爱的中国屹立在世界的最高点。

浩瀚而宝贵的历史智慧既是人类总结昨天的记录，又是人类把握今天、创造明天的向导。一部人类文明史就是人类不断在以往历史的基础上有所发现、有所发明、有所创造、有所前进的历史。人类无时无刻不在渴望建立一个和谐、自由、仁爱的世界。共同的双手与心灵曾经为我们缔造了这个美丽如画的星球，而共同的愿景又令曾经疏远、彼此陌生的人类走上了"全球化"的道路。越来越多的人开始认识到应该超越本民族的界域，从整个世界的角度去体悟人类精神的多样性，去体会和实现"四海一家"的人类情怀。在新形势下，我们要更加重视学习历史知识，不仅要学习中国历史，也要学习世界历史，不仅要有深远的历史眼光，而且要有宽广的世界眼光。正是为了适应历史发展的需要，才有了这部《世界历史通览》一书的问世。

本套《世界历史通览》就是一部"全球通史"。它包括十章内容，分别是：文明的滥觞——从人类起源到最初的伟大帝国、辉煌的帝国——古代希腊、罗马斯、黑暗时代——中世纪时期的欧洲、野蛮的征服——亚非欧的崛起与衰落、新旧世界的冲突——从宗教改革到启蒙时代、蔓延的革命——从法国大革命到工业革命、帝国的黄昏——反殖民中觉醒的亚非拉美、疯狂的世界——两次世界大战、崛起的东方——二战后亚非拉各国的独立和发展逆转的欧洲——二战后西方世界的重建与改革。全书主要讲述了世界历史的进化、世界文明的发展及其对现代社会的影响。编者着眼于全球，侧重于那些有影响的、促进历史发展的历史事件，重点突出，主题鲜明。全书融入了时新的研究成果，新增了数百幅生动珍贵的图片和脉络清晰的地图，使这部丛书在内容和体系上更加完善，令您在颇具历史韵律的行文中思接千载、视通万里。

目 录

第一章　文明的滥觞

——从人类起源到最初的伟大帝国

一、史前时期

从人类形成至约公元前4000年

不要说与地球的历史相比，就是与人类自身的历史相比，人类探寻自身发展、起源和关系的历史仍相当短暂。直到18世纪，《圣经》所载的关于"上帝创造人类"的故事在世界很多地方仍被奉为不可辩驳的真理。直到后来，一批自然科学家出现了，他们质疑《圣经》所赋予人类的特殊地位，其中最为著名的便是查尔斯·达尔文，他主张在进化论的背景下看待人类的发展。而进化论也随着人类遗骸、原始工具以及古代村落遗址的发现得到了支持与修正。用现代技术对文物进行分类、年代确定以及评估使得人类可以日益准确地认识自身的起源。

早期猿人

达尔文的进化论告诉我们，人是从远古猿类进化而来的。那么，早期的猿人都是怎样生活的？他们有没有人类的某些特征，和现在人类有哪些差别？这些问题一直是生物学家亟待解决的重大问题。现在，就让我们一起走进远古时代，看看猿人们都是怎样生活的。

在350万年前的非洲，一只猿猴出没在这片土地上。它长着倾斜的前额、凸起的眼眶、扁平的鼻子、突出的大嘴。这只动物在草丛中缓慢地移动着，当它来到湖边时，它停了下来，扫视着周围的地面，察看是否有食肉的猛兽。然后，它迈出大胆的一步，从草丛中钻了出来。它不像其他的猿类，四脚着地爬出来，而是直立着身子向前走，两只手臂不是拖拉在地上，而是在身子两边摆动着。它个子十分矮

1974年11月，考古学家在埃塞俄比亚的哈达尔阿瓦什低谷发现了一具距今320万年前的古人类化石，并取名露西。它被认为是第一个直立行走的人类。在科学上，露西被作为南方古猿阿法种的代称。

小，只有一米多一点，约30千克，这是一个约20岁的雌性动物。对于羚羊来说，这只矮小的动物一点也不可怕，它们觉得没有任何危险，于是又转过身去饮水了。就是这个能站立的小家伙，冒着危险走出丛林，跑到河边来喝水。它代表着从猿到人进化过程中的转折点，因为它属于一群人们称为南方古猿的动物。考古学家在埃塞俄比亚发掘出它的化石，还给它起了一个好听的名字——"露西"

南方古猿是一种充分发育的两足动物，就是说，它们从树上来到地面上生活，除了极特别的情况，它们通常用两条腿走路。尽管这些南方古猿外表与现在的大猩猩、黑猩猩和狒狒很相像，但它们已是站立走路，有着灵巧的双手，它们已经走在向现代男人和现代女人进化的道路上了。

我们都知道，人类的祖先是猿类，而最早的猿类生活在非洲，距今已有几千万

森林古猿来到地面后，在劳动生活中逐渐产生了语言和学会了使用工具。

年，它们是一些四脚行走的动物，居住在广袤的森林中。大约距今 1500 万年前，地球的气候发生变化，逐渐变得四季分明，气候干燥了，雨林稀少了，这使生活在森林中的猿类被迫来到地面生活，它们逐渐养成了直立行走的习惯，而把双手解放出来从事其他活动。这些在地面活动的南方古猿，生活在距今 500 万到 100 万年前，并且从非洲迁徙到了欧亚大陆。

到公元前 180 万年前后，一个新的物种从南方古猿中产生了，那就是人，也称为"能人"。"能人"是一种既食草又食肉的生物，他们的大脑容量比南方古猿大50%。"能人"身上的体毛已经变得稀少了，他们用双脚走路，有更灵巧的双手，使用天然的工具，并且已有自己丰富的语言。

从"能人"到现代人，还经历了几个发展阶段。最早的"能人"，也称"手艺人"，以"坦桑尼亚能人"为代表。他们能够砸碎石头，取得尖锐的碎片来切割食物和削尖木棍，是熟练的石头手艺人。"直立人"出现在距今大约 150 万年前，如印度尼西亚的"爪哇人"、中国的"北京人"、欧洲的"悔德堡人"等。"直立人"对环境的适应能力比"能人"更高，他们主要以打猎为生，已懂得用削尖的木棒与野兽进行搏斗，是勇敢的猎手。此外，他们已掌握了火的使用。"智人"生活在距今大约十几万年前，如中国的"丁村人""长阳人"和德国的"尼安德特人"。从体质上看，他们与现代人已无多大差别。"晚期智人"也被称为"现代人"，如五万年前的法国"克罗马农人"、18000 年前的中国"山顶洞人"。他们的大脑容量又比能人多了一倍，容貌也与现代人没有什么区别了。

从猿逐步进化为人，劳动起了决定性的作用。劳动不仅创造了灵活的双手，发达了大脑，还创造了语言。人类的祖先在漫长的历史岁月中，栉风沐雨，披荆斩棘，努力地改造着自然，创造出光辉灿烂的古代文明。

旧石器时代

每天晚上，原始人都会聚集在一个山洞里休息。当天亮以后，男人们集体去追赶野兽或者捕捞鱼虾，女人们则去采集野果和植物的根茎。这就是旧石器时代原始人的生活方式。他们用敲击而成的粗石器生产，依靠天然现成的食物为生，每天都为生计问题而奔波。人们群居在一起，共同生产，一起面对自然界的种种灾难，继而在这种磨炼中渐渐成长起来。

原始人制造石器

我们现在都有这样一种认识——石头是人类在远古的时候最初打交道的器具，是用来向大自然进行斗争、获取自身生存的工具和武器。二三百万年前，古猿逐渐进化而成为人类。使用自己制造的工具进行劳动是人类与古猿最根本的区别，而石头工具是人类最早、最原始的工具。

旧石器时代的原始人使用石器切割食物和防御野兽攻击

远古人类在使用天然木棒和石块获取食物和防卫的时候，偶尔发现摔破的石块所形成锋利的边缘，可以用来砍砸和切割食物，他们从中受到启示，便开始有意识地打击石块，使之破碎，并从中挑选出适用的石片或石块。这是一种经过加工的特殊石头，也就是最早的劳动工具。这些工具的形状、大小没有统一的标准，在用途上也没有严格的分别。历史学家称这些石器为"旧石器"，称这一时期为"旧石器时代"。旧石器时代是一个相当漫长的历史时期，它大约从二三百万年前直到一万五千年以前。

原始社会早期，人类的生产活动在很大程度上都会受到自然条件的限制。那一时期，人们在制造石器时，一般都是就地取材。他们从附近的河滩上或岩石区拣来石块，经过打制，做成合适的工具，旧石器时代中期以前几乎都是这样的情况。到了晚期，随着生活环境的变迁和生产经验的积累，这种拣拾的方法有时已经不能满足生产和生活上的需求。于是，在有条件的情况下，原始人会从适宜制造石器的原生岩层中，开采石料，制造石器。因此，在一些能够提供丰富原料的山地中，就会有人从周围地区不断来到这里，他们从岩层开采石料，乃至就地制造石器，因而出现了一些石器制造场。

欧洲旧石器时代的考古工作开展得早，不但发现的遗址多，研究也比较深入。那里的旧石器时代早期文化可分为两大系统，一是手斧文化系统，包括阿布维利文化和阿舍利文化；一是没有手斧的石片石器文化系统，如克拉克当文化。旧石器时代中期以莫斯特文化为代表，其主要特征是修理石核石器技术有了很大的发展，典型器物是比较精致的刮削器和尖状器。旧石器时代晚期有奥瑞纳文化、梭鲁特文化和马格德林文化。这一时期的特点是石器主要用石叶制作，有端刮器、雕刻器和钝背刀等。骨角器很发达，出现了鱼叉、骨针、标枪、投矛器等新工具。此外，还出现了装饰品和绘画、雕塑等艺术品。

居所和工具的使用

人类的进化程度可以从他们使用的工具和狩猎用的武器来推断。另一个重要的证据是人类的居所，它们日益固定下来，而且能容纳越来越多的人。

除了遗骸，石器制品是保存最为完好的早期人类生活的证据。旧石器时代早期的猿人利用现成的材料制造工具。最初制作石器工具的方法是用石块或棒子敲打另一石块，削下薄片，使其形成工具的形状，比如手斧，或是用薄片把石块削成或凿成一定的形状。到了旧石器时代中期，因为狩猎的需要迫使手持武器必须改进，刀尖必须制作精良，这导致了"锋利刀片技术"的产生——一种长而窄的石质或角质刀片，它们通常被用作矛尖或鱼叉。

早期人类将洞穴作为栖居地，不过这极可能是在旧石器时代早期发现火之后的

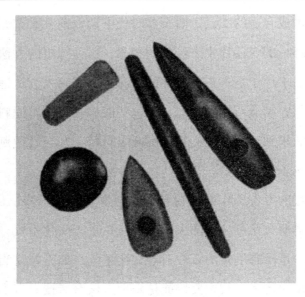

新石器时代的斧子和锤子

事，因为在那之前，洞穴常常是熊和野猫的居所。最初他们可能只在寒冷的季节使用洞穴，然而，早在旧石器时代早期结束之前，他们可能已经全年居住在一些较大的洞穴里了。

在旧石器时代，早期人类开始在空旷之地建造居所，通常是在河边或者湖边用泥土搭一些小棚，用树枝做屋顶。后来他们掘洞修建居所。在旧石器时代晚期，他们的一些居所用木头或猛犸的尖牙做支柱，顶上覆以兽皮，像帐篷一样的建筑物开始出现。

燧石匕首

旧石器时代的穴居生活

原始人群的定居点随着季节性迁移而改变，但也存在着一些像在奥地利维伦多夫发现的长期定居点。在那里，居住区的两旁排列着厚厚的石板以及动物的毛皮。有关房屋和永久性定居点的证据首先出现在新石器时代。

火与狩猎

谋生方式从采集到狩猎的转变拓宽了人类的饮食范围。而且，狩猎需要团队合作，它要求人类的社会交往能力进一步进化，从而能够合作组成一个有效率的狩猎群体。一般认为，随着对火的使用，人类学会了驾驭一种自然的力量。火的使用及其带来的社会变化，在现代人的进化过程中具有决定性的作用。

最早的猿人很可能只从植物中获取食物，他们采集植物、果子，并用挖掘工具采挖植物地下的根和茎块。狩猎使得人类的饮食范围扩展至肉食，尽管早期的狩猎者同时也一定是食腐者。和狩猎相伴随的是：人类的社会智能也得到了巨大发展。狩猎需要集体的努力、技巧、策略和谨慎，它需要群体内部的交流，并可能需要通过与其他群体的协定来划定领地。

野牛塑像，旧石器时代早期。

"驱赶法"是原始人所用的狩猎策略之一，它是通过将野兽赶进沟壑或赶下悬崖再将其猎杀。毫无疑问，一些关于猎物及其习性的必要知识使人类开始意识到，他们优越于其他动物。

为了生存，原始人大都成为狩猎者，狩猎既是他们的生活方式，也几乎是他们唯一的生活来源。而旧石器时代早期和中期最重要的狩猎武器就是带有尖头的木制长矛和鱼叉。它们最初只被用来戳刺，后来才被用来投掷。直到新石器时代，弓箭才开始出现。不久之后，狗被人类驯服而成为狩猎的帮手。

原始人最喜欢的猎物是欧洲的野牛和红鹿、北部大陆的驯鹿和麋鹿，还有非洲的羚羊。他们同时还猎取厚皮类动物，比如猛犸、森林象和犀牛。

在他们的宗教崇拜中占有特殊地位的洞熊也是狩猎对象，这些动物在旧石器时代向新石器时代过渡的时候便灭绝了。

经证实，早在旧石器时代早期，已经有很多地方开始使用火。许多研究者把它看作是现代人进化过程中真正具有决定性的一步。火的使用以及其伴随而来的光亮给人类的行为方式带来了重大改变。人类的活动不再限制于白昼的长短。

起初，原始人可能只能利用草原上的野火或是雷电导致的火，直到他们学会如何用燧石生火并控制它，他们才掌握了这一自然力量，并将其用做武器保护自己。同时他们还用火来烧烤食物。

公元前 1 万年集体狩猎的基地，按照考古遗迹复原的草图。

此外，可能正是由于火的发现，他们才得以将洞穴当成居所。

在人类进化的这一阶段，关于两性间劳动的分工，人们提出了很多设想，这些设想认为，火的使用正是男女之间分工的开始——男性负责狩猎，女性负责采集并守护火堆和孩子。

语言和丧葬

人类的进化同样包括智力和思想的发展。符号化语言的学习和使用，以及早期丧葬仪式的发展可以说是这个方面的里程碑。

与早期人类的技术和社会发展同时发生的还有一次"心理革命"。社会群体的形成使得个体认识到彼此的差异，有了表达他们的意识和情感的需要。人们认为，从匠人开始，原始人就具有了对于自身和他人的基本意识，以及简单的语言能力。可以说，语言是在人类的劳动中产生的，因为随着社会的发展，人与人之间需要语言来交流。

语言用声音和词汇来指代意思和思想，是交流和传播思想的一种方法。所以，语言获得了一种将词汇和符号所传递的意思概念化的能力。与象形文字不同，符号是一种不需要和它所指代的事物形状相似的文字。这些符号与一些约定俗成的意思相联系，并由群体内部成员学习掌握。

从旧石器时代中期坟墓中发掘的遗骸，法国莱埃齐斯。

语言的使用显示了原始人类的诸多能力间的平行发展。然而，由于文字证据的缺乏，我们就这一发展的切实本质和程度只可能得出间接的结论。

具有更高程度的抽象智能，也是人类举行丧葬活动的一个必要前提。他们懂得丧葬仪式，就意味着他们能够意识到人会死亡。

早在旧石器时代早期，就已经出现将人类头盖骨和下颌骨特别加以埋葬的做法，尤其是居住在今天中国的一些原始人群。

一些被发现的猿人遗骸证实，旧石器时代中期的穴居人已经开始举行丧葬仪式。遗骸的排列方式显示了死者是以仰面而躺或蹲坐的方式埋葬的，并有石器工具作为随葬品。死者的遗骸，尤其是头盖骨通常会被覆盖上厚厚的石板。此举是为了保护死者，还是保护生者不被死者的灵魂侵害则不得而知。

石坟墓，复原图。

对于头盖骨的特殊处理几乎在任何地方都可以看到，常见的做法是在头盖骨后部凿开一个小洞，将死者的脑髓清除。

在旧石器时代晚期，死者的尸体，尤其是头部，通常会被洒上用作红色颜料的赭石并被埋进独立的石箱。在遗骸中，人们还发现了作为随葬品的珍贵珠宝和制作精美、从未使用过的石制工具。此外，在墓里还发现了凿有小洞的牙齿，它们可能曾用作佩饰。

一般来说，随葬品标志着墓主的身份和地位。随葬品大致分为两类，一是墓主人生前使用的物品，二是并非生前使用，甚至没有实用性，纯粹为随葬而制作的物品。

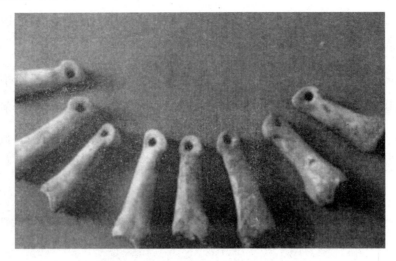

古墓中出土的人骨项链，距今约 3000 年。

由带有雕刻的厚石板做成的坟墓，法国。

宗教与崇拜

一系列的史前发现证明了仪式崇拜和祭祀典礼的存在。关于原始人是否已经发展出了一定形式的宗教这一点，人们的意见存在很大分歧，但大家都认为，原始崇拜、狩猎神秘主义以及食物的准备之间存在一定的联系。

在人类心理进化的过程中，最根本性的转折点是出现了对超自然力量的信仰，而且人们相信必须向其献祭。

　　人类心理进化的另一个证据就是人类开始意识到了人和动物、猎者和猎物，以及人和周围环境之间的特殊关系。人们普遍认为，最早的"宗教"或崇拜是和狩猎联系在一起的。

岩石壁画中的人物，可能是一个萨满教的舞者。

　　人类最古老的崇拜仪式之一是动物的献祭典礼，有证据表明，这种仪式早在旧石器时代早期结束时就已经存在了。例如，人们在考古中发现了一些浸没在湖里或沼泽里，且胸腔被剖开、填满了石头和木桩的雌性驯鹿。同时，人们还挖掘出装饰有珠宝的动物遗骸，其中以猛犸居多。

　　旧石器时代中期的穴居人经常装饰或加工洞熊的头盖骨，并将它们埋葬或竖立在石墙的后面。这一做法表明了一种独特的洞熊崇拜的存在。

　　一些研究者认为，原始人对动物骨头的装饰和特殊处理与西伯利亚狩猎部落的萨满概念相似，是一种杀死动物后的"补偿仪式"，或认为这是原始人信仰的表达，他们相信通过埋葬仪式，被杀死的动物可以重生。

特瓦—弗赫尔洞穴壁画中的萨满巫师，法国比利牛斯地区，旧石器时代。

有学者提出动物崇拜是原始人向狩猎之神，或是某种动物图腾献上猎获的动物。这种解释的依据是原始人对一些半人动物的描绘，比如特瓦-弗赫尔洞穴壁画中的萨满巫师。对于这些壁画的解释，学者们的争议很大。

群体内部对于猎物的分配，以及在灶火边对食物的准备也可能促进了崇拜仪式的发展。在灶火边发现了许多可以追溯到旧石器时代晚期的女性小雕像，其形态丰满而性感，它们可能象征生殖能力，也可能象征母亲神。

另一个具有争议的问题就是对于原始艺术的宗教解释。洞穴壁画上的比赛和狩猎主题可能是为了祈求在狩猎中获胜或是免于危险。

原始人的艺术

在形式多样而令人印象深刻的原始艺术作品中，最有名的就是洞穴壁画。壁画的主题主要包括被捕猎的动物以及对人物的描绘。史前艺术风格多样，形式上则包

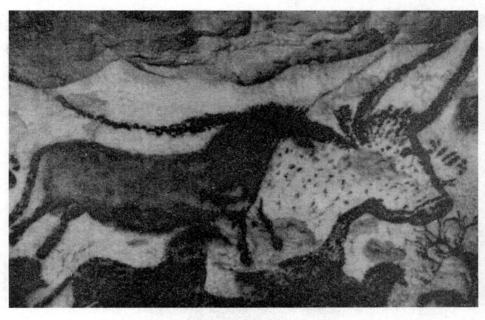

原始壁画

括石刻、小塑像等，对于它们人们有各种各样的解释。

洞穴壁画和壁刻于旧石器时代晚期开始出现。法国和西班牙北部洞窟中的原始艺术特别丰富。长久以来，人们认为这些艺术作品的创作动机源自对于岩壁上缝隙和裂纹的观察。

正是这些缝隙和裂纹激发原始人创作出了最早的几何图形以及后来的绘画。但也有研究表明，原始人所画的环状线条并不比成熟绘画的主题更古老。所以从一开始，原始艺术家们就已经意识到用图像再现周围环境的可能性。

人们普遍认为，洞穴壁画一开始并非为了审美而创作，也不是某个具有天赋的个人的作品，而是反映了群体的世界。洞穴壁画主要以被捕猎的动物为主题，且所有的动物都以侧面和动态的姿势被描绘出来。与动物相比，人物形象很少，而且刻画得相对抽象，这些人物总是单独站立并且风格不一。除了明显抽象化的人和动物形象，还能看到一些明显强调细节的现实主义象形绘画。洞穴壁画的另一个特殊主题是人的手印。

比洞穴壁画数量更多的是洞穴壁刻和岩刻。它们描绘的主题与洞穴壁画相似，偶尔还会有一些重复。类似的雕刻会出现在石头、鹿角和动物的骨头上。

雕像，猛犸骨，旧石器时代。

　　除了绘画，旧石器时代晚期还出现了一些雕塑品。考古发现了很多用石灰石、皂石、骨头、鹿角雕刻而成的小雕像以及黏土烧成的小塑像。那些较小的雕塑可能是被用作佩饰，而一些较大的、通常为女性的塑像，则被认为是生殖力的象征。塑像表现的人物有的只是一个粗糙的雏形，有的则描绘细致的面部。

　　原始雕塑在表现手法上趋于写实，这种写实往往表现在对大的形体的塑造。实际上，这种简练的手法与壁画是一致的。可以说，这正是原始人所特有的艺术语言——纯朴而稚拙。

新石器时代革命

在新石器时代，由于农业的产生和对动物的驯化，人类文化有了一个突飞猛进的发展。新的生活方式需要新的技术，同时也塑造了最初的现代定居形式。

在新石器时代，人类文化的诸多方面都经历了一个快速的发展。其特征是人类试图在变幻无常的生活环境中建立起自身的独立性。这样的快速发展之所以得以实现，主要因为农业发展和对动物的驯化拓宽了人类的饮食范围，同时也得益于人类在房屋和群体中的定居生活。狩猎仍然在营养供应中起着重要的作用，然而食物的供应不再完全依赖狩猎的成功，因为此时人类已经拥有其他可供选择的食物来源。

与人类文化的快速发展同步，技术革命也相应发生。最初用来储存食物的烧制陶器的产生定义了整个文化群体，比如中欧的"线形陶文化"。技术的进步还包括用石磨和研钵将植物加工成食物，用土砖建造房屋等。凿子和石斧用于加工木头，镰刀状石片则用于割草和谷物。公元前 3000 年以后，在西亚出现了采用简单浇铸技术的冶金术（最初是冶铜）。

棚屋内的家庭，石器时代早期。

农业需要长期计划以及关于气候周期与四季循环的知识。人类开始开垦肥沃的平原，尤其是在美索不达米亚平原和尼罗河两岸，农耕得到发展。山羊、绵羊、猪以及后来的牛都被驯化而为人类所用。

围绕着农作物，新的崇拜又形成了。许多新石器时代的房屋都有自己的神龛，考古学家们在里面发现了诸如谷物、水果以及动物遗骸这样的供品。很多遗存的土制、石制以及金属塑像都举着手臂或打开双手呈祈求状，因而被认为是祈愿的供品。还有一些塑像代表了神灵。

大多数新石器时代的定居点拥有独立的崇拜建筑。在西亚甚至出现了早期的神庙。随着字母或是象形文字以及宗教性君主制的发展，这些地区在公元前3000年就已经开始了向高级文明的转变。

在意大利阿尔卑斯山谷中发现的"冰人"奥兹（复原图）

母系氏族公社

在原始社会的一个时期内，人们以母亲的血缘关系结成一个基本单位，在这个庞大的家族中，妇女处于主导地位，人们过着"只知其母、不知其父"的群居生活，这就是我们通常所说的母系氏族公社时期。母系氏族公社大约产生于旧石器时代晚期。到新石器时代达到繁盛，并最终被父系氏族公社所取代。

母系氏族公社是以母亲的血缘关系结成的原始社会的基本单位。它是在血缘家族进一步发展、逐步形成氏族的基础上产生的，是世界各民族普遍经历的阶段。当时，男子们主要从事打猎和捕鱼工作，他们整日奔波在外，有时甚至很长时间都不回来，而留守在家中的妇女们则肩负着在家园附近采集天然食物，抚育族中子女的任务。时间久了，这些主持家务的妇女自然而然地成了氏族的中心和领导人物，维系着一个氏族的团结和繁荣。

再后来，妇女们在长期的采集劳动中，发现将剩余的植物种子种到泥土中，竟然能够收获到更多的食物。这个发现使全族老少兴奋不已，因为他们不必再将填饱肚子的希望全部寄托在外出捕猎的男人身上。另一方面，这些开创了原始农业的女人们使族人们的供给更为稳定，因而赢得了更多的尊重，威望也比以前更高了。

在氏族生产力低下的年代，女性从事的采集比男性从事的狩猎有着更可

靠的生活来源。因此，女性的地位受到普遍重视。

在这样的社会环境下，妇女们在日常的生产和生活中起着主导作用，一个公社的世系也是按母亲计算的，实行母系继承制。所有的人都知道自己的母亲是谁，可是却不一定清楚父亲的身份。孩子们从小就跟着母亲生活，直到能够从事生产活动时，才走上了自己的"工作岗位"。

在每个母系氏族公社里，人们会崇拜相同的神祇或图腾。每当有人死去时，人们会将他埋葬到公共墓地当中，并举办一个全族人都参加的葬礼。而在婚姻关系上，母系氏族公社时期的人们已经意识到了近亲不能通婚的事实，因而实行禁止族内群婚的制度，只同别的氏族公社实行族外群婚。而对于财产，则实行公有制。氏族公社成员除了可以占有自己日常使用的劳动工具外，剩下的财物，比方土地、房屋和牲畜等都归氏族公社所有。一个氏族公社中的成员的地位是平等的，大家不分贫富贵贱，一起过着其乐融融的生活，共同劳动，一起消费。

在母系社会，妇女地位备受推崇，一些氏族的图腾便以女性为

代表。右图为母系社会所崇拜的女神雕塑。

和世界上任何事物一样，母系氏族公社也经历了从萌芽发生，到发展繁荣，再至衰落解体三大阶段。

早期母系氏族公社约距今 20 万年—30 万年前至距今 1 万年前左右，这一时期的血缘家族公社组织逐渐演变为母系氏族公社组织。先是母系氏族组织从血缘家族组织中裂变或分化出来，也就是这种组织形式的萌芽或初现阶段。之后，母系氏族公社组织获得了初步的发展。

从距今1万年左右的中石器、新石器早期至距今5000—6000年的新石器中期，母系氏族公社进入了繁荣期。繁荣期的母系氏族公社除了还保留早期母系氏族公社时期的一些基本特点外，还发展出一些新内容。比如在婚姻制度上实行对偶婚，在丧葬上开始流行（氏）族墓地等。

再到距今5000年—4000年期间，随着新的氏族形态父系氏族公社组织的诞生，母系氏族公社组织便逐渐走向衰落和解体。衰落期的母系氏族组织，由于生产力的发展和新的组织形态出现所带来的冲击，其组织形态的部分特征除了转移、融合到新的形态中外，绝大部分特征已经开始名存实亡，并逐渐被新的父系组织形态所削弱和取代。

考古发掘和研究的成果表明，发展繁荣期至衰落期的母系氏族组织规模，已不是早期的、简单的两邻或两分组织，它们是在两邻、两分组织的基础上，通过自然选择原则，已进一步分化发展出若干的母系家族大、小集团，又逐渐发展成规模更大的氏族集团。

父系氏族公社

母系氏族公社晚期，其社会生产力得到了较大的提高。在这一时期，男子在社会生活中的优势逐渐显露出来。他们身强力壮，能够从事比女子更加繁重的劳动。尤其是那些青壮年男子，能够凭借自身的力量为本氏族带来更加充足的食物和生活日用品。长此以往，男子的地位越来越高，最终取代了女子在社会生活中的主导地位，人类开始进入到父系氏族公社时期。

父系氏族公社产生于母系氏族公社之后，相当于青铜时代和早期铁器时代。可以说，从母系氏族公社过渡到父系氏族公社，是人类历史上一场巨大的家庭革命。造成这场革命的原因虽然是多种多样的，但其中有两点最为重要。

首先是经济原因造成的这种变革。试想一下，当远古的人类可以放弃用石器进行生产，改而使用更加好用的铜铁工具时，一些原始的经济形式必然发生改变。比如，人们不再单单依靠狩猎来满足自身的需求，他们还会将一些动物驯化，逐渐发展起更为稳定的畜牧业；一些用石头工具耕种的方式也被废弃，因为人类掌握了用铁犁种地的奥秘，而且发现这种先进的工具能为自己带来更充足的粮食，犁耕农业就此渐渐兴盛起来。就在这时，人们还发现，照看牲畜和驾驭牲畜耕田这类当下最重要，对社会贡献最大的劳动已经全部由男子们在承担了，而以前被视为最重要的家庭活动，已经变成女人们分内的事情。这个认识，使男人们高兴不已。他们发现这种变化后，便进一步要求提高他们在整个群体中的地位。最后，随着生产力的发展，男人们最终超越女人，在社会中占据了主导地位。可以说，父权制的确立是男子在经济上跃居统治地位的直接结果。

随着生产方式的改变，男子从事的复杂劳作使其在社会经济中的作用越来越重要。于是氏族的权利中心由女性转移到了男性。

另外，私有制的产生也是引起这场家庭革命另一个重要的原因。那些拥有工具、牲畜和奴隶等财物的男子们，开始希望在死后，自己的子女能够继承这些财物。很显然，这个愿望在"只知其母、不知其父"的母系氏族公社是无法实现的。除此之外，因为财产都是氏族共有的，而夫妻却不属于同一个氏族，子女跟着母亲，当然无法继承父亲的财产。就这样，一个父亲和他的私有制想法与传统的母系继承制发生了矛盾。于是，一些地区出现了"男子假装妇女坐月子""用父姓为婴孩命名以继承财产"等现象，男人们的这些活动，无一不是想方设法向世人宣称，婴儿是属于自己的。混论就此产生了。后来，为了消除这种混论，父权制抬头了，妇女们因为财产和地位问题，也向父权制妥协了。于是，这样的规定出现了：子女从父而不再从母；妻子从夫而不再是丈夫从妻；财产由先前的母系亲属继承而改为子女继承。

中国的大汶口文化是新石器时代后期父系氏族公社的典型文化形态。右图为大汶口文化晚期的白陶鬶。

就这样，远古的人类废除了按女系计算世系的办法和母系的继承权，而代之以按男系计算世系的办法和父系的继承权，人类也就此进入到父系氏族时期，形成以男子为中心的大家族，男子支配生产、生活和公共事务，氏族首领由成年男子担任。这一历史进程最终以男子娶妻，建立一夫一妻制家庭的形式得以完成。人口的不断增加，往往分化为若干个父系家庭公社，仍实行生产资料的公有制，但范围大大缩小。

当一夫一妻制个体家庭开始独立生产和生活时，家庭成为社会生产、生活的基本单位，氏族制度走到了历史的尽头。据考古发掘，山东大汶口墓地的中、晚期墓葬，曾发现八座男女合葬墓，此类墓随葬品丰富，死者年岁相当，显然属夫妻关系，故被认为是一夫一妻制婚姻已经出现，父权制已经确立的重要例证。

父系氏族公社是由男系血缘构成的组织，社会生产、生活和政治的发展，使其原来呈分散的各个独立的氏族组织，开始走向相近血缘或相邻地区的两个或两个以上氏族进行最原始的合并和联合，合并的结果便是产生氏族部落，产生以地缘为纽带的父系氏族农村公社。父系氏族部落或农村公社的进一步发展，以及私有制的出现，掠夺和维护矛盾的激化，便产生了原始社会最大的组织部落联盟。

民族的形成

在西方，一个民族形成的说法大多受宗教影响，他们认为其是受上帝的制造和安排的。而东方关于民族的形成，大多都是以各种传说的形式流传下来的。其实，人类在这个问题上的认识是有通性的，那就是为其赋予神话色彩。然而，任何事情的发展都有其规律可循，因而，后人在深入研究的基础上，对其提出了一些新的看法。

美国人类学家摩尔根长期深入美洲印第安人中，对其历史、社会、部落组织、婚姻、习俗等进行科学的考察，写出了多部著作，其中《古代社会》具有突出的科学价值。马克思和恩格斯认真研究了摩尔根的著作后，又写成了《家庭、私有制和国家的起源》，研究了古代氏族社会与民族和私有制、阶级、国家起源的规律。

马克思主义认为，民族是人类在原始社会末期伴随着私有制、阶级和国家的出现而产生的。在原始社会后期，随着生产力发展，剩余产品日益增多，掠夺财富和

原始社会末期，随着以血缘关系为基础的氏族社会的解体，新的以地域为基础的人们共同体逐渐形成了，即民族的形成。

奴隶的战争不断扩大。为了加强实力，亲属部落或邻近部落结成地域联盟，对立的阶级与国家逐步形成。在这一长期过程中，以血缘关系为纽带的氏族、部落，逐步发展成以地缘关系结合的人们共同体，民族产生了，这就是"从部落发展成了民族和国家"。

民族不同于种族，种族也称人种，是由人的体肢形态上的某些共同的遗传特征为标志，属于生物学范畴。一个种族可以包括很多不同的民族。民族也不同于国家，国家是阶级统治的工具，代表国家的是统治机构。民族经过奴隶社会、封建社会、资本主义社会和社会主义社会等几种社会形态的变革，也从古代民族发展为现代民族。在这一过程中，民族不是一成不变的，由于民族压迫造成的强制同化，或者多种因素形成的自然同化，使得一些民族消失了，或者由一个或几个民族中分化出来一部分人，长期生活在一起而逐步形成为一个新的民族。

民族融合是促进这种发展的最重要形式。民族融合是指世界上一切民族的民族特征，在经过长期的共同性增长的基础上融为一体，民族差别得以最终消失，这是

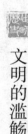

中国的少数民族之一——摩梭族人

人类历史发展的必然趋势。但是，民族融合是一个长期的、自然的、缓慢的历史过程，并非一朝一夕、一蹴而就的。民族融合是体现民族与民族间的问题产生、发展和消亡的必然趋势的自然过程。

尽管如此，古今中外对不同历史阶段的"民族"有不同的理解和称谓，故未能有统一的统计标准。据苏联科学院民族学研究所1975年的统计材料，世界约有2000个大小不同的民族，人口在一亿以上的有7个，约占全球总人口的42%以上。而人口较少的民族有的仅百人或几十人，比如印度的安达曼族和明戈比族，印度尼西亚的托瓦拉族等。

早期城邦

所谓城邦，就是一个国家，它以城市为中心，周围是乡镇。比如在古代希腊，雅典和斯巴达就是著名的城邦。"城邦"一词译自希腊语，但除希腊城邦以外，世界其他地方也出现过城邦。

古雅典是一个强大的城邦，至今仍保留了很多历史遗迹和大量的艺术作品。

城邦是古希腊政治内涵的主要概念。在古希腊人的政治语汇中，"政治"一词源自"波里"，该词在《荷马史诗》中指堡垒或卫城，同"乡郊"相对。雅典的山巅卫城"阿克罗波里"，雅典人常简称为"波里"。堡垒周遭的"市区"称"阿斯托"。后世把卫城、市区、乡郊统称为一个"波里"，综合土地、人民及其政治生活而赋予其"邦"或"国"之意，演变为"城邦"之称，有独立自主的和小国寡民的特点。

城邦是由一个城市控制的区域，通常拥有主权。历史上的城邦通常是大文化圈的一部分，如古希腊城邦（如雅典、斯巴达）、迦南的腓尼基城邦（如推罗、西顿）、中部美洲的玛雅城邦等。然而，这些文明城邦通常只存活很短时间，因为它们的土地和实力都不足以抵抗周围的外敌。此外，这些小区域组织在松散的地理和文化个体中互存，成为大国建立稳固势力的障碍。故此，它们最终必然融入更大的社会体系，以至民族和国家。

在公元前 4000 年—公元前 3000 年期间，首批国家在美索不达米亚、古埃及与印度河谷出现。在美索不达米亚，曾经存在了多个迄今为止依然非常著名的城邦国家。古埃及的情况比较特殊，它是先有国家，而没有城镇，但城镇在国家形成后便很快地冒了出来。印度河谷文明也有其独特之处。在通常意义上，一个国家需要军队来保卫其领土，而军队则需要官僚机构来负责维持，但是印度河谷处的国家并没有证据显示其曾经拥有军事力量。

公元前 3000 年，苏美尔人就在两河流域建立了众多城邦，位于今
天伊拉克穆盖伊尔的乌尔城就是其中之一。上图为乌尔城复原图。

美索不达米亚为人类最古的文化摇篮之一，灌溉农业为其文化发展的主要基础。公元前 4000 年前已有较发达文化，曾出现苏美尔、阿卡得、巴比伦、亚述等文明。最早的城市几乎可以肯定是起源于美索不达米亚。城市的出现，说明居民的居住地址发生了巨大的变化。先是由村而镇，有所不同；继而由镇而小城市，由小城市而大城市，变化就更大了。这种变化，不仅仅在于人口的数量上，更主要是在居民的关系上体现。这个时期，苏美尔的一个城市，就是一个国家。而我们习惯上称这种国家为城邦。

这种城邦的结构到底是怎样的呢？原来，每个重要的城市周围都有巨大的城堡保卫城市，以防止游牧民族和邻邦的侵袭。而在城墙之外，则集结着羊栏和灌溉水道，散布着附属的村庄。后来，这种城市的范围便开始日渐扩大，到了早王朝的后期，美索不达米亚下游一些重要的首都，其城堡的面积和居民人数都得到了大幅度的提高。

随着历史的推进，早期城邦文明逐渐过渡到王国、帝国，也有的衰落瓦解。一些古代著名的大帝国开始陆续出现，例如波斯帝国（公元前 6 世纪）、孔雀帝国（公元前 4 世纪）、秦帝国（公元前 3 世纪）与罗马帝国（公元前 1 世纪）。

亚洲（约公元前 4 万—前 5000 年）

从公元前 4 万—前 5000 年这段时间内，亚洲的各个地区，从东亚的黄河流域、南亚的印度河流域，到西亚的两河流域以及安纳托利亚高原，早期人类都迈入新石器时代，出现了早期的农业、村落。

"肥沃月湾"地区的农业

从公元前 1.5 万年起，地球的气候逐渐变得更温暖、更潮湿。"肥沃月湾"生长着大量可食用、供人工种植或驯养的野生动植物。由于资源丰富，北起叙利亚沙漠，下经美索不达米亚平原，直到波斯湾的这块地中海沿岸弧形地域，被称为"肥沃月湾"。约公元前 1 万年，叙利亚–巴勒斯坦地区以渔猎、采集为生的纳图夫人，建立起永久的露天村落，接着出现了农业和畜牧业以及磨光的石器。

在好年景，农耕为"肥沃月湾"地区的人们提供了比他们需要的更多的食物。他们把这些剩余的食物储存起来，并进行贸易，换取制造工具的原材料，或者诸如家具、罐之类的产品。

逐渐地，农耕者与手工艺者变得富有了。他们建造了更多更宽敞、并聚集在一起的房子，逐渐地发展成为小的城镇。这些房子是由泥砖建成的，待在里面冬暖夏凉。最早的一个城镇是杰里科，它建在死海北部的一个温泉旁边。城镇周围的地区既适合种庄稼也适合放牧，于是不久以后，杰里科就变得富有了，在这一地区也陆续建立了其他城镇。

在"肥沃月湾"地区，农民面对小麦有着不同的问题。长势好的品种是野生的

早期的农耕者

开始时，农耕是困难的，甚至比打猎和采集更为艰
辛。耕种土地只有石头和木头工具可用。种子得用手撒，
收获时得在烈日下用石镰收割。

单粒小麦，但是当它们成熟时，其种子容易掉落，这使得收获很难。后来，农民们注意到另一些作物的种子并不是很快掉落，于是他们从这些作物中采集种子。不久他们就发展出一种新品种——人工培育的单粒小麦，它们只在脱粒时才掉落。

早期的农民用相似的方式繁殖动物，挑选具有他们希望特征的动物，并繁殖它们。但是与作物相比，动物种类的变化是缓慢的。例如在"肥沃月湾"地区养殖的猪就比现代的家猪小很多，更像野猪。牛也比现在的小，绵羊与山羊看上去像野生品种。绝大多数早期的家畜比它们的亲戚更小。这可能是由于农民培育的是温驯的动物，它们不具有攻击性，与野生动物相比，它们容易处理。农民们挑选的不是大型的品种，而是选择吃起来味美、多产奶的品种。农民们逐渐建立起相关的知识和经验，发现体型小的动物经常具备他们需要的特征。

公元前6000年，发明了陶器，其经济模式传到了野生谷物地带以外。安纳托利亚高原成为当时最富创造力的地区，后来是美索不达米亚平原。

贸易的出现

耕种使得一些人生活富裕、成功。他们可以用剩余的食物交换别人的奢侈品。

不久，这就成为一些农耕者的生活方式，在"肥沃月湾"地区和安纳托利亚（土耳其的亚细亚部分），开始出现贸易城镇。绝大多数早期城镇很久以前就消失了。当泥砖建筑变得破旧不堪时，它们就被推倒。在原来的基础上，人们再建房子。几百年来，这种情况发生多次，于是随着以前房子被取代，城镇的地基水平逐渐地上升。当一座城镇被最终废弃时，废墟与地基的建筑以土墩的形式留下来了。在叙利亚和巴勒斯坦，这种古代的土墩被称为提尔，在土耳其被称为于育克。

早期城镇土墩中，最为著名的一个就是土耳其中部的卡塔·于育克。当考古学家挖掘土墩时，他们发现它隐藏着一个古代城镇，居住着生活在约公元前7000年到公元前6000年的商业居民。城镇的周围是富饶的农耕土地。城镇烧焦的遗迹显示人们当时曾种植小麦、大麦、小扁豆和其他作物，同时食用苹果之类的水果，以及杏仁之类的野生坚果。

卡塔·于育克的人们用食物和原材料与别人交换工具。一种深受欢迎的原料是黑曜石，这是一种火山自然形成的黑色矿石。在这处遗迹中，考古学家发现了一系列用燧石和黑曜石制成的不同的工具与武器。

卡塔·于育克城的房屋是用泥砖建造的。它们呈正方形或矩形，房屋紧挨着。城镇一个令人惊奇的特点是它没有街道。人们从屋顶平台沿着木梯下来，进入屋子。这种建筑方式可能是出于防卫的需要。

许多房子中，至少有一个房间是用来举行宗教仪式的。这些房间或者说神龛，以用石膏做成的公牛头装饰，或装饰真正的牛角。它们也有动物与人体的墙壁画，许多形体是女性的，考古学家也发现超过50个怀孕妇女的小雕像，这表明人们崇拜女性神。

神龛还包括一个土台，可能在某些宗教仪式中被用为祭坛。当卡塔·于育克的居民死去后，他们的尸体露天放置，其肉为秃鹰所食。然后亲属把他们的尸骨取回城，葬在这些祭坛下。

新石器时代的中国

考古学家把陶器和农业的出现作为进入新石器时代的标志。在新石器时代，人类开始定居下来，刀耕火种，从事原始农业生产，并把一些野生动物驯化成家畜，从而有了比较稳定的食物来源。人类还改进渔猎手段，从事制陶、纺织、木作等手工生产。新石器时代前期（约4万—5000年前），氏族集团日益扩大，出现了规模很大的部落，人们的宗教信仰日益发展。仰韶文化时期的居民创造的彩陶艺术，展现了他们的创造力。新石器时代后期，人口快速增加，居址遍布中国大地。各地区的氏族部落创造出各具特色的文化，使这一时期的文化多姿多彩。犁耕技术开始出现，农作物的品种和产量大大增加。手工业分工及其技术均有发展，人们已掌握冶铜技术。社会结构明显变化，贫富分化加剧，宗教与政治结合在一起，出现了规模很大的祭坛。还出现了掌握宗教权力和军事权力的首领，掠夺战争频繁，各地纷纷筑造城堡。这一时期，有些氏族部落开始向文明时代迈进。

大事年表

公元前1万年，巴勒斯坦地区开始了谷物的采集。
公元前9000年，"肥沃月湾"地区开始了农耕。
公元前9000年，叙利亚及附近地区的人们开始种植小麦。
公元前9000年，在杰里科地区一个温泉附近发展出一小片的定居地。
公元前9000年，在美索不达米亚北部开始家养羊。
公元前8000年，在扎格罗斯山脉，人们掌握了放牧技术。
公元前8000年，在杰里科附近首先种植谷物。
公元前7000年，在地中海东部开始养殖山羊和绵羊。
公元前7000年，在"肥沃月湾"地区种植大麦。在巴勒斯坦种植二粒小麦。在土耳其和美索不达米亚种植单粒小麦。
公元前7000年，在土耳其南部，人们已经家养猪了。

公元前 7000 年，谷物种植遍及从土耳其到"肥沃月湾"地区、扎格罗斯山脉以及巴勒斯坦的部分地区，并开始广泛地传播。
公元前 7000 年，印度开始种植大麦。
公元前 6000 年，印度的农民开始建造储藏室用来贮藏剩余的粮食。
公元前 6000 年，在中国北部地区，粟是农民的主食。
公元前 5500 年，在美索不达米亚，开始种植海枣。
公元前 5500 年，印度的农民生产出自己的小麦品种。
公元前 5000 年，中国长江三角洲的农民种植水稻。

欧洲（约公元前 4 万—前 5000 年）

距今 4 万年前，欧洲的早期人类逐渐过渡到新石器时代。史前时代，欧洲大陆是欧亚大陆块的一部分，原与非洲大陆相连，而非隔以地中海。因此，欧洲的历史总是和非洲大陆所起源的事件有密切关联。此种特性以史前时代特别明显。大约在 50 万年以前，人类可能从南方及东方地区向欧洲迁移，然而，只有适应新环境或新功能而发展出的尼安德特人，才能在最近的冰河期存活。当冰河退却（公元前20000—前 12000 年）现代人才出现于欧洲。

约公元前 3500 年之后，在法国及西班牙创造著名沿穴壁画的狩猎者，开始由知道如何去种植谷物和收割农作物的聚落所取代。这些早期的农夫从东方迁入欧洲，同时世界上最古老的高度文明，也在美索不达米亚与埃及成型，这些在欧洲偏远地区建立聚落的拓荒者，经或简单的农耕、捕鱼及狩猎的生活，但无法长期逃避来自中东兴盛文明的影响。

最早的欧洲人

早期的欧洲人常被称为克罗马侬人，其主要遗址在法国的道格纳。克罗马侬人把兽皮制成衣服以保暖。只要可能，他们会在洞穴中躲避，但是自然的居所并不是容易找到的。他们学会了如何利用所发现的材料来建造简单的家。树枝提供了简单的框架，上面覆盖草皮或动物皮以避风雨。另一种方法是利用猎杀的猛犸那巨大的骨架制造框架。

克罗马侬人是熟练的工具制造者。他们最好的最锋利的工具是用燧石制造的，他们可以把它打造成针头与小刀这样小的工具。小片的石头可以被雕成尖角的针，而鹿角可用来制作诸如锤子之类的工具。

早期欧洲人最伟大的进展是其艺术，石刻和岩壁画告诉我们许多有关他们日常生活的情况。动物的画案表明他们狩猎猛犸、犀牛、牛和鹿。它们的皮也可能制造人们身上所穿的衣服。女性的雕像表明人们崇拜女性神。这些足够聪明能够创作艺术和制造工具的早期欧洲人可能也有一个发达的社会组织。尽管他们生活在以家庭为基础的关系中，但是很有可能，这些小的群体在某一时候聚居在一起生活。他们一起生活可能是为了打猎，或者为了纪念一年中某一重要的宗教仪式。

多瑙河文明

公元前 6000 年中期，从喀尔巴阡山脉发祥的一股势力，迅速将新石器文明传播到无人居住的地区。这股势力被称为"多瑙河文明"，因它沿多瑙河及其支流而下。又称"纹陶文明"，因其陶器的装饰是纹条状。考古学家们发现的人类居址表明，早期人按小部落一起生活，并且互相帮助。他们猎取大的野兽，用打制的石器将野兽杀死，他们躲避在深山洞里抵御寒冷和阴暗的日子。他们可能就在这里编造最初的神话来描绘危险的自然力量。他们在原始的坟墓里，小心地把死人放成睡卧姿势，周围放上燧石制成的随葬品。

大事年表

4 万年前，克罗马侬人从非洲移居欧洲。
1. 8 万—1. 2 万年前，在俄罗斯西部建成以长毛象的骨头为柱子的房屋。
1. 3 万年前，居住在希腊洞窟中的人类开始用黑曜石制作石器。

公元前 8000 年，牡蛎等贝类成为欧洲沿岸居民重要的蛋白质来源。

公元前 6500 年，在欧洲东南部，开始了最初的谷物栽培。"多瑙河"文明出现。

公元前 5000 年，欧洲开始加工铜和金。

非洲（约公元前 4 万—前 5000 年）

非洲是地球上最早出现人类活动的地区之一。到了距今 4 万年前左右，非洲的早期人类进入到新石器时代。非洲石器时代中期。阿夏尔式木桶从 10 万年前一直使用到 5 万年前。此后，发展出地区性的特殊化，首先有南非的法乌斯密斯文化期工艺、赤道非洲的山果文化期工艺，继而有非洲石器时代中期的工艺或北非的阿泰尔文化（约 4 万—5000 年前）。

非洲的畜牧业和种植业

在西非，最早驯化动物的时间可以追溯到 1 万多年前，到公元前 4000 多年前，西非已出现了以游牧为主的经济生活，稍后农业发展起来。在几内亚、加纳、塞拉利昂等地的晚石器遗址中，已发现有两面加工切削的类锄和扁锄，这是农业生产的间接证据。最早种植的农作物可能是薯蓣，时间约在公元前 5000 年。在东非，畜牧业的出现也在公元前 1 万年左右，在整个大裂谷地区，都散布着畜牧业的遗迹。东非属高原地区，一年的大部分时间属于高温无雨的旱季，当地原始居民便培育了以黍类植物为主的抗旱性农作物，如小麦、大麦、高粱、芝麻和黑麦等。

非洲的岩石画

在非洲，发现了一些最有趣的、保存最好的石头艺术。在撒哈拉地区，图画中的动物类型表明：与现在的沙漠相比，那时这一地区是如何的迥然不同。冰川期后，当撒哈拉被植被覆盖，点缀着绿洲和小河时，这里是野牛和瞪羚的家园。当地人捕猎这些动物，并把它们画在居住地的墙上。大约公元前 6000 年后，他们开始画家畜，表明了这一时期在绿洲附近发生了从打猎到耕种的转变。

其他的非洲壁画——诸如喀拉哈里沙漠桑河人的画——表明猎人们在追捕他们的猎物。它们也显示了乘船捕鱼以及采集食物的情形。打猎的图画可能是作为打猎前举行仪式的一部分而被创作的，人们希望画一幅打猎成功的画可以使他们的打猎行为顺利。同样地，一群人围着羚羊跳舞的图画也暗示人们希望把某些动物的力量转移到部落人的身上。

大事年表

4 万年前，非洲已出现现生人类。
3.7 万年前，在南非的波达洞窟，使用狒狒胫骨制成的计数工具。
3.6 万年前，在莱索托和赞比亚居住着狩猎采集民。
3.5 万年前，在扎伊尔制成带有石英饰物的小工具。
2.6 万年前，纳米比亚阿波罗遗迹的洞窟壁上，画着迄今为止最古老的壁画。
2 万年前，扎伊尔住有狩猎采集民。
1.5 万年前，在阿尔及利亚制成赤土像。

美洲（约公元前 4 万—前 5000 年）

美洲的人类活动出现较晚，只是到了 1.5 万年前地球上最后一次冰河时期，亚洲的早期居民通过白令海峡大陆桥来到美洲。

亚洲的早期居民迁往美洲

在历史长河中，万年雪和冰河曾数次覆盖欧洲北部、亚洲和北美的广大地区。这种寒冷的时期——冰河期，大约每 10 万年发生一次，在冰河期之后，温暖的时期会持续约 2 万年左右。最后的冰河期开始于公元前 11 万年左右，约 1.5 万年前结束。在冰河期，由于大量的水冻成冰，海面下降约 90 米，隔断西伯利亚东北部和阿拉斯加的白令海峡成为大陆桥，使两个大陆接壤，住在亚洲的狩猎采集民，通过这个大陆桥，穿过阿拉斯加。但从大约1.4万年前起，白令海峡水位上升，隔断了来自亚洲的人和他们故乡之间的通路。因此，他们在美洲大陆上不断南迁，公元前8000年左右，到达南美洲最南端的巴塔哥尼亚。

美洲的农耕和动物养殖

无论是在北部地区捕鱼和海豹，在大平原地区捕猎野牛，或者在南部采集食物，美洲的人们一直遵循这样的食物供应。虽然在不是极端寒冷的环境中庄稼也能生长，但是他们还是随季节迁移，他们习惯了这样奔波的生活。

在美洲中部，气候变化快得令人莫测，烈日后常是暴雨倾盆。这里的人们希望更自主地控制食物供应，于是比其他美洲地区更早地转向了农耕。然而，他们需要好的气候种植庄稼，这可能也是他们崇拜雨神和太阳神的原因。农民们希望雨神和太阳神可以在耕年给他们带来好的气候。

在中美洲，最早种植的庄稼之一是玉米，这是一种自此以后就在美洲的农耕活动中占据重要地位的作物。现代玉米就是由墨西哥类蜀黍驯化而来的。

再往北，就是现在的美国西南部，最早的农民试验各种葫芦以及向日葵之类的作物。随着中美洲农民开始更广泛地贸易，他们用自己培育的玉米、大豆和南瓜与北方人交换，这些与当地的作物一起成为北部人们的主要作物，对许多人们来说，这些是他们食物的一个很好补充。

在南美，人们尝试着种植各种庄稼，包括葫芦、南瓜、树薯、马铃薯以及各种豆。在每一个地区，他们选取最好的适应当地环境的作物，并几千年来一直试验、总结着种植的最好方法。农耕发展最快的地区是秘鲁。在安第斯山脉，猎人与采集者开始种植诸如葫芦、大豆之类的庄稼，用来补充他们的食物。他们几千年来一直食用这种混合食物。

在沿海地区，当河流沿着山谷流向大海时，产生了峡谷。在这些峡谷中肥沃的土地上，人们开始种植葫芦与胡椒，后来又种植了玉米。他们还发展起灌溉技术，把水从河里抽到田里。

　　与地球上其他地区相比，美洲的动物养殖开始时不普遍，很少有本地的品种容易家养。但是在安第斯山脉，有一个品种——骆驼——是有价值的，它为人们提供毛与奶，还可以当负重的工具。

　　一些美洲人发展出各种作物以及农耕技术，但是在许多地区，人们仍然广泛地食用野生食物，许多人群一直过着打猎和采集的生活方式。

大事年表

1.5 万年前，亚洲的狩猎采集民，越过白令海峡，横穿阿拉斯加。
1.3 万年前，人类到达智利。
公元前 9000 年，库罗威斯人在美国的大平原上开始捕猎野牛。
公元前 8500 年，在秘鲁，农业开始建立。种植的作物包括南瓜、大豆以及大麻。
公元前 7500 年，最古老的墓地建于美国的阿肯色。
公元前 7000 年，在中美洲，人们采集鳄梨、红辣椒、南瓜以及大豆。这些作物是农民们在接下来的 2000 年里陆续种植的。
公元前 6300 年，在秘鲁，农民种植各种根系作物，如酢浆草和块茎藜。
公元前 5400 年，在安第斯山脉，人们利用骆驼获取毛和奶，并且将其用于运输。
公元前 5000 年，墨西哥的农民开始种植玉米。
公元前 5000 年，在中美洲培育的作物，如圆底的葫芦，开始向北美传播。

大洋洲（约公元前 4 万—前 5000 年）

　　大洋洲最早的居民也是从亚洲移居过去的，从距今大约 4 万年前，早期人类的足迹渐渐遍布整个大洋洲。

土著居民的祖先移居澳大利亚

　　约 4 万年前，晚期智人（现生人类）从东南亚移居至澳大利亚。当时，印度尼西亚与欧亚大陆相连，新几内亚与澳大利亚陆地相连，所以几乎所有的行程都徒步完成，但渡海则用筏子或独木舟之类的东西。这些移居者是澳大利亚原住民的祖先。起初他们住在海边，靠捕鱼，偶尔也靠狩猎和采集植物为生。他们在内陆最早居住的地方是澳大利亚南部的湖水地域。移至内陆的土著居民用火焚烧狩猎地域，缩小动物觅食的范围，以易于狩猎。约3万年前的土著居民用研磨过有刃的石斧砍伐树木，建造适于居住的场所。在冰河期结束的1万年前，海面上升淹没了海岸附近，住在海边的土著居民移居内陆。

澳洲的岩石画

早期的澳洲人行走几里地，与别人交换工具、贝类项链，由此发展出美丽的岩石艺术，这些在今天仍然可以发现。当他们做这些时，他们逐渐发展起反映他们狩猎与采集生活方式的有关祖先的一系列传说，最为重要的是有关黄金时代的传说，这是地球与人类精神产生共鸣的时期。对今天的土著澳洲人来讲，这些传说仍然有着巨大的宗教意义。

有着宗教或者仪式目的的画在澳洲更为常见。有关世界是如何产生的故事对当地的澳洲人来说是非常重要的。每个部落都有自己的祖先，通常是一种与大地某一部分相关的动物。有一个澳洲传说告诉我们世界是如何被创造的，它描述了来自大海的红纹游蛇在海岸扭动，当它爬行时就创造出了地貌。在约6000年前，当地的澳洲人第一次把红纹游蛇画在岩石画上。

大事年表

4万年前，土著居民的祖先移居至澳大利亚。
4万年前，澳大利亚岩石上绘有岩画。
约3万年前，在澳大利亚北部，土著居民开始磨制石斧。
2万—1.3万年前，塔斯马尼亚南部的克奇奇那洞窟中居住着使用石器的人类。

二、美索不达米亚的早期国家

约公元前 3000—前 539 年

与南面阿拉伯半岛的沙漠和北面崎岖的山区不同，美索不达米亚（即"两河之间的土地"）位于底格里斯河和幼发拉底河之间，土地肥沃，便于耕种。因而，这里的早期居民称他们的家园为苏美尔（即"耕种之地"）。西亚最早的文明就发源于此，先是大量的村镇组织兴起，而后组织成了像乌鲁克这样的城邦，再后来，伟大的帝国建立起来，它们将势力范围扩张到两河流域之外的地区。

苏美尔文明

两河流域文明和我们中华民族的古老文明最大的不同就是它是一个"死了"的文明。也就是说，在近现代考古发掘发现这一文明之前，当地的居住者（阿拉伯人）由于不是两河流域文明的直接继承者，并不知道这一伟大文明。他们只能把偶尔发现的古代碑铭文字当作神奇物品，没有人想到苏美尔的历史就被掩盖在这些以"tell"著称的土丘和废墟的下面。

苏美尔人的故乡

希腊语 Mesopotamia（"美索不达米亚"），意为"河流之间的土地"，是古代希腊人及其继承人罗马人对幼发拉底河和底格里斯河流域地区的称呼。我国学术界一般意译为"两河流域"或音译为"美索不达米亚"。这一地区广义上指底格里斯河与幼发拉底河中下游地区，北迄陶鲁斯山，南到波斯湾，东迄扎格罗斯山脉，西到叙利亚沙漠，包括现伊拉克的全境以及叙利亚和土耳其与其相连的部分。苏美尔人是这里最早的文明创造者。

两河流域由不同的地域组成，各地的地理特征和当地的自然资源影响着居住在那里的人们的生活方式。南部由沼泽和宽广、平坦而贫瘠的平原组成，各城市沿河渠而建并逐渐发展起来。由于自然资源匮乏，与周边国家的商贸异常重要。北部由山地和平原构成，由于有季节性降雨和从山地流下来的河流网，所以土地相当肥沃。早期的居住者开垦土地并使用附近山区的木材、金属和石料。

幼发拉底河

两河流域南部古称巴比伦尼亚，是苏美尔文明的起源地区，其南部古称为苏美尔（Sumer＝Ki-en-gi）。一支非本地塞姆语的外来民族迁移到这里生息繁衍，开创了两河流域文明。他们被本地说塞姆语的阿卡德人称为"苏美尔人"。巴比伦尼亚的北部和迪亚拉河下游地区在古代被称为阿卡德（Akkad＝Ki-uri），这是因为第一个统一两河流域的城邦阿旮德（Agade）位于这里；说东北塞姆语的阿卡德人可能是本地土著居民。苏美尔和阿卡德的分界约在中部圣城尼普尔。

两河流域的农业和畜牧业产品相当丰富，有谷物、蔬菜、肉类（牛羊肉为主，苏美尔时期有猪肉）、奶制品、皮革、羊毛、亚麻以及角制品等。谷物有小麦、红

底格里斯河

小麦（emmer）、小米等；大麦因适应本地略带盐碱的土壤，无论在古代还是现代都是主要的谷物。大麦芽被用来酿造世界上最早的啤酒，小麦和大麦被磨成面粉烤制面饼。主要油类植物是芝麻。丰富的椰枣（俗称"伊拉克蜜枣"）也是两河流域人民的美味食品，南部炎热的气候和充足的灌溉水源非常适合枣椰树生长。

河渠浇灌的椰枣园

本地的自然资源总的来说是贫乏的。河流能提供鱼和其他水产品及芦苇。苇杆用来编席子、篮子和箱子，造船和建房。由于枣椰树的木质粗糙和它的果树性质，本地缺乏木材。石料仅有石灰石和"摩苏尔大理石"两种。

虽然现代伊拉克以丰富的石油蕴藏闻名，古代两河流域人却仅知道石油的伴生物沥青矿。苏美尔人用沥青作砖层之间的粘接物、房屋建筑和造船的防水涂料、艺术品镶嵌的粘接剂和塑型材料以及燃料，甚至作为药用。本地没有金属矿藏，缺乏建筑、装饰和雕塑用的石料和木材。从原始时期起，这些原材料就由外地进口，并在这一无铜地区发展成铜石并用文化。一般认为铜最早由伊朗西部和高加索山区的阿塞拜疆和亚美尼亚输入。后来，附近的小亚、塞浦路斯、巴林岛和阿曼的铜都能运到两河流域。锡可能来自伊朗、高加索和阿富汗。白银多数来自套鲁斯山脉。黄金来自从埃及到印度的许多矿点。伊朗几处供应硬石料和各种有价值的宝石。文献提到乌尔第三王朝时期石刻匠常用的光亮的黑闪长岩碑料来自"马干"（阿曼或埃及）。普通木材可以在扎格罗斯山脉的森林中找到，但建筑庙宇和宫殿的高大杉木、柏木和雪松则必须取自地中海岸边的黎巴嫩山脉和阿马奴斯山。其他种类的木材则来自海外的麦鲁哈（印度或埃塞俄比亚）。

苏美尔人运输的主要途径是水路。幼发拉底河和底格里斯河形成两条南北大动脉。两河之间则有上下纵横的许多渠网连接各个城市。由于冬季陆地上覆盖着河水泛滥留下的厚泥层，而春季洪水又常发生，水路运输往往超过了以骆驼和驴车为主的陆路运输。

两河流域通往西方叙利亚和地中海岸的商路有两条。一条路程较近但旅行困难：由巴比伦或西帕尔城沿幼发拉底河上溯到达马端或其上游的戴尔卓尔（Deir-ez-Zor）一带，然后向西进入大漠到达叙利亚的绿洲塔德摩尔（Tadmor，古名帕勒穆腊〔Palmyra〕），再向西行出沙原到达侯姆斯。从那儿出发，西可到达腓尼基海岸的各城，北可进入北叙利亚的重镇哈拉波。从哈拉波向北可进入小亚半岛，向南可到达大马士革；再南是以色列和腓利斯汀（巴勒斯坦）的土地，从那可以踏上通往埃及和非洲大陆的道路。由于这条路线穿越荒漠、行程艰难而且易受到荒漠绿洲之间的游牧民族的抢掠，商队一般都选择另一条虽然路途较远，但能保证给养供应又较为安全的路线。这条路由西帕尔沿底格里斯河北上，到达现代摩苏尔对面的亚述的尼尼微后转向西方，穿过哈布尔上游的各个城镇，由舒巴特恩里勒（垒兰丘）

到古扎那（哈拉夫丘）。商队在巴里赫河上游的哈兰城休整后，向西从埃马尔城（美斯给耐丘）或卡尔赫美什（耶腊波留斯）城渡过幼发拉底河，前面就是北叙利亚重镇哈拉波（今阿列颇）。由哈拉波向西可到达奥伦特流域和地中海（"日落之西海"，"大海"）岸边的乌咨瑞特城，南下可经哈马特城到南叙利亚的大马士革；向北过阿马奴斯山进入小亚海岸的基里基亚平原，由此可通向小亚半岛西部。两河流域通往小亚东部的商路可以由尼尼微沿底格里斯上溯，或由哈兰向北穿过陶鲁斯山脉的各个关口。到东方的商路由于高山峻岭的阻挡比较困难。三个关口通过扎格罗斯山脉。最北点在上扎布中上游的柔万杜孜（Rowanduz）以东的下扎布源头附近的腊亚特，过此关可进入乌尔米亚湖南岸和阿塞拜疆。中部关口在迪亚拉河上游南岸的哈拉比亚，其西北是下扎布河南岸的苏莱马尼亚市。由此关口可以进入伊朗高原。最南的关口在迪亚拉河中游南岸城市哈那秦（Khanaqin），对面的伊朗城市是凯尔曼沙；往东再行是哈马丹（古米底首都所在地），进入伊朗高原向东北行则至里海南岸。两河流域通往东南的道路经过埃兰的国土。这条路没有高山阻挡，苏美尔人可经过东邻乌莱亚（今凯尔哈河）和乌克奴（今卡闻河）二河的苏萨平原。北方的亚述和阿卡德的商人则常沿扎格罗斯向东南经德尔城进入埃兰首都苏萨。由苏萨向东是安善（后属于波斯），向北是里海南岸的米底各部落。古埃兰是一个经常进入两河流域和那里的各王朝争霸的强大国家。在阿卡德和乌尔第三王朝（前2111—前2004）统治埃兰之后，这条商路一直控制在埃兰人自己手中，两河流域的商人不能自由地使用它。

两河流域最南部还有一条重要的海上道路——波斯湾（古称"下海"，"日出之东海"）。文献中常提到由迪勒蒙（Dilmun，今巴林岛）、马干和麦鲁哈来的船队。马干可能位于埃及或苏丹或埃塞俄比亚的红海沿岸地带，而麦鲁哈可能指巴基斯坦和印度的西海岸一带。

由于两河流域位于一个联结近东地区各部分贸易网络的中心地带，苏美尔文明从一开始就具有强烈的贸易和商业特点。

苏美尔——楔形文字文明世界的开创者

苏美尔人用木笔或芦苇笔在软泥板上刻画出一个个图画符号，创造出世界上最早的文字。每一片书写完的泥板要被晒干或烧制，于是这些有文字的泥板变得坚固，不能涂改，也不会腐烂，成为人类文字史中最有特色的、除非砸碎否则不会朽坏的"泥板文书"。

5000 多年前的两河流域的古文字是现今所知道的世界最早的文字之一。现在所知道的最早的苏美尔图画文字泥板和石板是在南方的乌鲁克城和中部基什城附近的捷姆迭特那色等地发现的，属于公元前 4000 纪末的乌鲁克文化末期。它是由古代两河流域文明的创造者苏美尔人所创造的。

苏美尔地区位于两河流域下游冲积平原，盛产芦苇和粘土。因此，对应中国的纸和毛笔，粘土泥板和一头削尖的细木棍或芦苇秆就成了本地特有的书写工具。苏美尔人用木笔或芦苇笔在软泥板上刻画出一个个图画符号，创造出世界上最早的文字。每一片书写完的泥板要被晒干或烧制，于是这些有文字的泥板变得坚固，不能涂改，也不会腐烂，成为人类文字史中最有特色的、除非砸碎否则不会朽坏的"泥板文书"。

苏美尔楔形文字的发明、字体简化和演变

和中国汉字和埃及古文字一样，苏美尔文字也是由图画符号发展而来的。从早期的图画形状的文字符号（象形字）中，我们可以看出楔形符号的原型。最早的书写是用象形符号来记录农牧业产品的种类、数量、所有人和分配等最基本的生产和生活信息。图形符号发明后，苏美尔人为了提高书写效率和规范符号形状，不断简化文字符号。经过 500 多年的发展，约公元前 2600 年，苏美尔人在舒如帕克城（现代 Fara）完成了第一次重大的文字体改革，象形字体从此发展成了楔形字体：原来的象形文字中几乎看不出楔形的圆笔画变成明显楔形的横、竖、斜和拐等几种

简单笔画，字形基本上变成了方形，和汉字的笔画构成类似。公元前 19 世纪，古巴比伦人大大简化了各个楔形字符的笔画，完成了第二次文字体改革。到公元前 10 世纪，在北方的亚述帝国，发生了第三次文字体的简化改革，这里的楔形文字发生大的变革，新亚述楔形字体从巴比伦楔形字体中分化出来，其字体

公元前 2900 年两河流域早期象形文字：记录 60 钟大麦、30 头母牛等。

的笔画达到了简化和规范的顶峰，但也最不像原型的象形字。最后的波斯帝国的楔形文字不但简化了字体，而且把表意文字变成纯音节文字，已经不能称为真正意义上的楔形文字了。

　　下面我们就来介绍楔形文字中一个字符从初始的象形体演化到最后的简化字体的过程。约公元前 3100 年，在两河流域南部生活的苏美尔人开始用文字记录各种谷物和牲畜。对于两河流域最重要的庄稼大麦，书吏用带尖木杆在软泥板上刻画下大麦的形象，并将这符号读为 še。这就是 še 最早期的象形字符 。

　　当农民将大麦送到神庙或官府的仓房以供应节日期间的祭祀和神庙或官府人员食用时，有关书吏就要把收到的大麦数量记录下来。当大麦配给祭祀、管理和生产人员时，支出的大麦数量也会在泥板上被记录。收到的或支出的大麦数量用抽象的数字符号刻写在大麦符号之后。下图是约公元前 2900 年时一块记录了大麦数量的泥板。两河流域人们使用容器测量流体物品如油或谷粒的容积，常用的最大的容器单位称为 gur，参照中国古代的容积单位，我们意译为"钟"。1 钟基本相当于今天

的 30 斗或 300 升。和各类地中海语言一样，苏美尔文字和阿卡德文字极少用汉语常用的量词（个、头、只、匹等等），甚至钟和升之间的进位容量单位"斛"和"斗"两个单位也不用量词表达，而是用不同的数字系统来表示。1 钟的符号是 或 ➤ gur，10 钟的符号是○gur，1 斛的符号是 ❮ gur，1 斗的符号是 ❮❯ gur。图为记录大麦钟数的泥板。

当书吏使用的书写木笔的圆头被尖头取代后，大麦符号的形状有所改变。由于木笔必须先压入泥板表面，然后刻写笔画，因此字符的每一个笔画的起笔处都带有一个三角形的头，使每一笔画像一个小木楔，因此被称为"楔形文字"。每一笔画的楔头指示出笔画的始末，如 ➤ ╱ ╲，它的基本笔画是横、竖、提、拐、撇、捺。因此 še 符号变成了几个楔形笔画的组合： 。楔形文字的读写次序也在发展中发生了改变，最早的象形符号画在小方框中，排列次序多变，书吏用方格分隔词句，几个方格由上到下成为一栏，每栏由左到右排列。在下面这块泥板中符号"拉旮什城"在一个方框中被写出来。

 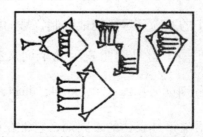

后来，楔形符号的书写不再使用小方框，而是简单地按照读的顺序，每行的读

写和现代文字一样从左到右地被写在一横行中。每块泥板文书由正反两面构成，每面按从上到下的次序分为若干行，符号的读写是从上行向下行进行。在下面这块泥板中，拉旮什城名出现在一横行中并且四个符号的次序是从左到右的。

由于文字符号的读写次序由原始的从上到下改为从左到右，原来的文字形状因此向左转了 90 度。še "大麦" 的符号变成了这样：

大麦符号被使用了 3000 多年。它的形状和书写方式在很多方面发生了改变。上面的右图是公元 61 年写的泥板，上面有 še "大麦" 的最后的简化字体。

大麦的符号仅是众多楔形符号中的一个。下图以几个常用字为例展示苏美尔文字 3000 多年的历史和演化过程。

楔形符号不仅仅在书写规则和形状上发生了发展变化，它的功能也增加了。成熟的苏美尔文字基本上是一种表意文字，其中包括一些表音符代表的虚词。以中文和苏美尔文为代表的表意文字是以表意符为主、表意和表音符混合组成的文字。动词、名词和形容词等实词基本上由表意符表示。和汉字惊人的数量不同的是：苏美尔人造字的原则是尽可能地限制符号的数量（已知苏美尔字符约 1800 个），其主要方法是用一个符号同时表示几个词义相近而发音不同的词，如 "口、牙、鼻、说、词" 分别读为：ka, zú, kiri4, dug4, inim, 但都用一个符号表示。为了区别同一语义符号表达的不同词，它常在语义符号后附加指示读音的表音符，或在语义符前或后附加表意的 "定义符"，即汉字的 "部首偏旁"。苏美尔楔形文字的

	公元前3200年乌鲁克四、三层址	约公元前2800年	约公元前2500年法腊时期	约公元前600年的亚述字体
大麦				
头				
鸟				
公牛				
果园、菜圃				
椰枣树				

部首和汉字的形符（偏旁部首）功能相同，多数放在声符的左边（前面），少数放在声符的右边（后面）。唯一不同的是，古汉语词汇多是单音节，一个汉字只需要一个声符，就可以和意符合体成为一个形声方块字，而苏美尔语中多音节的词汇有一些，有时一个词需要两个以上的声符，无法成为合体字，如：苏美尔词 gis+gu-za （座椅）中的 gis （木）部为左形，gu-za =guza 为右声，和（中文）木+奇＝椅同出于形加声的造字原理。ídIdigna（底格里斯河）的 íd＝水部（左形）+ Idigna（右声），和"水"部＋工＝"江"同理。uzmusen ＝ uz（左声）+ musen "鸟"部（右形），和甲+"鸟"部＝鸭的造字法一样。

　　苏美尔语言的语法特征被称为粘着语。它的词根不变化，依靠在词根上添加前、中、后缀来表示语法作用。和汉语一样，名词和动词是同形的。它的词汇基本上是单音节的，一种物或一个概念由一个符号（字）写出。一些实词或语义符有时

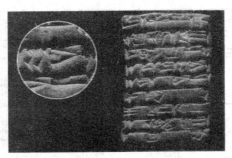

被假借为表音的虚词和音节符，如大麦符号"šе（she）"一般表示大麦，但偶尔它也可以假借为音符。例如，大麦符号可以用来拼写一个读音中有"she"音节的拼音词"she-er-ku"  "一串"（水果）。

在苏美尔人发明了楔形文字后，几千年来，两河流域的书吏每天记录各种各样的信息：神庙活动、商业和贸易、故事神话叙述、私人信件。楔形文字被古代西亚各个民族用来书写自己的语言。无论是说塞姆语的阿卡德人、巴比伦人、亚述人和迦南人，还是讲印欧语的赫梯人和波斯人，以及语系尚难确定的胡里安人和乌拉尔图人等等都先后借用了这种书写符号记录自己的本民族语言。下面这块石刻上书写的是乌腊尔图语（Urartian，公元前900—前600年两河流域北部的乌腊尔图王国的语言）。

楔形文字的符号的形态或字体演变和我们的汉字类似，也是由图画符号的圆笔向抽象的方笔发展，由图画符的多笔画字向抽象的少笔画字发展。古苏美尔象形字的圆笔画很多，各字大小不一，许多笔画繁多，合体字写得分离，相当于我国的甲骨、金文时期。到了阿卡德帝国时，字体虽仍保留一些圆笔，但字形规范、造型十分典雅，似画似字，从书法美学看是最精美的楔形文字。它相当于我国秦帝国规范化的小篆字。到古巴比伦时期，出于书吏对书写效率的要求，笔画的圆笔已全部消失，字形的笔画被大量简化，类似我国由秦到汉时期的隶书革命。国王的石刻碑铭为了追求艺术效果，仍使用古阿卡德和乌尔第三王朝的典雅古体字，像著名的汉谟拉比法典碑就是用繁体的古体字写成。在日常书写中，新的简体字被大量地使用，大大提高了书写效率。楔形文字的简化过程在以后的巴比伦、亚述各时期仍逐渐进行。尤其是在北方的亚述，最后的简化字不但笔画少而且把斜笔画变成了横笔或竖笔画，和古字体相差越来越远。

苏美尔人的精神和物质——诸神、庙宇和祭祀中心城市

在公元前三千纪的苏美尔，一套闪耀着远古先民智慧光芒的宇宙论和宗教系统已经形成。两河流域的宗教信仰起源于苏美尔人，他们仿照人类社会建立了一套神的体系……

苏美尔人的众神体系

考古资料显示苏美尔人已经开始对自然尤其是宇宙起源及其运行方式进行思索。在公元前三千纪的苏美尔，一套闪耀着远古先民智慧光芒的宇宙论和宗教系统已经形成。两河流域的宗教信仰起源于苏美尔人，他们仿照人类社会建立了一套神的体系。两河流域实行偶像崇拜，各神都有宝石装饰的金塑或石雕像。

人类自从有了思维，就提出了是谁创造了这个世界并使其日复一日运行的问题，于是产生了宗教。即使从未亲眼看见过人形的神，苏美尔人从自然和人类社会的必然事件中看到了他们被外界掌握的命运，并把天命由现世推论到过去和未来。他们意识到，虽然国家、城市、家庭、宫殿、神庙、田野、农村都是由活着的人来管理和统治的，然而，许多必然现象并不由人的意志决定：生物和人类的生老病死、国家和城市的毁灭、神庙和宫殿的坍塌和农田的沙漠化等等。当苏美尔人体验到宇宙和它的诸多变化不依人类愿望改变的必然规律时，他们开始相信宇宙和人类的命运一定是由同人一样具有思维和语言、但是能力远远大于人类的神明来管理、

指导和统治的。诸神和天空、星体一样是永恒而不死的，宇宙和人类因诸神意志而运行和发展。苏美尔人相信众神是真实存在的，神明和人类长相相同，但是头上有象征力量的牛角，他们拥有着超人的能力并且可以永生。每一个神掌管着宇宙的一部分工作。凡人看不见他们的形体，但是可以看到他们之中的星体化身和运行的宇宙法则，如太阳、月亮、金星和木星等五大行星的运行。众神们分别掌管着天地海空、日月星辰、风霜雨雪、山川河岳、沟渠田野等等。

苏美尔人的宗教是古老的多神教，人们相信世界是由男神、女神、恶魔和怪兽控制的。上百位大小神祇管理人世间的各种事务：从河流运行、树木生长到面包和陶器制作。苏美尔人仿照人类社会创建了一套神的社会体系。和奴隶制的人世一样，苏美尔的神也有高低贵贱之分。诸神与人一样，虽然极具智慧，但也会一时糊涂；虽然总体正直，但也会作恶。他们像人一样，具备七情六欲，会爱、恨和嫉妒。他们喝酒享乐，争吵和战斗，受到惩罚和伤害，甚至可能死去（到地府）。两河流域的宗教是实行偶像崇拜的古老宗教，各神住在他们的庙中，宝石装饰的金塑或石雕神像代表他们的存在，天青石用来装饰神的发须。

宇宙有大小事件，社会有不同阶级，所以苏美尔的众神也是分等级的。掌管镐和砖模的神不能和掌管太阳的神相提并论。掌管沟渠的神也不能奢望和掌管水源的神同级。最高等级的神被称为大神，七个最高的大神来源于最重要的自然天体和资源：永恒的上天（宇宙），天地之间的空气（人间），水资源，最明亮的三大天体太阳、月亮和金星以及掌握生命接力之谜的生产繁殖大母神。天神安被称为众神之父，即上天的化身；众神之王恩里勒是空间和天地之间（人世）之主

众神之父——苍天安，其符号形状是一个发出光芒的星体。

宰；地下淡水神恩基是水、智慧与巫术之神；月神南那是夜间的主宰和人类的保护神；太阳神乌图是光明、正义和司法之神；金星即爱与美的女神伊南那掌管着男女性爱和创造生命的交配和受孕；大母神宁胡尔桑控制万物生育和繁殖。安、恩里勒和恩基是苏美尔众神体系中地位最高的三大神，他们分别以家长权威、王的力量和智慧统治着诸神。每个大神在苏美尔都有自己的祭祀中心：众神之父天神安和他的女儿金星女神伊南那的神庙

众神之师——地下淡水神恩基

在最古老的城邦乌鲁克。随着国家的产生，部落长老的血缘父权被社会推举的强大王权所代替，安的神界长老权威在苏美尔神话中逐渐衰落；恩里勒成为众神之王、天上和人间的主宰、人世王权的授予者，他的神庙所在地尼普尔取代古老的中心乌鲁克成为苏美尔和阿卡德的宗教中心。他的妻子神后在尼普尔附近的图马勒庙区被祭祀；他的儿子战神宁乌尔塔和火神努斯库和他同住在尼普尔。宁乌尔塔在强邦拉旮什的首都吉尔苏被称为宁吉尔苏，意为"吉尔苏的主人"。地下水之神恩基（阿卡德名为埃亚）是埃利都城的保护神，他作为智慧之神还执掌巫医术、手工技术、艺术和文字。

每个城市的特定保护神即主要供祀神也可简称为城神，他们在本城邦受到最大尊敬和祭祀，成为本邦国王在天上的主人。城市中心建有大型庙宇或庙区供城神居住。祭司们通过繁多的宗教仪式服侍城神一家。三位来源于自然天体的大神——月神、太阳神和金星女神在多个城邦或城市被祭祀。月神南那同时是乌尔、旮埃什、乌如姆和阿克沙克等城的主神，性爱女神金星伊南那的祭祀中心除了乌鲁克还有扎巴兰和尼尼微等城，太阳神乌图是西帕尔和拉尔萨两个城邦的主神。伊南那之子沙腊住在温马，另一战神扎巴巴住在基什城。畜牧和农业之神杜穆孜也比较重要。各

地还有许多地方特色的中小神庙，供奉各个职业和城市人们的保护神明。大城邦的主神是有广泛影响力的大神。神界等级之末是无数的小神和代表邪恶和疾病的魔，他们有各自的权力范围和管辖地区，甚至犁、砖等工具和材料都有自己的神。阿卡德人进入巴比伦尼亚以后，将塞姆人的神和苏美尔的神合二为一了。因此，两河流域文明的大神们既有苏美尔名字，还有阿卡德语名字。有些塞姆人宗教传统中特有的神，如叙利亚神达干和妻子伊什哈腊以及亚述的保护神阿舒尔则没有苏美尔名字。

战神宁乌尔塔

　　在巴比伦尼亚，诸神的地位往往随着国家的兴起与衰落而此起彼伏。在巴比伦统一两河流域之后，塞姆人的司法和公正神太阳神沙马什获得了苏美尔太阳神乌图的权威和广泛尊敬。塞姆人最重要的神——月神辛等同了苏美尔月神南那。巴比伦城神马尔杜克代表夜空第三明亮的天体木星。由于木星在夜晚的天空遵循太阳在白天的运行轨道，好像牛犊追随它的母亲，它的苏美尔名字是 Amar-Utu，"太阳的牛犊"。马尔杜克原来影响很小，是巫医和医术的保护神。随着古巴比伦的汉谟拉比王朝统一两河流域和巴比伦成为国家首都，他取代了恩里勒上升为众神之王。巴比伦

畜牧和农业之神杜穆孜

的著名神话《创世纪》就是马尔杜克的祭司们为提升他在神界的地位而创作出来的史诗，其结尾部分专门记载至尊的马尔杜克所拥有的 50 个不同的头衔（如战斗者、

创造者等）或神圣化身。后来，马尔杜克被尊称为"主"。波尔西帕的城神是水星那布，作为马尔杜克之子，他的重要性也逐渐增加，成为文字和书吏之神。亚述的诸神与苏美尔和阿卡德诸神基本一致，只不过在亚述帝国时期，阿舒尔城神和亚述帝国之神阿舒尔取代了苏美尔神王恩里勒成为众神之王。

苏美尔人相信世间充满了保护人类的精灵——天使和祸害人类的精灵——魔鬼。这些精灵具有人类的身体和兽或鸟类的头。怪兽是兽类和鸟类的混合体。两河流域王国宫廷的大门两侧耸立着巨大的带翅膀人面公牛和狮子石像就是保护宫廷的天使形象。两河流域文明的这种用神兽雕像把守门户的古老传统由波斯传入我国，演化为我国官府、官宦和大户人家门前的一对石狮。恶鬼有两类：第一类叫作乌图库，其中最重要的是幽灵和瘟疫。这类魔鬼无所不在，专干坏事。家庭不和、兄弟反目成仇、动物染疾而死都与它们有关。另一类鬼怪是身世凄凉、理想幻灭者或暴死者的冤魂，数目庞大。它们生前必怀不满，因此死后继续作恶，折磨生者。在人们的观念中，恶鬼是神对人的惩罚：当一个人背弃了神，神也会抛弃他，将他葬送于恶鬼之手。

两河流域的书吏将他们知道的诸神名字汇编成很长的列表。表中经常同时给出众神的苏美尔语名和发音不同的阿卡德语的名字。

在奴隶制度的苏美尔和继承它的阿卡德语的两河流域社会中，人类和诸神的地位相差悬殊。两河流域人民相信正像人类有奴隶服侍一样，诸神也要有奴婢服侍。诸神创造人类的目的就是服侍自己。因此，苏美尔人的宗教活动主要包括供养诸神和他们的住所神庙，使他们满足和高兴，于是他们就不会用灾难惩罚人类，满足人类对平安、富足和长寿的祈求。苏美尔人每天向诸神供奉日常的牺牲并祈祷福祉，还要举行各种宗教节日和狂欢等大型祭祀活动。在祭祀仪式上，祭司常常像奴隶和战俘一样赤身裸体，向神表明自己的纯洁、虔诚和奴仆身份。苏美尔的贵族和平民向神敬献的自己的石像和战利品或其他还愿物经常在考古发掘物中出现。贵族男人和妇女把代表自身的呈礼拜状的石雕小像放在神殿的墙边，

卡西特巴比伦王朝某王赠授土地的石刻地契上刻有 9 个大神的符号：顶行有四角加热浪线条的太阳光盘和八角闪烁的金星光盘。第一行的从左至右的神符：1. 两个庙门或王座上的牛角神冠象征天神安和神王恩里勒；2. 庙门上的公绵羊和鱼身摩羯象征水神恩基；3. 庙门上的子宫指示母神宁胡尔桑。第二行：1. 庙门上的锹形刀（手术刀?）和龙指示神王兼医疗神马尔杜克；2. 庙门上的木楔和龙象征文字神那布；3. 闪电双叉代表暴风雨神阿达德。

表示自己为获得神恩正在日夜祈祷。宗教节日是苏美尔人的生活内容。拉尕什的古地亚王铭提到的一个宗教节日要连续持续 7 天。7 日间，贵族不享有特权而奴隶不受到责罚，音乐声缭绕不绝，人人纵情欢乐。在首都级别的城市，国王和女神举行独特的圣婚仪式，王和女神的结合会赐福人类，使农业增产、牲畜繁殖和城邦富强。

苏美尔人的祭祀建筑

苏美尔人的宗教观念来源于他们周围的环境，他们相信神来自两河流域平原尽头那些若隐若现的山脉之中，他们认为世界是由底格里斯河和幼发拉底河平原地区和周边的连绵的山脉组成。他们把周围的外族国家称为"外山"，于是，

"群山"也表示世界各国。太阳神乌图、月亮神南那和金星女神伊南那从山中升起，穿过天空，然后，进入地下，所以，"大地"一词代表了"地府"。当人们死后，他们的灵魂将经过"外山"的人口进入到地府中，所以，"外山"也可以指地府。总之，古代两河流域居民看待他们的世界的视角是——天为天神们居住之所，天地之间的地上为祭祀神明的人们居住之所，地下世界是死神们和死人们的居所，另外，地下还有淡水海洋。

宗教仪式作为人们宗教观念的表现形式，在两河流域人们的日常生活中占据了重要的地位，神庙是进行宗教活动的主要场所，在其中举行各种大型宗教仪式。神庙的形状模拟山的形状而建造。

乌鲁克神庙的废墟

早在公元前四千纪史前时期，两河流域就存在一些祭祀诸神的小型神庙。公元前四千纪末期，文字被发明，一批泥砖建造的平台式神庙建筑在当时世界上最大的城市乌鲁克出现了。这表明祭祀诸神始于史前时期，神庙是苏美尔人城市的中心。苏美尔人试图把城市中心的祭神处建得又高又大。神庙最初被建在砖砌围墙的平台上。在公元前第三世纪期间，苏美尔人开始建筑多层迭起的平台，并在其顶端建筑庙宇。我们称这些阶梯状的多层建筑为塔庙。在公元前2000年的时候，大量泥砖建造的神庙在许多苏美尔城市中出现。

苏美尔诸城邦的众多寺庙，以最古老的宗教和政治中心乌鲁克的神庙最为典型，这里发现了公元前35世纪乌鲁克时期用彩色泥圆锥镶嵌成几何图案的神庙墙壁，这一占地4400平方米的大型神庙可举行上千人参加的大型宗教活动。

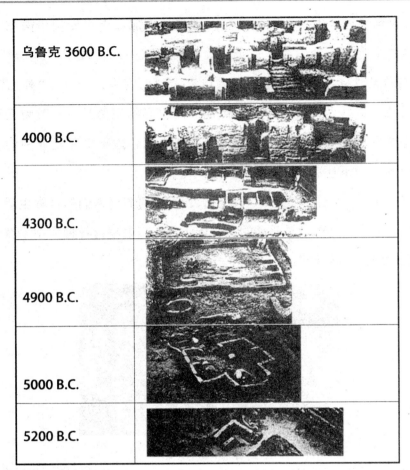

乌鲁克 3600 B.C.	
4000 B.C.	
4300 B.C.	
4900 B.C.	
5000 B.C.	
5200 B.C.	

考古学家们于埃瑞杜发现了两河流域年代最早的神庙遗址。在这些神庙遗址中，他们发现了祭祀用的烤鱼残骸。几百年后，新神庙在最初的旧庙废墟上被建造起来。每个新的神庙要被建造时，之前的旧神庙的砖墙被敲毁，它的废墟被夯成一个平台，用作新建筑的基座。因此，每个旧神庙的残留物都被掩埋在新的平台下。下图是乌鲁克遗址中层层迭压的 13 座不同时期的神庙遗迹，乌鲁克遗址中 13 座神庙遗迹与年代分布它们从公元前 5200 年（遗址最底部）到公元前 3600 年（顶部）被一层摞一层地建造起来，最后的神庙形成一个 10 米高的圆土堆。在约公元前 2100 年，乌尔第三王朝乌尔那穆王推掉了原来旧的神庙，重新建筑了一个乌尔那穆王的新庙高台区。

乌尔城是月神南那的祭祀中心。在祭祀月神时，每逢初一、初七、十五和二十三等不同月相日，苏美尔祭司就供奉牺牲，举行庆典，这是今天每个星期天休息的惯例的起源（现代的阳历年已经改变了星期的月相基础）。苏美尔人的宗教活动主要包括供奉牺牲的仪式和宗教圣餐等等。在仪式上，国王和祭司沐浴、剃发并赤身裸体，向神表明自己虔诚而清洁。因此，我们常常在苏美尔石刻中看到国王无发无须的形象，著名的有拉旮什公侯古地亚和乌尔国王舒勒吉等等。苏美尔时期的宗教仪式还包括国王将自己的石像置于神明之前代表自己向神祈福，战争后，凯旋的国王向尼普尔和神王恩里勒敬献刻有自己名字的珍贵的石器皿和其他战利品以及俘虏。几乎在每一个苏美尔城市的神殿的墙边，都会出土一些贵族男女礼拜状的石雕小像。最著名的出土于埃什嫩那遗址的一批石像五千年来一直日日夜夜祈祷神佑，直到被考古人员发现。

苏美尔人有许多宗教节日。拉旮什的古地亚王铭提到的一个宗教节日连续持续7天。铭文描述说：7日之内，音乐声缭绕不绝，贵族不享有特权，奴隶在节日期间不受责罚，人人纵情欢乐。国王在几个大神的祭祀城市举行苏美尔特有的圣婚节：神化的国王和伊南那女神（可能由女祭司代表）举行结婚仪式。经过圣婚仪式，神化的国王会得到他的妻子女神的保佑，女神将祝福城邦富饶多产和繁荣昌盛。苏美尔祭祀中的供品主要采用育肥公牛、公羊和羊羔，有时有猪。由于猪是杂食的动物，而且不能像牛羊那样提供乳制品，耗费粮食的猪在苏美尔时期之后逐渐不被饲养。

继承苏美尔传统的巴比伦的宗教仪式在全国最大的神庙马尔杜克神庙举行。神庙的旁边高矗的巴比伦塔庙呈方形，共七层，底层长宽和塔高均为91.5米。巴比伦尼亚最重要的节日是新年节。这个节日从元月初一开始，持续11天，期间举行各种宗教仪式。哀痛的仪式纪念马尔杜克（木星）被困在阴间受难（木星的地伏期）；国王和祭司们祈祷神佑，歌队高唱歌颂马尔杜克上升为众神之王的《创世纪》史诗和其他的赞美诗。

在两河流域的北方，阿舒尔城的神庙建筑群的布局以亚述民族神阿舒尔（农业神）的神庙和高大宏伟的塔庙为中心，月神辛和太阳神沙马什的神庙分立两侧。附近有共祀天神安奴和亚述人特别重视的风雨神阿达德的小塔庙。亚述第一位统一北方的伟大的国王的名字"阿达德是我的太阳"表明雨神在亚述的重要性。国神为农业神、日和月对称、天和风雨共享的祭祀特色表现出了亚述地区和巴比伦尼亚地区既有相同之处又有自己特点的宗教传统。关于亚述宗教仪式的出土文献不多。

两河流域国王的职责之一是向神献祭，并为神提供一个条件优越的住所（神庙）。当国王开始建筑新的宗教设施和修复一个旧建筑时，要将刻有自己铭文的某种物体埋在地基中作奠基物，一般多为圆锥形物体。同时建筑的砖上也印有国王的名字以表示建筑者的功绩。通过这种方式，建筑者希望神保佑他和王国，同时，也希望其后数百年的国王因此而知道此建筑为他所建，从而为后人留下他的功德。神庙中还有国王、官吏和平民们的贡献品和还愿物。两河流域文明的考古学家总是能在苏美尔神庙遗址中找到苏美尔人留下的各种古代遗物。

乌尔第三王朝开创者乌尔那穆创建了一种新的宏伟宗教建筑 Ziggurat，我们译为"塔庙"。塔庙的底座是一个巨大的平台，其上是一个略小些的平台，平台层层迭加，直到顶端的一个最小的平台，楼梯一直通向顶端平台的一个小型神庙。塔庙像一个阶梯状的金字塔，它的系列平台数由 3 层到 7 层不等。它是一座神可以居住的泥砖建造的山。

神庙中的苏美尔贵夫人雕像

塔庙的每一层平台都有窑烧砖覆盖在土坯砖的表层，大多数砖都有砖铭，一些工人专门负责在烧制前的砖坯上压印国王铭文。乌尔那穆的塔庙由泥砖建造，泥砖由混合的泥和芦苇秆碎片做成：湿泥和苇秆混合物被压入砖模中成形，在太阳下面晒干成为建筑土坯。乌尔那穆的每块泥砖的大小是 30×30×7cm，约 4.5 公斤重。大约有 7,000,000 泥砖被用来建造塔庙的第一阶层平台。建筑的泥砖砌层每隔六层就要搁置一层十字形摆放的芦苇。

奠基铭文楔：以建筑者形象出现的举土篮的乌尔王朝开国者乌尔那穆。

塔庙的正面共有三条登塔楼梯：两侧的靠墙阶梯和正面独立的阶梯道在塔庙正面相交于位于第一层高台的塔庙拱门中。正面的仪式阶梯继续向上通向第二层和第三层的顶庙，可能仅有国王和月神的祭司们才允许上到塔顶神庙。拱门的下面、正面楼梯的两侧有加固阶梯的扶壁。在底层平台的两侧有两个垂直的排水道，用防水的烧制砖块砌成，用于雨季的排水。底层侧壁上还有"排水孔"。

乌尔那穆最初是乌尔城的总督，他从乌鲁克第五王朝手中接管了王权，并着手统一苏美尔所有城邦，成为唯一也是最后的苏美尔帝国的开创者。他主持制定的《乌尔那穆法典》是两河流域文明目前所知道的最早的、也是世界历史上最早的成文法典。他的儿子舒勒吉完成了苏美尔的统一事业，他修订历法，制定帝国的度量衡标准，统一了各邦不同的标准。由于乌尔帝国的强盛，舒勒吉和他的继承者们效仿阿卡德国王自称为神，全国各重要城市都开始兴建供奉被神化的国王的庙宇。

乌尔那穆在乌鲁克、埃瑞杜和尼普尔等苏美尔中心城市都建有塔庙，但是保存最好的还是首都乌尔城的塔庙。各中心城市的塔庙被用来供奉本城主神。例如，月神南那的祭祀中心乌尔城中的塔庙用来祭祀月神，而在埃瑞杜，塔庙则献给智慧之神和水神恩基。

乌尔塔庙侧面的靠墙阶梯

两河流域的大建筑都有自己的名字，每一个塔庙也同样。国王乌尔那穆在乌尔城建立了的祭祀月神的塔庙被命名为"É-temen-ni-gùr"，意思是"承受神威之基础台建筑"。埃瑞杜的塔庙叫作"É-uó-nir"，意思是"塔庙"，尼普尔的塔庙叫"É-dór-an-ki"，意思是"天地间之纽带房"。考古学家能够确定一个古代城址或者建筑的常用方法就是阅读建筑物中的砖铭。如果你发现一个建筑的砖铭，它就会告诉你这座城的名字、建筑的名称、神的名字和建筑它的国王的名字。这是乌尔那穆建筑的金星女神伊南那神庙的砖铭。

为了他的女主，伊南那，乌尔那穆——英雄、乌尔之王和苏美尔和阿卡德之王——建造了她的神庙。

约公元前 2100 年，乌尔那穆在乌尔城建立了一座祭祀月神的神庙。这个昔日辉煌一时的塔庙在两河流域的平原上默默地耸立了几千年，它的废墟曾吸引了在两河流域南部旅行的过客们。在过去的 200 年间，几个探险家前来考察过这座遗址，但他们都对这个庞然大物知之甚少。直到 1923 年，英国著名考古学家吴雷开始发掘乌尔塔庙，吴雷在这里进行了仔细的发掘。他的工作队测量了这座塔庙，发现了这个建筑群体最古老的部分，恢复了这座塔庙的历史和原貌。在他之前的探险者是英国驻巴士拉领事 J. E. Taylor，他于 1854 年在乌尔塔庙区域开始了一次小规模的发掘，幸运地找到了四个泥鼓，其中一个在塔庙的拐角。这些文物确定了这座城址是伟大的乌尔城。泥鼓记述了新巴比伦王朝的最后王那布那伊德（前 555—前 539）在 1700 年后重建苏美尔的乌尔第三王朝所建立的乌尔塔庙的事迹。

巴比伦王那布那伊德的乌尔塔庙建筑泥鼓铭

乌尔第三王朝共持续了 108 年。随后的王朝都是塞姆人建立的，如伊辛和拉尔萨王朝，但是，它们的王铭仍然使用苏美尔语。最后，两河流域南北部交汇的城市巴比伦的塞姆语的阿摩利人王朝成为苏美尔文明第一个一统天下的继承人，苏美尔人逐渐地消亡于人数众多的本地塞姆人当中。从多个巴比伦王朝到中亚述和新亚述王朝，直到波斯帝国统治时期，两河流域的各大祭祀中心的塔庙继续被建造或被翻新。巴比伦城最宏大的塔庙是城神即新的众神之王马尔杜克的塔庙，叫作"É-temen-an-ki"，意思是"天地之台基之房"。然而，在波斯帝国时期和希腊化时期，拜火教和希腊多神教的神庙成为主流建筑。由于环境和历史的变迁，两河流域苏美

公元前 14 世纪迦喜特巴比伦王朝时位

于 Dur—Kurigalzu 古城址的塔庙，底部平

台为现代人重建。

尔文明的古老城市逐渐被废弃了。外族统治者忽视他们不理解的古老的塔庙和其他古建筑。这些苏美尔人开创的、巴比伦和亚述人继承的高大建筑渐渐地被风化腐蚀，它的砖被取走作为其他新建筑的材料，古域被埋在泥沙之下，百年之后，当地的居民们就不知道这些土丘的沧桑历史了。直到 2000 年后的 19 世纪，几座古城中的塔庙才被发掘出来，苏美尔人修建它们的历史才被人重新认识。

苏美尔人的国家、国王和政治理念

诞生于两河流域这片古老土地上的苏美尔人和阿卡德人、巴比伦人和亚述人创造的早期文明虽然早已消亡于后期的文明之中，但她给全人类留下的宝贵历史遗产对当代人的借鉴价值是巨大的，其中最为显著的、甚至可以说是核心的精神和理念就是国家通过立法和行政管理保护弱势集团的利益，抑制富裕阶级和强力集团，防止他们以权力、暴力压迫贫弱者，通过刑罚缓和并解决阶级、家族和个人之间出现的一些不能调解的矛盾，树立国家权威高于各阶级之上的公正形象，尽可能建立一个公正和谐的（奴隶制）社会和国家，保证社会生产的持续发展和使国家强大到足以抵御经常性的外族入侵和毁灭性打击。

乌鲁克大邦帝君德服天下——苏美尔文明大邦对周围地区的引领

苏美尔文明是人类文明的萌芽阶段，在我们看来苏美尔人的思想可能尚未成熟，但我们恰恰能从中寻找到人类思想发展的轨迹，即由实践到理论，由分析到综合。苏美尔人看待历史事件总是带有强烈的神治色彩。他们相信如果有神保佑，自己的城邦、乡镇和农庄就会兴旺发达，城邦的政治、经济和宗教机构就能高度发展。他们相信自己的国家和人类的历史是由诸神创造的。然而，泥板上的苏美尔史诗在歌颂大神和神化的君王的丰功伟绩的同时，仍然铭刻下了人类的意志与抉择、失望与希望以及发现与发明。

19 世纪末，美国宾夕法尼亚大学在对尼普尔的发掘中出土了 20 几块破碎的古巴比伦学校的史诗传抄泥板。1952 年克莱默教授对其进行了整理和翻译，这就是著名的苏美尔远古英雄史诗《恩美卡尔和阿腊塔之帝》。其中有一块由多个碎片组成的大泥板基本保存了史诗全貌。泥板约于四千多年前用苏美尔语楔文写成，9 英寸见方，比一张标准打印纸略小，分成 12 栏 600 多行。史诗告诉我们，在两河流域文明的初始时期，文明发源地南部苏美尔地区的盟主城邦乌鲁克的帝君是声名远播的英雄恩美卡尔。在他统治时期，在离乌鲁克遥远的东方（今伊朗）有一个狄戎大邦叫阿腊塔。两城之间相隔着七重大山。阿腊塔是一个盛产金属和石料的繁荣的城邦，而乌鲁克所在的两河流域平原极度匮乏这些物产。因此，恩美卡尔十分向往阿腊塔的富庶，决定要"统治它的国民"。于是，他开始用外交斗智的方法对阿腊塔之王和其臣民发动了一场攻势。最后，他成功地摧毁了敌人的士气，使阿腊塔变成了乌鲁克的臣国。史诗体现了古代西亚文明世界的风格和特征，情节曲折怪异，令人拍案叫绝。

史诗序言歌颂乌鲁克大邦和恩美卡尔所在的部落库拉巴城区依靠春洪灌溉获得农业丰收。但是，连接农业发达的两河流域和盛产金属和宝石的伊朗的波斯湾海上贸易线的贸易古国迪勒蒙（巴林岛）尚未形成，因此海路贸易无法开展。同时，两个文明圈之间的陆路贸易线路尚没有打开，无人从事两地的贸易活动。因此苏美尔大邦乌鲁克缺乏金银铜锡和宝石等建筑神庙的装饰材料，国王无法在金星女神的寝宫中举行与女神结婚的宗教仪式（第 1—21 行）："丰产世纪的春洪和滋润麦麻的雨水出现了。然而，贸易港口迪勒蒙邦尚没（开化）。在乌鲁克和库拉巴的天房刚奠基之时，在圣女伊南那的寝宫和库拉巴的宫墙刚刚显耀时，无人贩运（大麦和羊毛），无人转运，（无人）贩运（物产），无人贸易；无人（从山上）运下（金）、银、铜、锡、天青石和宝石。因此，节日中不能举行洗礼，伊南那女神不能入住（她的寝宫）"。

与此同时，远在伊朗的阿腊塔国王自己带上黄金冠称王。然而，乌鲁克的保护神、苏美尔爱与战争的女神伊南那（金星）并没有像宠爱恩美卡尔那样批准阿腊塔的帝王权，因为他没有建筑女神神庙和举行圣婚仪式（25—32行）。为了获得金银宝石，乌鲁克之帝恩美卡尔向他的姐姐伊南那祈祷：让阿腊塔的人们向乌鲁克进贡金、银、天青石和其他珍贵的石料，用来装饰女神之庙天房。于

公元前 4 世纪末到 3 千纪的苏美尔国王（名字不详）

是，国王就可以在女神的寝不宫与之结婚，成为女神所爱的神化了的王；让阿腊塔臣服于乌鲁克，进贡建造圣坛和庙宇的物资，同时还要进贡用于建造苏美尔水神恩基在其主要祭祀地埃利都的庙宇阿布朱庙的各种物资。当神庙完成后，乌鲁克王就能得到恩基执掌的神授礼义，就能带上金冠成为天下的帝君并在女神寝宫完成圣婚大典。注意这里埃利都城和它的保护神恩基是乌鲁克城的主要同盟（33—64行）。

伊南那听到了恩美卡尔的祈祷，建议他选出一个懂外语的使者前往苏萨城和安山国（伊朗），并把恩美卡尔祈祷中的"让阿腊塔向乌鲁克、向我俯首就轭……让（父亲）太阳神快乐地注视着我！"中的"我"改为"你"，表示完全满足乌鲁克王

的各项要求（65—95行），并提到她的丈夫牧神杜穆孜将使阿腊塔的羊群繁荣（96—104行）。于是，恩美卡尔对他的使者重复了伊南那提出的派他翻山越岭带口信给阿腊塔之王的差事，并借使者之口威胁敌邦说：如果阿腊塔之王和其臣民不用马匹驮送金子到苏美尔，他将摧毁其城市。如果臣服的话，阿腊塔要把出产的金块用皮袋装好，另加各种沙子中的金粒，用马匹驮送这些麻袋到苏美尔，于是，苏美尔众神之王恩里勒就会开化阿腊塔（105—133行）。为进一步让阿腊塔之王明白苏美尔的伟大，恩美卡尔让使者把一首恩基的启示录告诉阿腊塔王：现在，东夷舒巴尔图、礼义南方大邦苏美尔和安分之北方邦阿卡德、安享太平的西戎阿摩利——在寰宇间的受神关爱的人类都要对恩里勒说同一种语言吧！父辈神、智慧的埃利都之主恩基改变了（人们）口中（原来）语言，把苏美尔语建立为人类的大同语言（134—159行）。

在穿越了七座大山后，使者途经已臣服于苏美尔的盟主乌鲁克的伊朗的苏萨和安山国，到达了阿腊塔。他向阿腊塔王描述了恩美卡尔的威严并重复了其主人的要求，他要求对方立即给予战或和的答复（160—218行）。然而，后者拒绝屈服于恩美卡尔，声称伊南那是他的保护者，金星女神并没有放弃他，是她任命他为阿腊塔的统治者（219—227行）。使者告诉他乌鲁克的女王伊南那已对恩美卡尔许下诺言，她让阿腊塔臣服于他（228—235行）。阿腊塔之王经过苦思冥想，给出了一个对策。首先，他要求双方不进行大规模的战争，而是通过两个国王之间的力量或智慧的对抗来决定胜负。其次，他想出了一个刁难恩美卡尔的方法，企图用智慧不战而胜：如果恩美卡尔能够送给阿腊塔邦一大批用网袋来装的和用苏美尔特有的驮驴运来的大麦，他就屈服，给乌鲁克驮运去成袋的金块和金沙（236—296行）。

于是，使者飞奔回到了乌鲁克，向恩美卡尔传达了阿腊塔之王的要求，众人对如何用网袋装麦粒一筹莫展。恩美卡尔摆出金碗向苏美尔的智慧和文字女神尼萨巴祈祷，得到了女神尼萨巴的启示。"网袋装大麦"的巧妙办法是把麦粒用水浸泡使其发芽，把渔网的眼缩小。他派出装载大麦芽网袋的商队，让使者将之带到阿腊塔。他向阿腊塔王描述了他的神圣王杖（代表苏美尔的王权），并要求阿腊塔王把象征阿腊塔主权的王杖送给乌鲁克的伊南那女神（297—347 行）。大麦芽是苏美尔人酿制啤酒的原料，向阿腊塔输出大麦芽暗示着苏美尔的啤酒工艺传到了阿腊塔。注意：在第二部恩美卡尔史诗《恩美卡尔和阿腊塔王恩苏赫吉尔安那》中，也是智慧的尼萨巴战胜了阿腊塔派来的男巫师，迫使阿腊塔王臣服于恩美卡尔。

乌鲁克王恩美卡尔的使者带着大麦芽啤酒料的商队第二次来到了阿腊塔，使者在王庭中堆起了谷物，苏美尔的麦芽帮助阿腊塔人暂时摆脱了饥饿。饱受饥荒的阿腊塔人们为谷物的到来而欣喜万分，因此都感激恩美卡尔。使者再次见到阿腊塔王并重复了恩美卡尔的要求：苏美尔王的神圣王杖是伊南那女神所授，阿腊塔王也要把象征阿腊塔主权的王杖送给乌鲁克的伊南那女神，准备臣服于苏美尔（376—389 行）。虽然，乌鲁克王恩美卡尔破解了阿腊塔王的第一个难题——用网袋包装大麦粒，但阿腊塔之王还是不甘心臣服。他废寝忘食地冥思苦想出另一个能够难倒对方的题目。他反过来要求恩美卡尔送给阿腊塔的伊南那女神一个王杖，他按照山区人的观念，要求恩美卡尔制作一个阿腊塔人无法完成的特殊王杖，希望以此难倒乌鲁克王，使其放弃与阿腊塔的比拼：他要的王杖必须不能用各类木材制作，也不能用金、银、铜各类金属或各类宝石制作。如果恩美卡尔能带给他这样的一个伊南那的权杖或标志，他就臣服于恩美卡尔（397—412）。

使者再次急速地返回了乌鲁克，向恩美卡尔转述了阿腊塔王的要求。由于恩美卡尔得到了苏美尔智慧之神地下水神恩基的启示，用十年的时间把芦苇秆用复杂的工艺制成了一个王杖（420—434 行）。这一芦苇编的权杖从此就成为伊南那的标志。苏美尔地区缺乏金属、石料和木材，芦苇是本地特产。苏美尔人用芦苇建房、造船、编席和做许多其他的事。出土的早期建筑图像中，经常有芦苇捆建成的神庙，神庙前有苇编的特殊旗杆形标志，这一标志在楔形文字中成为金星女神伊南那的楔形符号。

使者带着这符合要求的芦苇编制的王杖第三次来到阿腊塔，立起王杖（435—

439 行）。阿腊塔王震惊于恩美卡尔的智慧，感到女神伊南那的确在支持乌鲁克的霸权，心生畏惧，可是他还不死心，又提出第三个也是最后的要求：要求乌鲁克选出一个仆人（"狗"）来决斗，而"狗"的颜色不能是黑、白、红、棕、黄和花斑等普通颜色（440—462）。实际上这时候恩美卡尔已经取得了斗智"心理战"的胜利。阿腊塔人民感激恩美卡尔；阿腊塔王的心理防线也几近崩溃。

疲劳的使者第三次返还乌鲁克，向恩美卡尔转达了阿腊塔王的要求。恩美卡尔的战略是恩威并施。首先他智慧地解决了阿腊塔王要求的乌鲁克的"狗"即战士的颜色必须是特殊色的难题：他让使者送给阿腊塔王一件不是黑、白、红、棕、黄和花斑等普通颜色的毛料，用来作为乌鲁克"狗"或勇士的衣服。苏美尔当时已经能生产各种颜色的毛料和服饰，而野蛮的阿腊塔人可能只能穿兽皮缝制的服饰，因此，穿着特殊颜色（蓝色或绿色）毛织衣服的苏美尔勇士的到来当然令阿腊塔人吃惊和信服（469—476）。恩美卡尔在发出仆人互相决斗的挑战后，警告阿腊塔王：尽快抛弃奸猾的谎言，要求他像牧羊人带领绵羊那样管理城市的人们，让他把天青石、金、银在天房之女主伊南那在阿腊塔的庭院里堆成堆（477—485 行）！恩美卡尔的第三段话语充满了战争的威胁：以免我把他的城市像鸽子一样从树上打下！阿腊塔王还必须要为乌鲁克的盟邦——恩基神的埃瑞杜城采运石块，修建神殿和阿坡苏神池，否则将摧毁他的城市（486—496 行）。

这次恩美卡尔的话共有三大段，这使他的使者实在记不完整了，于是苏美尔王就把他的话用楔形文字刻写到一块泥板上。这是人类历史中的第一件外交书信（486—506 行）：

库拉巴之帝伸手揉了些泥，他致力于塑造记话语的泥板。在这天之前，无人能把话语立在泥板上。现在，在神圣的这天，它就是这样发生了。库拉巴之帝把话写在塑成的泥板上，它就是这样发生了。

乌鲁克的使者带着历史上第一件外交文书第四次飞快地来到了阿腊塔，他的行程、举止和语言和他第一次来到阿腊塔时几乎一样，这暗示着他的外交使命即将结束。他向阿腊塔王递交了外交文书（507—536 行）。阿腊塔王看到泥板信件后心怀恐惧。阿腊塔不像苏美尔地区依靠河水人工灌溉，这年遇到大旱，国家经济形势危急。但是，恰在此时天降大雨，阿腊塔干旱的小麦在雷雨神伊什库尔的浇灌下获得了丰收，这让阿腊塔王恢复了自信，高呼伊南那没有抛弃她的城市阿腊塔，她要帮助阿腊塔征服苏美尔（537—576 行）。

于是，进行决斗的仆人（"狗"）出现了。由于苏美尔语 ur 既表示"狗"，又表示忠实的仆人。决斗者不是一只真正的狗而是一个仆人。这个仆人身披狮子皮，可能是阿腊塔王请来的男巫师。在两河流域文明出土的图画中，男巫经常身披狮子皮，所以这个"狗"实际上是个男巫。与此同时，代表乌鲁克的一个老年女巫也出现了。她可能是女神伊南那或尼萨巴。根据史诗《恩美卡尔和阿腊塔之帝恩苏赫吉尔安那》，帮助恩美卡尔战胜并杀死阿腊塔的男巫的老女巫是女神尼萨巴的化身。可惜，我们的史诗泥板在结尾处破损较大，我们无从得知史诗的最后结尾，但率先进入文明阶段的两河流域国家战胜野蛮的阿腊塔并促使其早日进入文明阶段的结论是不言自明的。

这一史诗的兄弟篇章《恩美卡尔和阿腊塔之帝恩苏赫吉尔安那》告诉我们中原和蛮夷两国通过互斗魔法，来争夺霸主地位。最后，乌鲁克在文字女神尼萨巴的帮助下获得胜利。其中的两个巫师互相变化出各种动物的法术比赛很类似中国的孙悟空和二郎神斗法的故事。阿腊塔王恩苏赫吉尔安那（"天之王冠之帝君"）先派使节到乌鲁克要求苏美尔臣服，强调：在恩美卡尔和他之间，他是伊南那最爱的爱人。然后提到苏美尔会饲养家禽，用大麦育肥鹅禽，阿腊塔不会，要求恩美卡尔送上大小鹅群、成筐的鹅蛋和饲养的小鹅，于是，当他征服了全境的小王公之后，他要和他们一起享用鹅肉，以示怀柔（1—69 行）。随后，恩美尔卡和长老们商议后，也派出使节来到阿腊塔要求对方臣服，宣称自己已经和伊南那举行了圣婚仪式（女祭司代表女神），众神之王恩里勒授予他王权，恩里勒的太子宁乌尔塔是他的保护者，神王之妹即大母神阿如如（宁胡尔桑）喂他乳汁；伊南那在十年之内不会去帮助阿腊塔，他要用大麦育肥鹅，但是阿腊塔无份，他要以伯主身份和苏美尔的小公侯们享用鹅肉（70—113行）。

恩美卡尔和阿腊塔的使节一起回到了阿腊塔（114—117行），转达了乌鲁克帝的意志。阿腊塔王和长老们商讨对策，提到乌鲁克的公牛、自由人和仆人（"狗"，122—127行）都十分强大，他不知如何应对（117—121行）。长老会议认为他首先派信使去乌鲁克对恩美卡尔讲了大话，现在他不能对付恩美卡尔了，他要认清形势，不能鲁莽行动。但是，阿腊塔王说他宁可城毁人亡，也决不屈服于乌鲁克之帝（128—134行）。

在阿腊塔，一个名叫乌尔吉尔嫩那的哈马孜邦的著名巫师请阿腊塔王的使节安席旮瑞亚对国王转述他的请战要求：城市长老们不敢给出他们的见解，但他能够使乌鲁克人挖渠，使他们屈服于阿腊塔邦。他的军队可以征服从下方东南到上方西北——即从波斯湾（"海"）到黎巴嫩的雪松山的所有国家，使乌鲁克用船运来他们的财富并停靠在阿腊塔的"天青石庙区"（135—149行）。安席旮瑞亚从他的城市起身回到阿腊塔，对国王转述了巫师的自告奋勇（150—162行）。阿腊塔王闻之大喜，赏赐巫师5斤金和5斤银并许诺他将会有好吃和好喝，最后许诺说：当你俘获这个统治者后，你一生将享用我的财富（163—169行）。

为了阻止智慧女神给恩美卡尔出谋划策，巫师来到智慧女神尼萨巴的城市埃瑞什的大母牛圈，圈中的母牛对他摇头。他像对人说话一样对牛说话："啊，母牛，谁吃你的油，谁喝你的奶？"母牛说："尼萨巴女神吃我的油，喝我的奶。我的奶酪供应尼萨巴的祭殿，人们把我的奶油和我的奶带给主人尼萨巴。于是，真正的母野牛——恩里勒的长女尼萨巴不会使人忙碌。"巫师说："啊，母牛，愿你的奶油到你的光亮的角！愿你的奶到你的背部！"于是，母牛的奶油被释放到它光亮的角，它的奶被释放到它的背部（170—184行）。他又来到母山羊圈，对母山羊说了同样的咒语，于是，山羊们也发生了同样的灾难（185—197行）。他使母牛的乳头没有了奶，牛犊变得痛苦，小牛犊忍受饥饿，留下痛苦的泪。母山羊和山羊崽也同样饥饿地躺着，生命垂危。他使母牛责骂其犊，母羊不管其崽。于是，神圣的搅乳缸也因此空了，饥饿在城中蔓延。他使牛羊圈变成死一样的无声之处，牧牛人扔掉手中的牧棍和牛鼻绳打自己的脸；牧羊人把牧羊钩挂在身上，痛哭流涕；放牧童不来牛羊圈，而取路他乡；送奶工不再大声吆喝，而选择歧途（198—210行）。

公元前2600年的苏美尔国王美斯卡兰杜格的金盔，乌尔王墓出土，现在伊拉克博物馆。

在尼萨巴女神的牧牛人和牧羊人中有一对在牛羊圈长大的一母同胞兄弟，一个名叫"大山羊"，另一个名叫"原野的狗"。他们蹲守在朝东的大门前的瓦砾土堆上，开始向太阳神祈祷："这个阿腊塔人的巫师进入了牛圈，使牛圈中的奶制品稀少，他使小牛犊无法得到奶。他在牛羊圈做坏事，使奶油和奶稀少。他开始发出咒语，他制造了灾难。"（211—221行）

这时，尼萨巴女神变成一个名叫桑布如（"祭司、巫师"）的老女巫回到了埃瑞什城。她看到了男巫师的所作所为。她踏入诸神之河——幼发拉底河岸边的这个天神和恩里勒神决定其命运的城市。老女巫桑布如向男巫伸手挑战（222—227行）。如同中国神话中的孙悟空和二郎神斗法，这两个神巫向河中发出对抗咒语。男巫从水中变出了一个大鲤鱼。老女巫桑布如从水中变出来一只雄鹰。雄鹰把大鲤鱼带进了深山。

第二次，他们向河中发出对抗咒语，男巫师从水中变出了母绵羊和羊羔，老女巫从水中变出了一只狼。狼带走了母绵羊和羊羔，把它们拖入辽阔的草原。

第三次，他们向河中发出对抗咒语，男巫师从水中变出了母牛和牛犊，老女巫从水中变出了一头狮子。狮子带走了母牛和牛犊，把它们带入灌木丛。

第四次，他们向河中发出对抗咒语，男巫师从水中变出了一只岩羊，老女巫从水中变出了一只山豹。山豹带走了岩羊，把它带入了深山。

　　第五次，他们向河中发出对抗咒语，男巫师从水中变出了一只羚羊崽，老女巫从水中变出了一只猎豹（或虎），猎豹带走了羚羊崽，把它带入森林。（222—247行）

　　男巫师的脸发黑，他的神智混乱了。老女巫桑布如对他说："啊，巫师，你的法术是丰富的，但是你的神智在哪里？你怎么敢来到尼萨巴女神的城市埃瑞什这个天神和恩里勒神决定其命运而神后宁利勒喜爱的古城做法术！?"男巫师回答说："由于我不知道，我才敢来的。我知道了你的强大，请不要让我吃苦头！"（248—256行）

　　他乞求宽恕："请放了我！啊，我的大姐，请放了我！让我平安地回到我的城市！让我逃命到圣洁礼义之国阿腊塔！让我使各国知道你的伟大！让我在圣洁礼义之国阿腊塔歌颂你！"（257—263行）

　　老女巫桑布如回答："你在牛羊圈做坏事，使奶油和奶稀少。你制造了灾难；你搞空了早餐桌、午餐桌；你弄空了早餐桌、午餐桌和晚餐桌；你切断了大厅的晚餐的奶油和奶；（做了）坏事！你的罪行是你使人不能运送奶油和奶。"（264—268行）

　　"月神南那王把奶油和奶给了我的牛圈，他要惩罚（你）。他将不给你生命。"老女巫桑布如用咒语打击男巫师，她把他的尸体扔入幼发拉底河中。她夺走了他的生命活力。然后，尼萨巴回到了她的城市埃瑞什。（269—273行）

　　阿腊塔王恩苏赫吉尔安那听到了这个故事后，派人前往恩美卡尔处说："你是伊南那喜爱的帝君。啊，只有你一人是伟大者。伊南那真心地选择了你，你是她的心爱者。从下到上，你是最伟大的帝君，我是你的追随者。从小时候，我不是你的对手。你是（我的）大哥。我将永远不和你竞争。"在恩美卡尔和恩苏赫吉尔安那的对抗中，在女神尼萨巴的帮助下，恩美卡尔战胜了恩苏赫吉尔安那。这次胜利导致两个城邦从此友好往来，互相贸易，当然，乌鲁克处于盟主地位。

苏美尔帝国的伟大而神圣的君王舒勒吉

公元前 2046 年，乌尔大军在已过古稀之年的舒勒吉王统率之下攻破了北方哈布尔河上游河网地区的富饶城邦哈尔西。站在战车上的国王带着成群俘虏和牛羊浩浩荡荡地凯旋而归。当这位称神的国王和他南征北战的军队进入首都乌尔城的城门时，官员们和人民夹道欢迎，竖琴和锣鼓奏起悦耳的鼓乐，歌手们唱起嘹亮颂歌，孩童们的打闹嬉戏声伴随着俘获的牛羊的叫声回荡在乌尔城中。看着这载歌载舞、欢天喜地的情景，舒勒吉王骄傲地发出人生的感慨："我自 20 岁继位而来，统治苏美尔和阿卡德已经四十八载，如今上天眷恋苏美尔，百姓安居乐业，万邦来朝我乌尔帝国，本王不枉此生矣！"这年年底，这位被人民崇拜为神明的国王离开了人世。

苏美尔和阿卡德时代最后的最伟大的苏美尔国王是舒勒吉。他是苏美尔人的帝国乌尔第三王朝（在之前历史中，曾有两个乌尔王朝称霸苏美尔）的创建者乌尔那穆之子。乌尔那穆在位 18 年（前 2111—前 2094），统一了苏美尔各邦中最后一个独立城邦拉旮什，最终可能战死沙场。舒勒吉（前 2093—前 2046）继承了一个已全部归顺乌尔的统一王国。这时，王朝西面的塞姆语的阿摩利人的马瑞也是乌尔王朝的藩属，其附近阿摩利各部成为帝国臣民，西线无战事。舒勒吉在他的前 23 年统治中，致力于建设和宗教活动，对东方保持和亲，把女儿远嫁到马尔哈西（巴腊赫西）国。在国内稳定、经济发展的形势下，舒勒吉开始对东方用兵。在他统治的后 25 年中，他先后两次派兵攻掠迪亚拉河和下札布上游的卡腊哈尔国（见 24、31—32 年的年名）、九次攻占希穆润（见 25—26、44 年的年名）和鲁鲁布等国。他把女儿嫁给伊朗最强的安山国国王（30 年）后，两国的关系仍然紧张，战争又起，乌尔王朝击败了安山（34 年）。他的战役还包括抢掠下札布上游的沙什如（42 年），上、下札布河流域的乌尔比隆（45 年）和基马什（46 年）各一次，两次攻入哈布尔河上游河网区的哈尔西（27、48 年）。

在古代世界最卓越和著名的国王之一的舒勒吉的统治之下，乌尔第三王朝经历了苏美尔历史上最为辉煌的半个世纪。舒勒吉不仅是一个精力充沛的优秀的军事家和国家管理者，而且还是苏美尔宏大建筑的建造者和文学艺术的倡导者。他所向披靡的军队使苏美尔的政治经济的霸权和文明的影响覆盖了从东方的扎格罗斯山区到西方的地中海岸的广大世界。他最后

乌尔国王的蓝宝石剑柄的金短剑，公元前2600年的乌尔王墓出土（乌尔第一王朝），现在伊拉克博物馆。

竣工了其父未完成的苏美尔最壮观的乌尔塔庙，还在许多苏美尔人的城市建造了宗教建筑。在行政管理方面，他在宫殿和寺庙等经济实体中设立了高效的财务记录和结算系统；他重新制订了历法使阴历和阳历达到同步；他在全国范围内规范化了度量衡标准。在文学和音乐方面，他扶持建立了分别位于宗教中心乌尔和尼普尔的两个中心学府。因此，苏美尔的诗人写作了一些热烈颂扬舒勒吉的赞歌，歌中的舒勒吉也自然成为当世和后世尊崇的理想的完美君主。

苏美尔诗人创作了各式各样的国王赞美诗，以夸大的措辞和想象力颂扬着统治者们，从乌尔第三王朝的建立者乌尔那穆到古巴比伦王朝的汉谟拉比及继承者们。这些诗很少讲述国王本人的真实样子和真正功绩，而是创造出人们心目中的理想统治者的形象。

人们很难知道王子们出生后的童年和青春时代的经历和所受的教育，然而，《舒勒吉赞美诗乙》（11—22行）简短地透露了年轻的舒勒吉王子接受教育的情况：

> 我幼年的时候在学校上学，
>
> 我从苏美尔和阿卡德语泥板中学习书吏技能，
>
> 没有一个贵族能像我写的那样好。

文明的滥觞

在这个系统地教授书吏技能的学校中，

我掌握了减法、加法——算术和会计，

啊，美丽的尼萨巴女神是我的书吏女神，

我是什么都难不倒的聪明书吏。

虽然君主都是凡人，但王家赞美诗中却歌颂他们是天生的龙种，除了人间的父母，他们还有在天上的神圣父母。乌尔第三王朝国王们的神性父亲和母亲是700年前传说中的乌鲁克第一王朝的半人半神国王鲁旮勒班达和他的妻子宁荪女神；舒勒吉经常夸耀自己为宁荪之子。稍晚时期的国王们的父母通常是神王恩里勒和神后宁利勒。但汉谟拉比自称是巴比伦的新兴神王马尔杜克之子。赞美诗在描写国王的血统时还采用了虚构的动物象征手法，以强调国王有公牛和雄狮那样的凶猛力量和精力。在描述王族的出身时，舒勒吉被描述成"公牛的后代，完美的头和身子"；"在牛棚中长大的纯白母牛的有粗壮的颈的牛犊"；"野牛生的王，奶油和牛奶将其喂养"；"在昌盛之年出生的小牛，在美好的日子里吮吸充足的牛奶长大"；"龙生的怒视的雄狮"；"充足牛奶喂大的猛兽，强壮的生来有狮子威严的公牛"；"强健的勇士重生而成的狮子"。国王的体格和胆量是用丰富的比喻和象征手法描述的：舒勒吉是怒吼的雄狮，四肢强健的公牛和狮面的龙；他强壮得如生长在水边的橡木；长满茂盛果实的树，看起来赏心悦目。伊辛王朝第四王伊什美达干是"高大的树，有粗壮的根和繁茂的枝"；"他是高耸的山，遥不可及；他就如金银矿照亮整个土地；他是在雪松林中生根吐枝的雪松；他像黄杨树一样繁茂"。伊辛第五王里皮特伊什塔尔"像雪松一样挺高他的头；他是四处觅食的无敌之雄狮，是惊骇敌军的怒吼的龙；是无人敢攻击的野牛"。

赞美文学在描述国王们时，强调他们天生就是真龙天子。舒勒吉自称"从我在母亲宁荪女神的子宫之时，美好的祝福就降落在我身上"；"我是一个受崇敬的国王，是子宫中强健的种子"；"从胎儿开始，我就注定为王"。

诗人赞美王得到了众神的赐福，成为王位的继承者和战胜敌人的勇士。苏美尔国王最重要的保护神是住在尼普尔大庙中的恩里勒神王。国王面见神王要有他的保护神引领。在一首《舒勒吉赞美诗》中，诗人描述说在舒勒吉继位的那天，他来到乌尔的守护神南那的面前，许诺要恢复大神的崇拜仪式。于是，月神南那前往尼普尔的恩里勒的大庙"山庙"参加众神聚会，他对恩里勒说：

"啊，我父恩里勒——真言之主，建立神威的众神之父，

你在天上注视着我的城市，你决定了乌尔城的非凡命运，

请保佑我（月神）神圣心中提名的那个王！

这个王是牧羊人舒勒吉，充满仁慈并虔诚的牧羊人。

让他为我征服所有的外国国土！"

恩里勒同意后，南那带着恩里勒的赐福回到乌尔，对舒勒吉说：

"恩里勒已赐予你这土地的权利，

啊，宁荪之子、王者和牧羊人舒勒吉，愿你的统治权到达遥远的地方！"

在这首赞美诗中，王本人在乌尔时，乌尔的保护神南那亲自去尼普尔为舒勒吉求福。有些赞美诗描述了保护神带着国王一同去恩里勒那里祈求赐福。在《伊什美达干赞美诗》中，伊辛王伊什美达干在女神巴巴的带领下来到"山庙"会见神王，神王恩里勒为他指出理想统治的要义：汇聚了所有道义的王座、不朽的王冠和牢固控制所有人民的王权、灌溉的河流和丰产的大地、辉煌的名声、远近各国的朝贡和年年送给尼普尔"山庙"的礼物。

国王也独自去祈求众神的赐福。在另一首《舒勒吉赞美诗》中，舒勒吉乘船去了乌鲁克，参加了"圣婚仪式"，新娘伊南那女神赐福他并赞美他真王者的品质。从乌鲁克启程，他继续前行到了另两个城市，并得到了那儿的守护神的赐福。最后，他回到自己的乌尔城，向南那献上供奉并得到了更多的赞美和赐福。

苏美尔的国王是理想中的完美男人：他身体强壮有力，高大英俊，智慧超群，精神上是一个虔诚而正直的完人。根据赞美诗中的描述，乌尔那穆被描述成一个拥有无限魅力和光辉的"英俊君主"。舒勒吉有一张漂亮的嘴和最悦目的面容，他的

圣洁的蓝色胡须垂置在他的神圣的胸膛之上；他的威严使他在高台和王座上显示了王者姿态。从他头上的王冠到他脚下的鞋都发出宝贵的王者光芒。伊辛王乌尔宁乌尔塔有白皙的双臂，面目俊朗有气概，他的男性魅力十足，君王光彩无限。拉尔萨王瑞姆辛的前额优美，天生王子般的臂膀，形象高大威武。

国王的强健体质和英雄虎胆在苏美尔和阿卡德各邦的频繁战争中成为决定胜负的力量。诗人们对他们的描绘往往使用神奇和夸大的比喻："舒勒吉是惩罚反叛国家的霹雳；他的武器就像野兽的利齿；他的凶猛的武器就像射出毒液的毒蛇；他的箭在战斗中穿梭如飞来飞去的蝙蝠；他的弓像一条龙中流击水；他是无人不知所向披靡的战斗勇士；向敌人吐着火焰的飞龙；他像雄狮迅速征服敌人。"伊辛王伊什美达干是"勇士之勇士"，里皮特伊什塔尔王是"战斗中的洪水巨浪"，像"光一样飞奔"。乌尔宁乌尔塔"像风暴一样席卷敌人；他的神圣光辉像厚厚的云朵笼罩反叛的土地"。

乌尔王和四方之王舒勒吉为了建立公平的贸易而规定的标准的重量单位：5斤（ma-na）重的石鸭砝码，这一重量单位是献给月神南那的，它可能被保存在乌尔的南那庙中供公众使用。

国王们在角斗和战斗中英勇无畏。舒勒吉自称单枪匹马同草原上的狮和蛇厮杀过，将矛头掷向野兽张开的嘴。他的奔跑速度使他能追上并捕捉一只飞奔的瞪羚。

我是永不疲倦、挟雄风而雄踞的狮王，

衣服被系在我的细腰上，

我像怒蛇惊飞的鸽子急速摆动我双臂，

45）我像俯视群山的神鹰大步迈开我两腿。

60）然后，我像鹰和隼一样跃起身，

向尼普尔欢欣鼓舞地转回。

那天，狂风怒吼，暴雨席卷，

北风和南风互相怒吼。

闪电带着七风吞噬了天空一切，

65）风暴发出吼声抖动了大地万物。

风雷雨神在辽阔苍穹中呼号，

空中的云从大地上卷起的水，

其中的小冰雹和大冰雹噼里啪啦打在我的背上。

70）我是王者，没有畏惧，也没有惊恐。

像猎豹一样我奔跑，像野驴一样我飞驰。

我心中充满喜悦全速跃进。

在我像一只孤独的公驴一样奔驰时，

75）当太阳神决定回他的家时，

我共完成了 15 时辰的距离。

（在尼普尔，）我的狮头面具祭司们注视我，我向恩里勒和宁利勒举手膜拜。

在尼普尔和乌尔，在同一天里，我庆祝他们的节日。

从国王赞美诗中，我们看到苏美尔人相信他们的国王们不仅在体力和胆量上无敌，还被神明赐予了大智慧和渊博的知识：智慧之神恩基赐予了他们智慧，书写女神尼萨巴给了他们真传。国王们思想深邃而敏锐，在集会中发表雄辩的政论；会使用聪慧的语言和文字，会从错误中发现"真理"，能将"愤怒的心"冷静下来。他们热爱并保护音乐和诗歌。两首《舒勒吉赞美诗》描述了舒勒吉热衷音乐，包括弹奏乐器和歌唱，而且舒勒吉自己就是"一个有权威的诗人"，能够作赞美诗歌。

除了军事，苏美尔的君主的成就还涉及两个主要领域：宗教活动和社会活动。

在宗教领域内他们表现出了对宗教事业的忠诚：知道怎样为神服务，圆满地实行宗教仪式和礼制，在每个月的各种节日、新年节期间和国王与伊南那举行圣婚仪式之时，国王派祭司按时供应丰富的牺牲。舒勒吉还自称他能自己理解神谕，可以完美地执行祭礼。通过乌尔第三王朝的年名，我们知道当乌尔城的南那神庙区大祭司、乌鲁克城的伊南那的天房庙区大祭司、埃瑞杜城的恩基神庙区大祭司或其他城中的大祭司退休时，国王按照预兆选出一位王

乌尔王舒勒吉建庙图

室子女担任新的大祭司的职位。神的旨意通常要通过检验羊羔或山羊崽的内脏才能知道，所以在挑选大祭司、做出战争和其他重要决策时，肝脏占卜是必须要做的。总之，国王们执行着苏美尔和阿卡德所有的重要宗教祭典。尤其对于最重要的众神之王恩里勒在尼普尔城的"山庙"，几乎每个匡王都会将大量的礼物、供奉和牺牲送进恩里勒的神庙中。从舒勒吉第 21 年（前 2073）的年名上，我们了解到他在尼普尔城分配土地和废除债务的政绩："当恩里勒的大公侯宁乌尔塔神宣布关于恩里勒和宁利勒庙区的决定后，乌尔之王神圣的舒勒吉在恩里勒和宁利勒庙区内公正解决了土地和账目之年。"

在世俗社会中，苏美尔国王们富于同情心和人性化理念，为执行众神所赋予的维护正义、公平、法治和道德的责任而献身。东方的君主，包括苏美尔和阿卡德的君主，常被现代的历史学家视为专制暴君的典型代表：残暴、冷酷、无情。这种形

象肯定不是苏美尔诗人眼中的统治者；他们眼中的舒勒吉这样的君王的征伐、建筑神庙、主持宗教祭礼、河渠开凿及维护、开拓道路和颁布法令等等的作为都为了一个最高的目标：使人民安居乐业，使国家繁荣昌盛。多首《舒勒吉赞美诗》的主题都是赞美国王是使谷仓饱满的农民，是使羊圈和羊群繁盛的牧羊人，是保卫神庙的高墙，人民视他为父，在他的庇护中安全地生活。各种国王赞美诗中经常提到的话是"他使人类众生幸福"。除了秉承神明们的旨意，国王们建功立业的另一个动力是追求不朽的名声：人必定死亡，但流芳百世和永垂青史的名声可以使国王们在后人记忆中超越死亡。在所有有关舒勒吉和两河流域其他国王们的赞美诗和文献中，人们无一例外地颂扬国王和他们的成就，不知疲倦地重复着他的非凡作为和至高无上的功绩，他受人爱戴，他的光荣事迹和高贵名字显赫于天下，荣耀至万世。然而，我们必须记住许多赞美诗和其他文献的作者都是国王御用的知识分子，他们对国王的崇拜和隶属关系使他们不能公正地和中立地评价他们主人们的功过是非。对于极少数国王的批评偶尔出现于后世的作品中，基本是指责他们忽视了神明，从而给国家带来了灾难。当时的诗人和作者们不会认识到古代君王对奴隶们所进行的剥削和压迫在我们现代人看来是最大的不公正和非人道。

苏美尔城邦最早的公民大会和长老会

古代两河流域与古代欧洲世界一样，是由军事民主制进入城邦文明的。虽然目前保存下来的文献中提到苏美尔公民大会的并不多，但是有关长老会的记载却很丰富。在文献中，长老的特殊称呼是"城市之父"，另外参加法庭审判和契约公证的各类官员和家族长也都属于长老会成员。这些出土文献表明了两河流域的城邦起初是由军事首领"王"（苏美尔语为 lugal，阿卡德语为 šarrum）和各家族父长们组成的长老会共同管理的。然而，古代世界征战不断，使军事首领"王"的权力不断膨胀。尤其当某邦之王军功显赫、称霸甚至一统天下时，原邦的长老会只能把最高权力以及一些职能转让给王。国王在各城指定听命于他的总督，而长老会只能与总督共事或屈从于总督。一般来说，长老会的司法权一直保留到两河流域文明的最后阶段，尽管有争议时最后决定权属于国王。

有关两河流域早期苏美尔城邦政治制度的文献很少，然而，关于长老会及公民大会的最早记载见于著名的苏美尔史诗《吉勒旮美什和阿旮》。史诗讲到乌鲁克城邦的战和大事是由宗教及军事首领乌鲁克的库拉波部落的"恩"吉勒旮美什与本城的长老会及公民大会共同决定的。该史诗描述了乌鲁克存在两个公民集团。"城市的父亲们"当然指各家族的家长或者包括世子，他们组成长老会。苏美尔语 guruš（古鲁什，这里译作"壮丁"）是指成年男性平民、战士兼劳力，其社会地位低于长老们、战士及工匠，可能是半自由民。

苏美尔城邦最早的国王：公元前 3 世纪初乌鲁克的统治者。

有趣的是在乌尔挖掘出一块专门埋葬战士阶层的墓地。被挖掘出的 96 座坟中一律埋葬着男性，绝大多数带有铜短剑、战斧或矛头等武器。除武器外，每人只随葬两件陶器，有的戴有金银耳环等饰物，绝大多数拥有一具刻有雄狮扑杀牛羊图案的滚筒印。这滚筒印可能是每个战士生前领取口粮的信物。这种滚筒印也发现在有人殉的三座王墓中。这些战士可能就是苏美尔文献中的"古鲁什"阶层。奇怪的是他们为什么要葬在一个墓地中。可能他们是下层自由民或半自由民，不能像王族那样有专有的家族墓地，只能葬在部落共同墓地。或许他们实行类似澳大利亚土著的群婚、北美印第安部落中的对偶婚（群婚的发展阶段）和我国云南泸沽湖摩梭族的走婚制度。在原始的群婚姻中，所谓的"丈夫"和男情人们属于一个部落或氏族，而"妻子"和女情人们属于另一部落或氏族。来自两个氏族的一对男女恋人并不完全属于对方，因为男方氏族的兄弟们可以把所有女方氏族的一群姐妹们视为情人，反之女方氏族的同辈姐妹们也可以把男方氏族一群兄弟们视为情人或"丈夫"。氏族的家长权在于女子而不是男子："丈夫"不能居住或只能附属地居住在"妻子"和儿女们所在氏族或部落，因而也不能和妻子合葬于同一墓坑和墓地。在印第安各个氏族中，群婚已发展到"对偶家庭"，外氏族的"丈夫"或情人和本氏族的"妻子"或情妇成为较固定的性配偶。然而，男女双方都可以提出离婚，妻子为家长，子女属于母亲。

乌鲁克的两个公民集团也反映在文学作品《吉勒旮美什史诗》中。当吉勒旮美什的好友恩基杜死了时，他悲痛万分，发出长篇哀诉。他请求天地万物为恩基杜哭泣：首先他请求从苏美尔各城前往地中海岸杉木林的所有商队在路上为恩基杜哭泣；其次，他请求乌鲁克城全城的长老们为他哭泣；随后他请山区、草地的人们，树木，野兽，河流，乌鲁克的壮丁、佃农、工匠、牧人和牧人长、老人、神庙、妓女、妇女、兄弟等参加哭泣仪式；然后，他向乌鲁克的全体壮丁及长老们哭诉说："听我说，壮丁们！听我说，乌鲁克的长老们！……"这里看出长老是城中贵族阶层，壮丁则主要为平民集团。在这个史诗的第11块泥板中，大洪水中驾方舟、救物种、羽化成仙的舒如帕克王乌特那皮什提对吉勒旮美什讲述了洪水的故事。在洪水即将来临前，这位苏美尔的"诺亚"向舒如帕克城的公民们及长老们请求让他离开城市。实际上，他开始秘密地建造逃难方舟。

稍晚于吉勒旮美什时代的早王朝晚期和阿卡德时期，我们发现"长老"仍是一个重要的职称和头衔。一块出自埃什嫩那的使用阿卡德王那拉姆辛年名的过嗣文书泥板记载了15个城市长老（JCS 28 230），他们中有主神的总管，神庙书吏，行政长官，三个书吏，一个建筑人，一个哀乐书吏，两个管牛人，一个歌手，还有一名妇女。在15人在场作证的前提下，另一名女城市长老（可能是女祭祀）把一名妇女带回家中，可能把她作为自己的女性继承人。由于在契约、法律文件中证人多由长老充当，所以"公证人"一词和"长老们"通用。也许上述15个证人中有少数

世界传世藏书

世界历史通览

文明的滥觞

八五

不是城市长老，仅是附属的证人。在古巴比伦时期以后，"证人"和"长老"复数不一样，所以"证人们"和"长老们"可以区别开。

出自阿达波城的萨尔贡时期的一块泥板记载了高官食用的肉食品：国王和城神（城神也被称为"王"）享有羊1篮、鱼10篮，王后享有羊1篮、鱼5篮，各庙方丈享鱼2篮，二使节（SUKKAL）、一个城市长老、一个书吏、一个判官、一个夫人的兄弟各享鱼1篮。阿达波的一份发表单记录了木器分给阿达德神庙方丈和一位城市长老及下属人员。第三块泥板提到一个人的名字叫"城市长老是（我）的王"（LU-GAL-AB-BA-URU）。这些记载显示了在古阿卡德时期城市长老们在各城的重要作用。

美国学者盖勒卜（I. J. Gelb）讨论了古阿卡德时期（前2371—前2191）及之前的城市长老和证人（直译"老人"），并列举了这一时

苏美尔长老像：马瑞的大总管埃比赫伊勒。

期所有提到城市长老或长老会的文献。在叙利亚的埃卜拉（Ebla）城址出土的文献中提到本城的长老和马瑞城的长老（MEEI 1663）。出土于苏萨城和基什城的文献中提到长老会下属有壮丁军尉（NU-BAND）和管事们（UGULA）。阿舒尔东面的昝苏尔（Gasur）城出土的文件也提到几位长老（HSS 10 34 ii 及其他）。尼普尔城出土的文献提到长老们的俸禄田。"长老会的谷仓""埃兰的城市长老""某某城市长老"在埃什嫩那、阿达波以及其他城市遗址出土的泥板中多次被提到。长老被看作城神的代理人反映为乌尔城中"月神辛面前的长老"（UETI 11）。拉咅什邦中的"南筛神面前的长老"（AB+ASH IGI Nanshe）可能是著名的乌鲁卡吉那改革铭文中提到的西腊冉（Siraran）城中的长老，因为南筛是西腊冉城的城女神。乌鲁卡基那

在铭文中说他把西腊冉城的长老的份粮固定为（每天？）180块面包和一桶啤酒。盖勒卜指出，"各种类型的寺庙、宫殿和家族的日常事务由长老会在内部进行管理"。在乌尔第三王朝时，行政职权的统称"城市的长官（或统领）"（ugula uru）可以称呼执行公务或以上级身份被提及的城市长老（ab-ba uru）。以尼普尔人卢旮勒阿孜达（Lugal-azida）为例：他在阿马尔辛王第六年的一份文件中被表述为"尼普尔城的长官（ugula）"，而在第九年的一份文件中，其头衔为"尼普尔城的长老"（Limet，TSDU 12：2）。

一件来自温马的阿卡德王朝的泥板记载了城内各级官员的口粮（Foster，Umma 18）。其中城市长老排在"持印者"之后为第二等级（一、二级口粮数残缺）。第三等级是书吏（120块面包），以下各级是采购吏（80块）、大祭酒（48块）及仓吏、庭院传令使、寺庙管事、军尉、"长兄"（工头？）等（各40块）、学者（16块）和祭酒（15、8块）。

一个乌鲁克长老发出的分配令（TCS l 264）证实了这时的长老对城市粮食的分配权。该文件仅有一句话："读给乌尔萨旮，让他把8石（kurru）的大麦交给达达！"该长老的印章盖在泥板上，读作："乌尔辛是乌鲁克和杜姆如城的总督：乌尔恩基，城市之长老，是你的仆人。"

在乌尔第三王朝时期，各地进贡的牛羊集中于尼普尔附近的普兹瑞什达干（Drehem），由此再向各地的神庙、王室及各级官吏分发。在此地出土的大批账目泥板中有几块记载了一些位于底格里斯中游东岸地区的偏远城市的长老和部民（EREN）的贡牲。由于各大城的贡牲都由总督、方丈、主持、军尉及其他一些高官献进，我们可以推测出这些偏远城市是由长老会和民众会管理的。在这一时期大批阿摩利部落迁移到两河流域北部及边缘地区并逐渐渗入南部苏美尔阿卡德地区，苏美尔人为首的乌尔王朝因此而衰弱。以后取代它的伊辛、拉尔萨、亚述、巴比伦等王朝都是说塞姆语的阿摩利人建立的王朝。同时胡瑞人部落出现于底格里斯河东岸各地并占据主导地位。因此我们可以推测出上述向乌尔王朝进贡的周围数城的长老会和部民会应是阿摩利人或胡瑞人的部落组织。由于他们处于建立国家的初级阶段并承认乌尔王朝为其首脑，当时他们的部落是由长老会和部民大会领导。不久本地的军事首脑变得强大而成为本地的王。文献中记载向乌尔进贡牲畜的部民的城市有图图波（AUCT Ⅱ，278）、阿舒尔（PDT Ⅱ，811）、拉皮库（Rapiqi，牛 5 头，羊 129 头，山羊 135 头，BIN3 139；羊 100 头，山羊 40 头，PDT Ⅱ 959）、伊舒姆（Ishum 牛 1 头，羊 26 头，BIN 3 139，山羊 23 头，PDT Ⅱ959），等等。由长老会向乌尔进贡牲畜的城市有图图波（Tutub 牛 l 头，羊 8 头，山羊 2 头，ASJ 3 68）、伊西姆舒辛（Ishim-SuSin 牺牛 1 头，肥羊 10 头，AUCT Ⅲ 188），等等。

和乌鲁克一样，叙利亚中部城邦埃卜拉公元前 2500 年的首脑也称作"帝君"（en）。同时，埃卜拉城中还有约 14 位称为"王"（1ugal，直译"大人"）的重要人物，他们是部落的酋长和长老会召集人，有的是法官。在两河流域，"帝（恩）"后来弱化为最高祭司的头衔，而"王"（lugal）却强化为城邦元首的专用头衔。但是，lugal 的初义"大人，主人"在契约和法律文书中仍被使用：奴隶或其他财产的主人称为 lugal。雅各布森（T. Jacobsen）提出一个假设：公民大会选举"帝"作为首领处理内部事物，而选举"王"作为战时指挥官。王的权力逐渐扩大而形成一个凌驾于长老和公民大会之上的宫廷集团。有趣的是埃卜拉的邻邦、曾为霸主的马瑞城邦以征伐闻名，其首脑经常称王但也称帝。埃卜拉的帝（恩）地位似乎不很突出，没有发现以他们名义写的铭文，也没有用他们的名或事命年。他们执政时各有一副手称为"财务大人"（lugal Sa-za$_x$^{ki}），由于"大人"（王）的地位很突出，城邦内可能形成两种执政制度。据意大利学者佩蒂奈托（Pettinato）分析，埃卜拉有五位帝（恩），在成为帝之前，都是 14 个"大人"中的一个。由于头三位帝君的每位任期都是 7 年，他们可能由选举产生，均由"大人"王位升为帝位，第四位帝君埃卜瑞温（Ebrium）连任了 4 个任期，形成 28 年的独裁任期并传位给其子。可以说终身居于统治地位并传位于子的独裁统治制度这时才形成。其子伊比席皮什（Ibbi-Sipish）在位 17 年。这两个君主都任命自己的儿子为副王。这样由各

个家族轮流执政的王权转到一个家族手中。

　　我们可以肯定，古代两河流域以及周边地区从文明产生初期的城邦时期到文明发展和衰亡的帝国时代都一直存在着不同形式的长老会议事制度。古代两河流域的长老会议事制度和国王执政制度与其他文明地区的政治制度一样，都是脱胎于原始氏族社会的各家族长共同议事和一个军事首长指挥战争的政治模式和制度。起初各城邦都是小国寡民，征战不多，所以长老会的权力大于临时受命征战的王们。随着战争的频繁和规模不断扩大，肩负城邦安危重责的王们的权力不断增大。当一邦的王成为城邦联盟的霸主时，该邦的长老会的许多权力就会让给这位强大的王。如果国王在战争中遭到失败或被杀，城市的长老会就会推选新的王或者废掉自己的王而臣服于外邦的国王。在许多小城邦中，长老会和公民大会对国王有很大的制约能力，国王在外交政策上不得不听命于长老会。长老们经常代表国家参加盟会。不管国王的权力多大，各城市的司法审判权总是掌握在长老会手中。有时长老会成员就是法官，有时专职的法官和长老们共同商讨判决案例。城邦或城市的行政权一般也掌握在长老会手中。在地区性王国和帝国时期，市长或国王的总督及代表与长老会共同管理市政。当然，全国的最高法官、最高祭祀和最高行政首长还是军队的最高统帅——国王。战争的不断胜利带来国家领土不断扩大和国家的财富不断增加，帝国的首脑——王的权力也就不断增大而达到专制的地步。于是，政治上，首都的长老会的成员仅保有荣誉称号而成为国王权力的陪衬和咨询机构；经济上，过去属于城市和神庙的财产许多都转到国王名下。然而，在不属于国王直辖的大城市中，长老会还是总督的同事，仍保有较多的权力。

　　古代两河的王权和长老会权力互相增减的情况和古代希腊、罗马世界的情况可以说异曲同工。可不可以说，古代以雅典为代表的希腊民主制是古代世界政治制度中特殊的、极端发展的现象，而两河流域及其他文明地区包括中国的古代历史所展现的王和长老会最初共享权力，互相制约，随着战争规模扩大，权力发生了增减，最后在帝国形成的过程中，王最终获得了终身的专制权力才是古代社会中基本的、普遍的政治发展规律。

前埃兰和埃兰

在今伊朗的西南部，另一个早期的高级文明和苏美尔文明同时兴起，这就是埃兰。埃兰王国订立了迄今所知最早的国家间的条约。

早期埃兰文化鲜为人知，被称为前埃兰。在前埃兰的基础上诞生了后来的埃兰王国。公元前 2300 年左右，阿卡德人占领了埃兰王国。直到公元前 2240 年，埃兰通过签订国家间的条约，才重新获得了独立，这个条约是迄今为止世界上发现的最早的国家之间的条约。

随后几个王朝更替出现。

一般而言，相对于邻邦苏美尔和阿卡德，埃兰妇女更多地参与社会生活并施加更多的影响。国王的妻子通常也是其妹妹，她是一个非常重要的人物。国王殂后，王后嫁给他的继承人。有时也会从女方嫡亲中选取继承人。

伊朗西南部的卢里斯坦山谷

在埃兰的历史上，外族统治和埃兰的扩张相互交替。公元前 2004 年左右，埃兰灭掉了乌尔。不过 600 年以后，埃兰又归于古巴比伦王国的统治之下。

在公元前 1155 年，埃兰驱逐了统治巴比伦的加喜特人，并重新统治巴比伦。

公元前 1100 年，伊辛第二王朝的国王尼布甲尼撒一世战胜了埃兰，将之赶出巴比伦，并抢掠了埃兰的首都苏撒。

公元前 646 年，埃兰被亚述彻底摧毁。

在苏撒重建的要塞，伊朗。

阿卡德王国和乌尔第三王朝

阿卡德王国（约公元前 2334—前 2154 年）是美索不达米亚最早的疆域辽阔的国家。

公元前 2334 年，阿卡德的萨尔贡创建了阿卡德王国，他还建造了新的都城阿卡德城，其王国也因之得名。他统治了基什后，打破了乌鲁克对苏美尔的控制。

经过无数次的征战，他将阿卡德王国扩张到了地中海、黎巴嫩和小亚细亚地区。萨尔贡自封为"天下四方之王"，他也许是第一个要声称统治世界的人。

在国内，萨尔贡训练了一批行政官员，并称他们为"宫廷之子"，还组建了军事史上第一支常备军。公元前 2250 年左右，阿卡德王国开始衰落。

可能是阿卡德国王萨尔贡的青铜头像，公元前 2334—前 2279 年。

公元前 2230—前 2130 年间，一支来自伊朗的山地民族库提人（Guti）控制了美索不达米亚。

随后，乌尔第三王朝（约公元前 2112—前 2004 年）的国王乌尔纳姆（Ur-Nammu）和舒尔吉（Shulgi）控制了苏美尔最重要的城市和阿卡德王国的大部分地区，并宣称自己为"苏美尔和阿卡德之王"。

乌尔第三王朝严格控制着国内的经济活动。王室雇佣数量巨大的劳动者和手工业者，在那些"堂皇之家"（grand houses，包括巨大的神庙和王宫）里为国家服务。大臣们的记录显示，当时已经有了复杂的行政管理程序。

庆贺阿卡德国王取得胜利的石碑，约公元前 2200 年。

高级神庙的一种标准化形式被确立起来，它是一个包括中心梯道的多层结构，称为通天塔。这种形式用于国王建造的，或是为国王建造的宗教建筑。公元前 2004 年埃兰侵入乌尔，乌尔第三王朝覆亡。

古亚述和中亚述王国（约公元前 1800—前 1047 年）

公元前 2000 年初，美索不达米亚北部的亚述王国发展起来。亚述军队因战术高超而威震四方，使邻国闻风丧胆。

亚述尔城是美索不达米亚与叙利亚、安纳托利亚和伊朗进行贸易的中心枢纽。早在沙马什-阿达德一世（Shamshi-Adad I）时期，亚述统治者就宣称自己是独立的帝国（即古亚述王国，约公元前 1800—前 1375 年）。后来，亚述被米坦尼王国的胡里安人击败，成为米坦尼王国的附属国。

到中亚述王国时期（公元前 1375—前 1047 年），在"伟大君主们"的统治之下，亚述恢复了独立。在公元前 14 世纪中期，亚述尔-乌巴里特一世（Ashuruballit I，公元前 1365—前 1330 年）使亚述摆脱了米坦尼王国的控制。后来，阿达德尼拉里一世（Adadnirari I，约公元前 1305—前 1275 年）在位时，亚述的统治范围扩张到巴比伦，他也因此获得了"万众之王"的称号。

亚述帝国的战俘被降为奴隶的情景，妇女和孩子坐在牛车上；石头浮雕，公元前 7 世纪。

到公元前 13 世纪，在萨尔玛那萨尔一世（Shalmaneser I，公元前 1274—前 1245 年）和图库尔蒂-尼努尔塔一世（Tukulti-Ninurta I，约公元前 1294—前 1208 年）的统治下，亚述逐渐转变成为一个拥有训练有素的军队，奉行扩张政策的军事强国。图库尔蒂-尼努尔塔一世将他的事迹记载在《图库尔蒂-尼努尔塔》史诗中，使之流传千古。

根据亚述宗教的说法，在亚述尔神（Ashur）的护佑下，他们注定要统治全世界；而且，魔仆还保佑亚述人民过幸福安康的生活。通过一系列毁灭性的而且通常十分残忍的战争，亚述征服了它的邻国。数以万计的被征服地居民被迫成为劳工，被流放到亚述帝国的其他地区。被征服地区居民的反抗被认为是破坏"神圣的世界秩序"的犯罪行为，而横遭残酷的军事镇压。

提格拉特-帕拉沙尔一世（Tiglath-pileser I，约公元前 1115—前 1077 年）将帝国的疆域扩展到叙利亚北部和小亚细亚。他攻占了腓尼基的贸易城市，并向这些城

文明的滥觞

市征收赋税。他去世后，中亚述王国的扩张告一段落。

在阿拉姆人和巴比伦王国的双重压力下，亚述进入了一个衰落时期。位于底格里斯河上游沿岸的尼尼微（Nineveh）取代亚述尔，成为王国新的都城。

亚述持矛者，公元前 8 世纪。

新亚述帝国（公元前 883—前 612 年）

在新亚述帝国时期，亚述的铁蹄已横穿巴勒斯坦和以色列，直达埃及。

在亚述那舍帕尔二世统治时期（Ashurnasirpal Ⅱ，公元前 883—前 859 年），亚述重新开始了对外征战。亚述每年都要发动战争，以便平息邻近王国的抵抗。在战争胜利之后，亚述军队往往进行血腥的大屠杀。

随后，掌握大权的是王后萨姆-拉玛特（Sammu-ramat），也叫塞米拉米斯（Semiramis），她领导帝国时，同样成就了一番丰功伟业。之后，因为亚述相继即位的均是羸弱君主和怀有反叛之心的行省总督，加上乌拉尔图势力的增长，对帝国的

以色列国王耶胡派出使者带来贡物，公元前9世纪。

统治产生了很大的威胁。

直到公元前 745 年提格拉特−帕拉沙尔三世夺得政权后，之前出现的危险才得以消除。他着手重振帝国，确保重新赢得战争，他向西侵入加沙，向南征服了巴比伦，并击败了乌拉尔图的统治者。除了使亚述帝国重新获得军事成功之外，提格拉特−帕拉沙尔三世还是一位有能力的管理者，他通过重新划定行省和制订标准的法律来加强帝国的统治。在经济方面，他将帝国臣民进行强制性的重新安置。随后继位的萨尔玛那萨尔五世在公元前 722 年扫荡了撒马利亚，并征服了停止向亚述交纳贡赋的以色列。

公元前 721 年，一个新的朝代由萨尔贡二世建立起来。他的儿子森那赫里布（Sennacherib，公元前 704—前 681 年）于公元前 689 年摧毁了巴比伦。他还役使劳动力大军，将亚述的首都尼尼微扩建得宏伟壮观。后来的埃萨哈敦和亚述巴尼帕（Ashurbanipal）都力图征服埃及，但由于相距埃及遥远，不能控制住它。公元前 646 年，埃兰最终被亚述彻底击败，被并入亚述帝国。

亚述的巴尼帕王是个伟大的收藏家，他在尼尼微建造了古代世界最大的楔形文字图书馆。在他之后，亚述帝国逐渐衰落，最终为米底人和巴比伦人所占领。

古巴比伦王国（约公元前 1894—前 1595 年）

在公元前 2 世纪，位于美索不达米亚心脏地区的巴比伦城一跃成为该地区新的

亚述时期的猎狮图，约公元前 875—860 年。

显赫势力。

　　在乌尔第三王朝灭亡之后，古巴比伦王国成为美索不达米亚的统治力量。巴比伦的第一个朝代由闪米特族的阿摩利人建立，其最有名的国王是汉谟拉比，他编撰了古代第一部较为完整的成文法典《汉谟拉比法典》。法典共 282 项条款，分为道德、国家和私人社会三部分，内容涉及法律的方方面面。道德部分地位最高，涉及某些不可饶恕的罪行。对罪犯的惩罚遵循"以眼还眼，以牙还牙"的原则，惩罚手段则包括从鞭打到施刺刑、烧刑或溺刑将犯人折磨至死。汉谟拉比还自称为"人民的看护者"，他在其法典的前言部分，描绘了巴比伦主神马杜克是怎样责令他制定法律和为人民伸张正义的。

　　汉谟拉比去世后不久，古巴比伦王国即遭受了外部敌人的入侵，如公元前 1650 年后兴起的赫梯人的入侵。大约从公元前 1531—前 1155 年，加喜特人（Kassites）统治了巴比伦。而在公元前 1155 年以后，巴比伦又落入埃兰人和伊辛（Isin）第二王朝（约公元前 1157—前 1026 年）的控制之下，这个王朝的国王就是赫赫有名的尼布甲尼撒一世，他在战争中击败了埃兰人和亚述人。

　　最终，在阿拉姆人的入侵下，古巴比伦日渐衰微，最后落入亚述帝国的控制之下。

迦勒底人的新巴比伦王国（公元前 625—前 539 年）

新巴比伦王国对权力和奢华的贪欲，使它沦为《旧约》中衡量罪恶的模板。

巴比伦"空中花园"，复原草图，18 世纪。

迦勒底人是闪米特部落阿拉姆人的一支，约于公元前 850 年迁入美索不达米亚南部。随后，亚述帝国征服并统治了该地区，于是他们奋起反抗亚述人，最终取得了胜利。迦勒底人那波帕拉撒建立了新巴比伦王国，并与伊朗高原的米底王国联合，于公元前 612 年击败了亚述帝国，夺取和摧毁了位于底格里斯河的尼尼微。

那波帕拉撒的儿子是尼布甲尼撒，在《圣经》中被称为尼布甲尼撒二世，他沉迷于建造宏伟的建筑，使巴比伦城成为当时最繁华的城市，也是中东最重要的工商业城市。在巴比伦的神庙区，他修建了游行通道和伊西塔城门，并在通道和城门上装饰以色彩斑斓的浮雕瓦片。这个游行通道通向一个巨大的中央通天塔，它可能是"巴别塔"的前身。其王宫内的"空中花园"后来成为古代世界七大奇迹之一。另外，巴比伦当时也是世界的科学中心，尤其是天文学、占星学和占卜术的中心。

军事上，尼布甲尼撒二世致力于与埃及和巴勒斯坦的斗争。在公元前 597 年，因为巴勒斯坦拒绝向巴比伦缴纳贡赋，尼布甲尼撒二世对耶路撒冷进行了抢掠。随

《尼布甲尼撒围困耶路撒冷》，《圣经》插图，公元 14 世纪。

后在公元前 587 年，他摧毁了这座城市，其中的居民被俘往巴比伦充当劳工，史称"巴比伦之囚"。他还征服了腓尼基除提尔之外的所有城邦。

在尼布甲尼撒二世的继任者统治时期，统治家族内部纷争不断，使巴比伦变得赢弱不堪。篡位的那波尼度斯成功地重新巩固了帝国，并于公元前 553 年击退了米底人的入侵。公元前 550 年，他任命他的儿子伯沙撒（也被称为迦勒底王和尼布甲尼撒三世）为巴比伦的摄政王，自己则退居于泰玛绿洲。公元前 539 年，居鲁士二世率领的波斯人歼灭了伯沙撒的军队并攻入了巴比伦城。

闪米特人

闪米特人也被称为闪族人，此名称来源于《圣经·创世记》所载的传说。根据传说，闪米特人是挪亚长子闪的后裔。闪米特人是西亚和北非说非亚语系，闪语族

《巴别塔》，皮特·布鲁格，16 世纪。

诸语言的人的泛称。

现代人普遍认为，古闪米特人主要从事畜牧业。他们原来生活在撒哈拉沙漠以北的广大地区。在公元前 5000 年左右，由于气候发生了剧烈的变化，古闪米特人开始东迁，他们陆续来到西亚两河流域和叙利亚草原。到公元前 3000 年初期，古闪米特人按语言被分为东、西两大支。

东闪米特人主要生活在两河流域的北部，他们使用阿卡特语，并在与苏美尔人的接触中，逐渐吸收和融合了苏美尔语。从公元前 3200 年到公元初期，东闪米特人的代表主要包括阿卡得人、巴比伦人和亚述人。

与东闪米特人相对的西闪米特人又分成三支——西北支、中支和南支。其中西北支又称闪米特北中支，主要指的是分布在巴勒斯坦、叙利亚、美索不达米亚北部的各个部族，最早的代表为阿摩利人、迦南人、乌加里特人。到公元前 2000 年后，又有腓尼基人、犹太人、阿拉米人、莫阿比特人和亚奥迪人等。中支闪米特人也称闪米特南中支，时间约在公元前 2000 年—公元前 1000 年，代表为利希亚尼特人、萨姆德人等。随后，这些人又被统称为阿拉伯人，阿拉伯人是闪族人中最年轻的一

大衮是闪米特人一个主要的神，司农业，是早期阿摩利人所崇拜的神明。

支。而南支闪米特人也称闪米特南支，他们分布在阿拉们半岛的南部，古代代表有马闪人、萨巴人、卡塔班人、哈德拉人等。这一支的代表还曾于公元700年左右，越过红海到达非洲之角。如今，位于埃塞俄比亚境内的闪米特各族就可能是那次大迁移所留下的后裔。

闪米特人曾创造了非常辉煌的历史。早在公元前3000年初期，闪米特人中的阿卡得人就迁徙到了两河流域的北部，他们还在萨尔贡一世的带领下征服了两河流域的苏美尔人，建立阿卡得王国。约公元前2230年，闪米特人中的库提人又进攻阿卡得王国。这一时期，美索不达米亚地区陷入大混战，而失势已久的苏美尔人趁机又重新征服了两河流域，并留下了人类历史上最早的一部法典——《乌尔纳姆法典》。后来，两河流域又被埃兰人征服，苏美尔人退出了历史舞台。闪米特人的另一支——阿摩利人开始建立巴比伦王国。在汉穆拉比的领导下，这些闪族人经过长期征战，最终基本统一了两河流域，并为后世留下了影响深远的《汉穆拉比法典》。

据《出古埃及记》记载，希伯来人在摩西的带领下逃离埃及。他们在西奈半岛上停留了几十年后，进入了巴勒斯坦，并征服了当地闪米特人的一支——迦南人。

公元前 1000 年，大卫建立起一个统一的以色列犹太王国。这个王国约在公元前 935 年分裂为以色列王国和犹太王国。到公元前 721 年左右，以色列王国被亚述帝国灭亡。而犹太王国也在公元前 586 年左右被新巴比伦王国所灭。从公元前 63 年起，上述的两个王国都被并入罗马。

后来，随着阿拉伯帝国的兴起，闪米特人在阿拉伯人的光环下进入了历史上最辉煌的时期。

阿卡得王国

阿卡得王国统治区域位于美索不达米亚（今伊拉克），早于该地区后来出现的亚述和巴比伦帝国。公元前 2334 年左右，阿卡得在整个美索不达米亚地区建立君主制的集权国家。阿卡得王国虽然持续时间不到 200 年，但它为该地区后来的君主树立了在整个美索不达米亚地区建立统一国家的先例。

当苏美尔人已经步入文明时代时，他们的邻居阿卡得人才刚开始进入氏族、部落时期，刚开始步入农耕与定居生活。在苏美尔人眼中，他们是不折不扣的"乡下人"。然而随着时间的流逝，这些"乡下人"最终却成了他们的主人。

阿卡得人是闪米特人中的一支，阿卡得的名称来源于阿卡得语，而阿卡得语是由苏美尔语和闪族语发展而来的。在公元前 3000 年左右，阿卡得人陆续来到两河流域北部定居，居住在苏美尔人以北的平原上，这些"乡下人"不但和苏美尔人进行正常的贸易往来，更是善于抢劫财物，这种状况一直持续了几百年。在定居两河流域北部的时候，这些"乡下人"发挥着他们极其强烈的求知欲，贪婪地吸收着苏美尔人的知识文化。不仅如此，他们还学会了使用车轮并开始组建自己的战车方队，这无疑为以后夺取苏美尔人的天下奠定了良好的基础。

约公元前 2371 年，一个名叫卢伽尔·扎吉西的乌玛国王占领了大量苏美尔城邦。然而，卢伽尔·扎吉西还没有来得及享受到这枚胜利的果实，便被操闪米特语的阿卡得人萨尔贡所攫取。

当苏美尔地区各城邦混战之时，萨尔贡抓住这天赐的良机，带领着阿卡得人不失时机地登上了历史的舞台，使两河流域南部首次获得统一。阿卡得王萨尔贡出征34 次，最终击败了卢伽尔·扎吉西，武力征服了苏美尔的主要城邦。

卢伽尔·扎吉西的矛

尽管在军事上萨尔贡取得了胜利，但由于苏美尔文明要远远高于阿卡得文明，阿卡得人几乎全盘接受了苏美尔文化，包括它的文字乃至宗教。

萨尔贡去世后，全国各地的暴乱此起彼伏，他的儿子里姆什继位后，苏美尔等地又多次爆发大规模起义，导致阿卡得王国国势衰落。不久，里姆什的长兄玛尼什吐苏对波斯湾沿海国家发动战争，并发展了同梅露哈（古代印度）、马干（阿曼沿海地区）及狄尔蒙（巴林及波斯湾西部沿海）的海运贸易。为了缓解国内的阶级矛盾，玛尼什吐苏制定了一些条文，条文说明各城邦拥有一定的独立性，国王不能随意地把各城邦的土地据为己有。

玛尼什吐苏之子那拉姆·辛在位 36 年，在平定了因祖父横征暴敛而引起的一系列暴动之后，他进行了大规模的征战：在西方重创埃布拉，在南方波斯湾重征马干，在东北山区与卢卢卑人交战。当时那拉姆·辛威势无双，雄姿英发，自号“四方之王”。阿卡得国之所以四处征讨，主要是为了控制运输外地物产及珍贵材料的商业大道。于是，在这样一个充满野心的王国里，颂扬国王的荣耀与万能的艺术观念应运而生，这个时期的刻印艺术除了从上个时期传承下来的英雄与动物格斗的传统图案外，还出现了神话的场景。在阿卡得时期汇集而成的众多图像，对后世的印章雕刻艺术产生了深远的影响。

然而，阿卡得人的辉煌很短暂。那拉姆·辛死后不久，其子沙尔卡利沙利被宫廷政变推翻。约公元前 2230 年，阿卡得王国被库提人所灭。《苏美尔王表》曾发出了这样的悲叹："谁是国王，谁不是国王。"

阿卡得王国在当时是一个幅员广大的国家，但它的寿命短暂。来自东北面山区的新入侵者打败了萨尔贡一世的孙子，毁灭了阿卡得，使其从历史上消失。于是，苏美尔人的城市国家又一个个重新出现，并享有一定程度的独立，直到乌尔城邦崛起，建立起一个纯粹的苏美尔人的王国。

古巴比伦的天文学

古巴比伦文化璀璨如星，而其中最闪亮的一颗星星莫过于巴比伦人在天文学方面取得的成就。巴比伦的天文学是从研究占星术开始的，他们不但编制了后来被犹太人沿用的恒星目录和近乎完美的日历，更是预测了日食。另外，我们现代人常常关注的星座，也是起源于古巴比伦。

古代两河流域的科学，以数学和天文学的成就为最大。据说在公元前 30 世纪的后期就已经有了历法，当时的月名各地不同。在现在发现的泥板上，有公元前 1100 年亚述人采用的古巴比伦（约公元前 19 世纪至公元前 16 世纪）历的 12 个月的月名。

因为当时的年是从春分开始，所以古巴比伦历的一月相当于现在的三月到四月。一年 12 个月，大小月相间，大月 30 日，小月 29 日，一共 354 天。为了把岁首固定在春分，需要用置闰的办法，补足 12 个月和回归年之间的差额。

公元前 6 世纪以前，置闰无一定规律，而是由国王根据情况随时宣布。著名的立法家汉穆拉比曾宣布过一次闰六月。自大流士一世后，才有固定的闰月，先是 8 年 3 闰，后是 27 年 10 闰，最后于公元前 383 年由西丹努斯定为 19 年 7 闰制。

巴比伦人以新月初现为一个月的开始。这个现象发生在日月合朔后一日或二日，决定于日月运行的速度和月亮在地平线上的高度。为了解决这个问题，塞琉古王朝的天文学家自公元前 311 年开始制定日、月运行表。这个表只有数据，没有任何说明。它的奥秘在 19 世纪末和 20 世纪初，被伊平和库格勒等人揭开。他们发现，第四栏是当月太阳在黄道十二宫的位置，第三栏是合朔时太阳在该宫的度数，第三栏相邻两行相减即得第二栏数据，它是当月太阳运行的度数。以太阳每月运行的度数为纵坐标绘图，便可得三条直线。前三点形成的直线斜率为 +18′，中间六点形成的直线斜率为 −18′。若就连续若干年的数据画图，就可得到一条折线，在这条折线上两相邻峰之间的距离就是以朔望月表示的回归年长度，1 回归年大约是 12.5 朔望月。

用楔形文写的巴比伦历法

在这种日月运行表中，有的项目多到 18 栏，如还有昼夜长度、月行速度变化、朔望月长度、连续合朔日期、黄道对地平的交角、月亮的纬度等等。

有日月运行表以后，计算月食就很容易了。事实上，远在萨尔贡二世时，已知月食必发生在望，而且只有当月亮靠近黄白交点时才行。但是关于新巴比伦王朝（公元前 626—公元前 538 年）时迦勒底人发现沙罗周期（223 朔望月：19 食年）的说法，近来有人认为是不可靠的。

巴比伦人不但对太阳和月亮的运行周期测得很准确，如朔望月的误差只有 0.44 秒，近点月的误差只有 3.6 秒，对五大行星的会合周期也测得很准确。这些数据远比后来希腊人的准确，同近代的观测结果非常接近。

17 世纪绘制的星座图

　　星座也起源于古巴比伦。约 5000 年以前美索不达米亚有一群巴比伦尼亚的牧羊人过着逐水草而居的游牧生活，他们在牧羊的流浪生活中，每天仍不忘观察闪烁在夜空中的星星，久而久之，就从星星的动态中看出了很有规则的时刻与季节的变化。每天一到了晚上，他们就一面看着羊群，一面观察各种星星，将较亮的星星互相连接，并从连接而成的形状去联想各种动物、用具或他们所信仰的神像等，并为它们取名，创造了所谓的星座。

　　据说，如现在所谓的黄道 12 星座等总共有 20 个以上的星座名称，在那个时候早已经诞生。此后，古代巴比伦人继续将天空分为许多区域，提出新的星座。不过那时星座的用处不多，被发现和命名的更少。黄道带上的 12 星座初开始只是用来计量时间的，而不像现在用来代表人的性格。

三、赫梯与新月周边地区

约公元前 1570—前 546 年

小亚细亚是近东文明与爱琴海文明联系的桥梁和纽带。而赫梯就是兴起于这个小亚细亚地区的文明古国，它是一个习惯于征战的民族。大约在公元前1335 年，赫梯国王苏皮卢利乌马斯征服了胡里安人于公元前 1500 年左右建立的米坦尼王国，使得赫梯王国臻于鼎盛。但是，关于赫梯王国灭亡的原因现今仍备受争议。

赫梯王国

赫梯国发源于小亚细亚中部，这里的原始居民称为哈梯人，他们既非闪米特人，也与古代其他民族没什么关系。约公元前 2300 年，一支属于印欧人的涅西特人迁入此地，与当地的哈梯人逐渐同化，形成了赫梯人。赫梯文明最主要的成就，一是在公元前 20 世纪中叶左右发明了世界上最早的冶铁术，并最先使用铁器；二是约在公元前 15 世纪编定了一部法典，史称《赫梯法典》。

大约公元前 19 世纪中叶，赫梯境内出现了一些小国。这些小国之间争战不休，最后库萨尔城的统治者战胜了相邻的诸小国并向外扩张，建立了一个统一大国——赫梯。

赫梯帝国的历史分为古王国和新王国两个时期。赫梯的古王国时期约从公元前

18 世纪到公元前 15 世纪，是奴隶制城邦和城邦联盟阶段。公元前 17 世纪，拉巴尔纳斯获得库萨尔王位，称库萨尔王，始建赫梯古王国。其子哈图西利斯一世统治期间，继续扩张，"赫梯"作为一个国家的名字开始用于表示整个赫梯人的国家。穆尔西利斯一世继位后，迁都哈图萨斯，并于约公元前 1595 年侵入两河流域，灭亡古巴比伦王国。穆尔西利斯一世死后，赫梯进入大动荡时代，篡夺王位事件不断发生。

古代赫梯帝国的首都哈图萨斯外城的狮门

赫梯城邦的首领自称为"王"，王国内主要有"彭库斯"会议（公民会议）和"图里亚斯"会议（贵族会议）。这两种会议有权决定王位继承，因而常常发生因争夺王位继承权的流血斗争事件。在内讧的同时，赫梯帝国征服的地区也经常爆发大规模起义。这种状况一直持续到了公元前 16 世纪后期，国王泰里皮努斯实行王位继承制度改革后才有所缓解。他规定，王位由长子继承，如无长子，则按次子、长女婿的次序递补，宣布禁止王族自相残杀，由"彭库斯"和"图里亚斯"来监督和制止王室的内讧。

公元前 15 世纪初，赫梯帝国曾败于埃及法老图特摩斯三世，被迫向埃及纳贡。直到公元前 15 世纪中期，赫梯帝国开始强盛起来。公元前 14 世纪—公元前 12 世纪是赫梯的新王国时期。这时赫梯全力向外扩张，在国王苏皮鲁留姆的率领下，骁勇善战的赫梯士兵们先是向东灭邻国米坦尼，又占领叙利亚的大部分地区，一直突进巴勒斯坦，与埃及发生激烈的争夺战。当赫梯成为一个强大的帝国后，最终形成了赫梯、亚述和埃及三足鼎立，互相争霸的局面。

赫梯帝国时期的生产力处于青铜时代，但也逐渐向铁器时代过渡。国家经济以农业为主，灌溉农业蓬勃发展。除此之外，手工业的分工也越来越细，出现了陶工、铁匠、裁缝、织工等不同门类的工匠。

赫梯人最为著名的，就是他们精良的青铜和铁质武器，以及无坚不摧的战车。上图描绘了一幅赫梯弓箭手乘战车追赶一位受伤的闪族敌人的战斗场景。

在长期的对外扩张中，赫梯帝国俘虏了大量的战俘和奴隶，这种状况在一定程度上促进了帝国奴隶制的发展，而《赫梯法典》就是在这样的历史条件下产生的，该法典在一定程度上反映了当时的社会经济状况。当时的国王掌握了大量奴隶，并且还把奴隶和土地赏赐给贵族和大臣。王公贵族占有上百的奴隶，拥有 10 个左右奴隶的一般奴隶主为数也不少，甚至一些劳动者也占有奴隶。比如法典的 53 条就规定，手工匠如有 10 个奴隶，分家时他本人可得 7 个，其他人可得 3 个。奴隶主要被用来从事手工业、农业、畜牧业和家务劳动。

公元前 13 世纪，赫梯受到东方的亚述人和西方的迈锡尼人日趋加剧的进攻，国力削弱。公元前 13 世纪末，"海上民族"席卷了东部地中海地区，赫梯王国亦被其肢解。残存的西里西亚和叙利亚北部的赫梯人城邦，到公元前 8 世纪被亚述人全部消灭。

亚述帝国

亚述人在美索不达米亚的历史大致可分为早期亚述、中期亚述和亚述帝国三个时期。亚述帝国是其历史上最强盛的时期，称雄的时间从公元前 8 世纪中叶到公元前 7 世纪后半叶。雄踞西亚一个多世纪。在此期间，亚述首都尼尼微也成为一个世界性的大都市。

亚述地处两河流域北部，居民以讲塞姆语的亚述人为主，也包括一些逐渐同亚述人融合了的胡里特人。亚述帝国是通过不断的军事征服逐渐形成的。

亚述帝国时期的对外征服始于公元前 9 世纪前期的亚述王那西尔帕二世（约公元前 883—公元前 859 年）。他征服了北叙利亚。他的继承人经过几次战争，最终确立了对整个叙利亚的领导权，并获得了对巴比伦尼亚地区的宗主权。

亚述帝国的鼎盛时期始于公元前 8 世纪后期的提格拉特·帕拉萨三世（公元前 745—公元前 727 年）统治期间。他执政后进行了多方面的改革，最著名的便是在军事方面进行的改革。军事改革后，亚述军队成了当时西亚、北非最强大的军队。于是，提格拉特·帕拉萨三世利用这支装备精良、战斗力极强的军队，打败了北部劲敌乌拉尔图，征服了小亚细亚东部和叙利亚地区，迫使腓尼基境内的一些城市称臣纳贡、并南下控制了巴比伦尼亚。

提格拉持·帕拉萨三世为了稳定被征服地区社会秩序，改变了过去对被征服地区实行的屠杀和抢掠政策，采用了一种强制移民的奴役形式，即把大批的被征服居民从一地迁移到另一地，以家庭为单位分散安置在不同地区、不同民族、不同语言的新环境中。这些被迁移民被统治者视为奴隶，或属于国家，或被赠予神庙、官员，或卖给亚述奴隶主。但是他们可分得一块土地，以家庭为单位耕种或放牧，向

亚述王那西尔帕二世

主人交纳租税或服劳役。他们还有一定的财产，甚至有权签订合同和到法庭作证。主人虽然有权将他们和土地一起转让或出卖，但不会使他们的家庭妻离子散。这种比较温和的统治形式比起以前的政策，无疑是一种进步，有利于社会经济的发展。

到萨尔贡二世统治时期（公元前722—公元前705年），亚述继续向外扩张。萨尔贡二世即位第一年就攻陷了撒马利亚，消灭了以色列。公元前714年，他大举进攻乌拉尔图，攻占其圣城穆萨西尔。到阿萨尔哈东（公元前680—公元前669年）执政时，他于公元前671年率军穿过西奈半岛，击败埃及军队并占领了埃及首都孟斐斯。最后到亚述巴尼拔统治时期（公元前668—公元前627年），亚述军队又攻占了埃及古都底比斯，还彻底毁灭了东方的埃兰。至此，亚述的版图达到了最大规模：东起伊朗高原西部，西临地中海东岸，西南至埃及，北抵乌拉尔图，南濒波斯湾。这时的亚述已成为一个地跨西亚、北非的铁器时代的区域性帝国。

然而，依靠野蛮征伐建立起来的亚述帝国，其统治是很不稳定的。除了被征服地区人民的不断反抗外，亚述社会内部存在的各种激烈的矛盾，斗争也十分激烈，另外在帝国末期，周围出现的一系列强国更使亚述帝国陷于困境。

公元前655年，埃及摆脱亚述帝国而独立。巴尼拔死后，帝国急剧衰败。公元前 626 年，巴比伦尼亚的迦勒底人占据巴比伦而独立，建立新巴比伦王国。后来，它同米底结盟共同进攻亚述。公元前 612 年，两国联军攻陷亚述帝国的首都尼尼微。公元前 605 年，亚述西部的最后一个据点卡赫米什陷落，亚述帝国遂告灭亡。

人首飞牛像。这尊神像是亚述人的主神之一拉玛苏，脸部据说是按照萨尔贡二世的形象雕刻的。拉玛苏是亚述一巴比伦神话中的人首半狮半牛怪，有翅膀，可以飞翔，而且力量很大。

大卫统一以色列

犹太人，古称希伯来人，也叫以色列人。他们的祖先是生活在两河流域的游牧民族。他们曾迁移过许多地方，到过巴勒斯坦、埃及，在埃及差点沦为奴隶。后来，他们在首领摩西的率领下，逃出埃及，又重返巴勒斯坦。古以色列的第二代国王大卫在公元前 1000 年左右建立统一的以色列王国，定都耶路撒冷。

巴勒斯坦位于地中海岸边，是亚、非、欧三大洲的交通要道。这里最早的居民是迦南人，之后又来了海上民族腓尼基人。以色列人把巴勒斯坦称为"流着牛奶和蜂蜜的土地"。公元前 1025 年左右，他们在巴勒斯坦建立了第一个希伯来人的王国。为了能在巴勒斯坦站稳脚跟，以色列人必须同非利士人战斗。

公元前 1000 年的一天，一场大战在巴勒斯坦的一个山谷地带打响，对峙双方是非利士人和扫罗领导的以色列人。当时，非利士人的军中有一个名字叫作哥利亚的大力士，因为身材高大，骁勇善战而闻名。他多次在阵前挑衅，辱骂以色列人。然而，因为慑于哥利亚的气势，竟然没有一个以色列人敢于接受这项挑战。这种诡异的局面，最终被一个叫大卫的少年打破。

大卫是一个聪明英俊的牧童，哥利亚根本看不起他。大卫却说："你来攻击我，

米开朗琪罗的《大卫》雕像

依靠的是武器；而我攻击你，靠的是我们的上帝耶和华。"

他用手甩石鞭，将鹅卵石击中哥利亚的额头。哥利亚大叫一声后，倒了下去。这情景使非利士人全都傻了眼，没有一个人敢于上前。大卫来到哥利亚身边，抽出哥利亚身上的佩刀，一下子便割下了敌人的头颅。

大卫的英勇举动使非利士人和以色列人震惊不已。尤其是非利士人，在看见自己的勇士死后，顿时失去了士气，四处逃散。反应过来的以色列人在扫罗的带领下，一鼓作气地追杀了过去，最终攻下了非利士人的几个城池，杀了成千上万的非利士人。

这场战争使年轻的大卫一举成名，成为以色列的英雄。那时，以色列人中间流传着这样的说法——"扫罗杀敌千千，大卫杀敌万万。"之后，大卫便在宫中供职，他还与扫罗的儿子、王储约拿单建立了友谊。

大卫战胜哥利亚的绘画。大卫击倒哥利
亚后，割下了他的脑袋，非利士人吓得顿时
溃散了。

得到百姓爱戴的大卫，却招致了扫罗的嫉妒。扫罗将其视为眼中钉，企图除掉
这位功高震主的勇士。为此，他多次为难大卫。就连女儿的婚事，也成为除掉大卫
的时机。扫罗告诉大卫，想要迎娶自己的女儿米拉，就必须去杀死 100 个非利士
人，大卫最终超额完成了任务，成为扫罗的女婿。

身为王婿的大卫功高震主，扫罗对他忌恨的程度越来越严重。为了摆脱这种危
机，大卫在妻子米拉的帮助下，逃到了南部边疆地区，并组织起一支起义部队。

后来，扫罗王继续征战非利士人，但扫罗和约拿单父子在对非利士的作战中身
亡。扫罗死后，以色列的 12 个部落开会。部落长老一致同意推举大卫为新的以色
列王。当大卫戴上王冠登基时，年仅 30 岁。他决心继承扫罗的事业，把非利士人
赶出巴勒斯坦。

之后，他又以种种政治姿态取得了国内长老们的支持和拥护，在希伯来称王。
扫罗的另一个儿子伊施波设不满大卫的作为，为王位与其进行了一场持久的争夺

战。几年之后，伊施波设被部下杀害，大卫打败了反对者，正式成为以色列国王。

完成统一后的大卫又击败了控制耶路撒冷城的耶布斯人，在占领该城后，又将其作为以色列的首都。对于宿敌非利士人，大卫更是不遗余力地给予打击，最终重创非利士人，解除了他们长久以来对以色列的威胁。

大卫在位四十年，没有一年不出征。他打败了非利士人、迦南人、亚玛力人。以色列王国的版图空前扩展，北起黎巴嫩，南至埃及边境。

金 "约柜" 和所罗门珍宝

由六个大岛和九百多个小岛组成的所罗门群岛，仿佛一块块璀璨的翡翠和一粒粒晶莹的珍珠散落在西南太平洋约 60 万平方千米的洋面上。值得一提的是，所罗门群岛这个名字是和。"所罗门王宝藏" 联系在一起的，那么在它身上究竟隐藏着什么秘密呢？

耶路撒冷是一座举世闻名的圣城，它是世界上唯一被犹太教徒、伊斯兰教徒和基督教徒共同尊奉为圣地的城市。

大约在公元前 1000 年，犹太人的首领大卫攻占了耶路撒冷，并把它作为首都，建立了统一的以色列犹太王国。大卫在耶路撒冷大兴土木，建造了一系列的城市建筑。大卫死后，他的儿子所罗门即位，并在公元前 10 世纪的时候建立了一座雄伟的犹太教圣殿，后人称之为所罗门圣殿，并在神殿中央的 "亚伯拉罕神岩" 下修建了地下室和秘密隧道。

所罗门的犹太教圣殿建在耶路撒冷的锡安山上，周围还筑了一道石墙。相传，犹太教最为珍贵的圣物金 "约柜" 和《西奈法典》就放在圣殿的圣堂里。

所罗门圣殿建成后，远近各地的人们都前来朝拜。这些来参拜的犹太人和外邦人给所罗门王带来了许多贡品。据说，所罗门王每年仅从各个属国就可以收到大约 99900 千克黄金的贡品。他所住的宫殿的门窗、墙柱、祭坛、桌椅，乃至一切饮器用具，都包着一层厚厚的金箔或黄金。至于他到底拥有多少财富，至今一直是个

所罗门圣殿复原图

谜。后来，所罗门王将所有的珍奇贡品和搜刮来的金银宝物都存放在圣殿里。相传，犹太教最为珍贵的圣物金"约柜"和《西奈法典》就放在圣殿的圣堂里。除了犹太教的最高长老（即祭司长）有权每年一次进入圣堂探视圣物外，其他任何人都不得进入。此后，犹太国的数十代君王也把大量的金银财宝聚积在此，圣殿中这些所有的奇珍异宝就是历史上举世闻名的"所罗门宝藏"。

金"约柜"是以色列人的圣物，只有祭司才可以抬动金"约柜"。当以色列人在旷野里流浪时，金"约柜"一直都放在流动的圣幕内，直到所罗门圣殿兴建完毕，才移至此。

所罗门死后，以色列犹太王国分裂成两个国家。以耶路撒冷为中心的南方仍由所罗门的后代继续统治，叫犹太国。北方则另立王朝，叫作以色列。由于以色列没有宗教中心，祭司们都到耶路撒冷的犹太圣殿献祭，教民们也仍然到这里朝圣，因为唯一的圣物——金"约柜"仍在这里。

然而后来，犹太王国日渐衰落。公元前586年，新巴比伦国王尼布甲尼撒二世攻陷了耶路撒冷，并因垂涎"所罗门宝藏"而在"亚伯拉罕神岩"下的地下室和隧道中大肆搜找。可惜由于地下室和隧道曲折幽深，结构复杂得像一个迷宫，寻宝行动最终只好放弃，圣殿也因此被毁坏。于是有人分析推测：在巴比伦人没有进入耶路撒冷城之前，祭司们早就已经把"所罗门宝藏"和金"约柜"转移到了安全的地方。从此，无价之宝金"约柜"和"所罗门宝藏"下落不明。

这些牵动着无数人心的财富去向，是许多人刻意追寻的。开始，人们不相信犹太人会把宝藏留在耶路撒冷，他们寄希望于茫茫大海中的一些岛屿。因此，许多探险者不停地在海洋中搜寻，著名的所罗门群岛就是因这种搜寻而定名的。可是很遗憾，他们最终什么也没有找到。

后来又有人说，金"约柜"和所罗门珍宝实际上是藏在"约亚暗道"里。"约亚暗道"相传是大卫王在攻打耶路撒冷时偶然发现的一条可以从城外通到城里的神秘通道。据说这条暗道后来又和所罗门圣殿连在一起。早在"巴比伦之囚"以前，犹太人就已经把金"约柜"和所罗门珍宝藏到暗道里去了。

还有人传说，金"约柜"早已不在耶路撒冷，它收藏在埃塞俄比亚古都阿克苏玛的一座古寺里。据说，所罗门的一个儿子从耶路撒冷偷出了真的金"约柜"，又把一个假"约柜"留在了耶路撒冷。

直到今天，金"约柜"和"所罗门珍宝藏"仍然是一个谜。就这样，千百年来，人们一直在苦苦地寻找着传说中的所罗门宝藏，可是它似乎像在人间蒸发了一样，遍寻不到它的丝毫痕迹。也许，它早已被毁灭；也许，它还沉睡在世界的某个角落，静静地等待着人们去发现。

示巴女王

《旧约全书》中曾经提到过这样一位女王——她因仰慕以色列犹太国王所罗门的名望，亲自到耶路撒冷觐见心目中的英雄。为了表示对所罗门的敬意。这位女王还将大量的黄金、宝石和香料赠予所罗门，而所罗门也照例还了礼。除此之外，传说这位女王还与所罗门发生了一段恋情，而这段恋情却拉开了以色列犹太王国衰落的序幕。她就是鼎鼎有名的示巴女王。

关于示巴女王访问所罗门，在《旧约全书》和《古兰经》中都有所提及。但无论是《旧约全书》也好，《古兰经》也好，关于示巴女王的记载，都是寥寥数笔，语焉不详，既没有说明这位女王姓甚名谁，也没有指明她是何方人士，因此示巴女王究竟是何许人，其事迹如何，3000年来一直是一个难解的疑团。侥幸的是，除去片段的记载之外，还有些关于示巴女王美丽而动人的传说。

中世纪描绘的所罗门与示巴女王

某些历史学家根据有关资料，推测示巴女王是古代阿拉伯半岛南部萨巴这个国家的女王。他们认为萨巴也许就是《旧约全书》中提到的示巴，它大约存在于公元前 950 年—公元前 115 年。这里雨量充沛，土地肥沃，盛产乳香、没药等香料，并有丰富的黄金与宝石的矿藏，海陆交通都比较发达，商业兴旺，财源充足。

有的学者认为，倘若《旧约全书》中关于示巴女王赠送重礼给所罗门的记载是史实，那么示巴女王的大本营不在也门，也不在埃塞俄比亚，而是在萨巴人设于北方商路上的一个屯兵所或要塞里。

有些学者另有看法。他们认为现今的也门有些地方是古代文明发祥地，米奈人和萨巴人交替统治过这里。继米奈人和萨巴人之后，同一种族中的一支希木叶人统治了这个地区，建都于埃布纳（今萨那）。《旧约全书》中提到的示巴女王是属于这个支系的国王。现今萨那附近有一座宫殿遗址，它究竟是何人的宫殿，说法不一。有人认为是示巴女王彼基耳斯的。有的学者认为示巴王国的首都就是现今阿拉伯也门共和国东部城市马里卜。在马里卜郊外沙丘上曾发现了一处设计奇巧的建筑物遗址，考古学家们证实它是公元前 4 世纪修建的"月神庙"。当地人把它称为"彼基耳斯后宫"。

示巴女王觐见所罗门

还有传说认为示巴女王名叫马克达，她不但姿容娇艳，而且还聪慧过人。作为一个富有国家的女王，马克达却一直没有找到如意的郎君。她听闻以色列国王所罗门聪慧睿智，决定去访问所罗门，并组织了一次到耶路撒冷的游猎旅行。随她前去的队伍中有大批的骆驼、骡子、驴子，它们都驮满了礼物。到耶路撒冷之后，所罗门热情地接待了示巴女王。示巴女王此行的目的本是要试一试所罗门的智慧，所以会晤时就用各种难题来考问所罗门，结果她都得到完满的答案。因此示巴女王对所罗门的智慧大加赞赏，并把她带来的礼物全部赠给所罗门。示巴女王住了6个月之后，决定动身回国，所罗门为她举行了盛大的宴会践行。

回到自己国家的示巴女王为所罗门生了一个儿子，取名埃布纳。当埃布纳长大成人后，还去朝觐了自己的父王。

示巴女王后来销声匿迹了，任何传说都没有交代她的后半生，这位谜一样的人物就这样消失在历史的长河中。

卡迭石大战

赫梯王国强大起来后，不断向外扩张。先是攻占了叙利亚和巴勒斯坦。接着又到达了巴比伦城，后来为了争夺叙利亚地区的统治权。赫梯王国又同埃及发生了大战，即历史上赫赫有名的卡迭石大战。这场大战过后，两国维持了数百年的和平。

赫梯人不断向外扩张，最后为了同古埃及王国争夺叙利亚地区，不可避免地将要发生一场大战。当时埃及的统治者是古埃及第十九王朝的法老–赫赫有名的法老拉美西斯二世。

一天，赫梯王穆瓦塔里正与臣下商议进攻埃及的计划，却听闻前线急报，说是埃及法老拉美西斯率领十万大军向其发动了进攻。

赫梯王马上制订了自己的作战计划。第二天天刚亮，埃及的部队就浩浩荡荡向赫梯国方向开了过来，队伍分4个梯队，先锋队由法老拉美西斯二世率领，很快接近了被赫梯人占领的叙利亚卡迭石城。

卡迭石战役

　　拉美西斯二世的队伍快到卡迭石城时，抓到了两个间谍。那两个俘虏是牧人打扮的赫梯骑兵。他们说，赫梯王为了避免冲突，已经命令军队退出卡迭石城了。

　　拉美西斯二世大喜，下令全军继续向卡迭石进发。途中他嫌大队行进太慢，便抛开大队，只带着他的警卫部队，迅速来到卡迭石城下。这时，赫梯王已经率领大军沿着东面的河谷，包抄到了埃及法老的后面。早晨被埃及军队捕获的两个赫梯人，其实是赫梯王派他们来迷惑埃及人的。埃及法老果然上了当。赫梯王准备第二天一大早围歼为数不多的埃及军队，活捉埃及法老拉美西斯。为了慎重起见，他又派两个间谍夜间去观察一下埃及军营的地形。

　　这两个间谍也被抓获了，拉美西斯二世在对其严刑逼供后，得知了赫梯人明天要来反攻的计划。拉美西斯二世决定马上突围，他全身披挂，跳上战车率全军向赫梯人发起进攻，赫梯人被埃及军队的突然行动弄得措手不及，全军大乱。赫梯国王马上组织了反攻。埃及士兵毕竟人数有限，被迫撤退。赫梯军队一下子冲进了埃及法老的军营，拉美西斯一看不好，带着大臣们上马便逃。关键时刻，拉美西斯二世依靠自己养的一头狮子暂时逃离。在埃及军营里的赫梯兵则在大抢埃及法老和大臣们的财物。

　　正当赫梯军队扔下刀枪、大肆抢劫的时候，埃及人的先锋部队渡海赶到，一下子把混乱不堪的赫梯军队打得落花流水。赫梯国王又组织了第三次冲锋，把最后剩下的包括1000辆战车和3000名士兵的后备部队全部用了上去。埃及人殊死抵抗着赫梯战车的进攻。卡迭石城郊到处是双方士兵的尸体。埃及部队人数愈来愈少了，到太阳落山的时候，赫梯军队眼看就要胜利了，突然，他们四散奔逃起来。

埃及法老感到惊奇，这是怎么回事？难道是天神相助来了？直到几匹烈马飞驰到他面前，几个骑兵向他举臂欢呼的时候，他才知道，是他们的第三梯队从敌人后面杀过来了。赫梯人经不住前后夹攻，只得败退。

卡迭石大战之后，赫梯和埃及的仇恨越来越深，双方不断进行战争。就这样，埃及人和赫梯人展开了拉锯战。他们之间的战争整整打了 16 年。最后，双方都已是筋疲力尽，损失惨重，再要打下去两个国家都要灭亡了。

公元前 1296 年，赫梯的老国王一病不起，死去了。新国王是老国王的弟弟哈图西里。这时的赫梯国已经像一个奄奄一息的病人，再也无力站起来了。新国王决定派出友好使团去埃及讲和。

拉美西斯二世此时也无力再战，见赫梯王主动讲和，正中下怀。约公元前 1284 年双方在孟斐斯签订了合约。和约刻在一块银板之上，因此又叫"银板文书"。上面写着："伟大而勇敢的赫梯国王哈图西里"和"伟大而勇敢的埃及法老拉美西斯"共同宣誓："从此互相信任，永不交战；而且，一国若受其他国家欺凌，另一国应该出兵支援……"这是留传至今的最早的一份和平条约。

和约签订后，赫梯王又将女儿嫁给了拉美西斯二世。此后，两国在数百年间相安无事。

提格拉·帕拉萨三世

提格拉·帕拉萨三世无疑是世界军事史上划时代的人物，他进行的军事改革是世界上有记载的最早的大规模、系统化的军事改革。他的改革加强了亚述的国家实力，也加快了征服步伐。亚述帝国的征服，使

银板文书

西亚北非诸文明第一次如此紧密地联结在一起，为后来波斯帝国、亚历山大帝国更大范围的征服打下了基础。

提格拉·帕拉萨三世在其本人的铭文中自称是亚述国王阿达德尼拉里三世的儿子，但他的出身并不明朗。如果他真的是阿达德尼拉里之子，那么他的前任亚述尼拉里五世就是他同父异母的兄弟。在亚述尼拉里五世统治时期，提格拉·帕拉萨是一名地方总督。公元前745年，亚述王国爆发了一场内战，亚述尼拉里五世在内战中死亡。提格拉·帕拉萨三世正是在这次内战中登上了王位。

登基后的提格拉·帕拉萨三世面对混乱的局势，实施了一系列重要改革。这些改革影响深远，终于确立了亚述在西亚的霸主地位。

提格拉·帕拉萨三世浮雕像

改革的一项关键内容是限制官员权力。在阿达德尼拉里三世时期，官员们权力极大，甚至可以在不通知国王的情况下擅自发动战役。地方总督往往形成割据，有的已经独立或是明显表现出独立倾向。提格拉·帕拉萨因此在各省任命名为"别尔-帕哈提"的行政长官来取代总督。行政长官的权力比原来的总督小，但仍不足以让提格拉·帕拉萨三世放心。为了进一步削减地方统治者的力量，他开始减小省的面积。对新征服的各省，则往往派遣宦官前去管理。结果省的数目增多了，到公元前738年，已知的省份多达80个；而省的长官的力量则减小了，而且还有许多人是宦官。提格拉·帕拉萨还允许平民直接向国王上书，以监视各级官僚。

提格拉·帕拉萨三世宫殿里的浮雕画

另一些改革措施是针对军事方面。这些措施包括：组建由政府供给的常备军，促使无地者纷纷加入军队，从而增强了兵力；在直属国王的主力军队以外，地方也建立军队负责守卫并充当后备力量；征召被征服地区的居民为亚述打仗，于是大大增强了军力（外国人通常只能充当步兵，骑兵和战车兵还是由亚述人来担任）。在提格拉·帕拉萨三世时期，历史学家发现了有工兵存在的明显证据，这在军事上是一个重大进步。

通过这些改革，提格拉·帕拉萨三世巩固了统治，并建立起一支强大的军队，从而为他的征服活动奠定了基础。

在提格拉·帕拉萨三世时期，亚述国家再次走上扩张道路。军事活动的开展与改革同时进行，或者比改革还要早。根据铭文（记载提格拉·帕拉萨在位年代的编年史，发现于卡拉赫）记述，提格拉·帕拉萨在登上王位的第一年就进军巴比伦，他先率军南下制服那些阿拉米人部落，然后向东渡过底格里斯河。巴比伦城的神庙祭司为使城市免遭洗劫向提格拉·帕拉萨表示恭顺。这次行动的结果是，提格拉·帕拉萨三世将尼普尔（苏美尔时代的宗教圣城）一带吞并，并在该地建起一个省。按照他本人的说法，他占领了"从杜尔-（库里）加尔祖，沙马什的西帕尔……巴比伦城一直到乌克努河和（低海海岸）的地区"（"低海"是指波斯湾）。提格拉·帕拉萨并且声称，他对待被征服地区的人民如同对待本国人一样，他派遣宦官去管理这些地区。

公元前 744 年，提格拉·帕拉萨三世发动对东方的军事远征，一直推进到埃兰附近。这次远征所获的土地组成一个新省，并留下一部分军队守卫。

公元前 743 年—公元前 740 年，提格拉·帕拉萨三世在西方粉碎了由叙利亚和安纳托利亚诸王公组成的联盟。这个联盟以叙利亚城邦亚珥拔为首，包括阿拉米人、新赫梯人和腓尼基人，并受到乌拉尔图的支持。提格拉·帕拉萨三世集中了全国的兵力发动进攻并取得了胜利。

公元前 739 年，提格拉·帕拉萨三世发动一次规模不大的战役，战胜了犹太王国的国王乌西雅。同年在叙利亚和黎巴嫩等地，他又占领了一些地区；对以色列王国的一次进攻则迫使以色列国王拿现承认自己是亚述的藩属。据铭文记载，这一年承认提格拉·帕拉萨三世为宗主的还有一个阿拉伯部落的女首领。

提格拉·帕拉萨三世最重要的军事活动发生于公元前 738 年—公元前 735 年之间，是直接针对乌拉尔图的。他在公元前 738 年向东方发动远征，巩固了对米底地区的控制，并在马纳设立了一个省。公元前 735 年，提格拉·帕拉萨率军侵入乌拉尔图本土。他在野战中击败了萨尔杜里二世的军队，但无力攻克防守严密的乌拉尔图都城图施帕（今土耳其凡城，位于凡湖湖畔）。提格拉·帕拉萨三世于是在当地立了一块石碑铭刻他的胜利，然后率军撤退。在这次战争之后，亚述最主要的敌人和制衡者乌拉尔图开始衰落。

公元前 732 年，提格拉·帕拉萨三世开始执行毁灭大马士革王国的计划。事件的起因是大马士革国王利汛与以色列国王比加联合进攻犹太王国。犹太国王亚

乌拉尔图的二轮马车

哈斯筹集大量款项向提格拉·帕拉萨求援，后者决定借机消灭大马士革这个最强大的叙利亚城邦。提格拉·帕拉萨采取迂回战术，先北上占领了地中海沿岸的非利士人诸城，然后南下征服大马士革的盟友加沙，以及各阿拉伯部落和以东、摩押等小国。这时以色列国内发生了剧变，何细亚杀死比加篡夺了王位，并立刻向提格拉·帕拉萨投降。提格拉·帕拉萨于是占领了以色列王国的大部分领土，将其北部夷为亚述的一个省。就这样提格拉·帕拉萨三世完成了对大马士革王国的包围，并且消灭了它的所有潜在盟友。他随即以优势兵力对大马士革展开正面进攻。提格拉·帕拉萨三世先在野战中击败了利汛，然后围攻大马士革，经过一年的围困攻陷了这座城市。经过此役，大马士革王国被彻底摧毁，叙利亚各邦几乎全部臣服于亚述。

提格拉·帕拉萨三世在其统治末期再次对巴比伦发动攻势。他在第一次的征伐中只是夺取了部分地区，巴比伦国王拉布那沙尔还保留着王位。公元前 734 年位布那沙尔死后，巴比伦发生内乱，一个叫纳布·姆金·泽里的人登上了王位。提格拉·帕拉萨三世借机侵入巴比伦，打败并俘虏了纳布·姆金·泽里。这件事在他的编年史里有详细记载。公元前 729 年，提格拉·帕拉萨实现了对整个巴比伦地区的控制（但允许巴比伦保留一套独立的行政机构），巴比伦的祭司集团也承认他为国王。他在巴比伦使用的王号是"普鲁"。

公元前 727 年，提格拉·帕拉萨三世去世，其子萨尔玛那萨尔五世继承亚述王位。萨尔玛那萨尔五世死后，提格拉·帕拉萨三世的另一个儿子、著名的萨尔贡二世成为亚述王。在雄才大略的萨尔贡二世和他的后继者的努力之下，亚述帝国又征服了以色列、叙利亚、埃兰、米底，公元前 671 年征服埃及，成为一个地跨亚非两洲，包容了多种文明的大帝国。

提格拉·帕拉萨三世攻城浮雕

提格拉·帕拉萨三世时代前后的军事改革，最具决定性的一点是在军队中装备铁制武器，这既促进了扩张，又促进了铁器的传播；而创立了将被征服民族迁徙混居的政策，则大大促进了中东诸文化的交融。这两项源于征服者私心的变革，却极大地推进了历史的进步。

腓尼基文明

腓尼基位于地中海东岸北部，也就是现在的叙利亚和黎巴嫩沿海地带。在公元前 2000 年初，这里先后出现了一些比较繁华和富庶的奴隶制城邦。而且，每一个腓尼基城邦都是一个独立的国家。事实上，腓尼基是希腊人对迦南人的称呼。腓尼基人和犹太人是近亲，同属于西闪米特民族，对希腊和希伯来文化有巨大而深刻的影响。

"腓尼基"在希腊语中是"紫红色"的意思，这个名称的来源还有一段耐人寻味的故事。据说，当时包括埃及、巴比伦、赫梯和希腊在内的贵族和僧侣们，都非常喜欢紫红色的衣服。然而，这种颜色的衣服无论最初多么鲜艳，时间一久，便很容易褪色，这种状况很令这些人懊恼。后来，人们注意到了一个奇怪的现象：那些居住在地中海东岸的人总是穿着鲜亮的紫红色衣服，他们的衣服即使很旧时，也不会褪色。经过深入了解，才知道这里的居民能够生产一种染衣服不会掉色的绛紫色的颜料。因为穿着很是引人注目，久而久之，大家就把这里的居民称为腓尼基人，意思就是"紫红色的人"。

根据流传下来的资料记载，我们可以知道，腓尼基人很热衷于积聚财富。为了敛财，他们使尽手段，并很快将自己的城市发展成为非常富庶的地方。

除了善于积聚财富，腓尼基人还是非常优秀的航海家和最勇敢的探险家。有这样一个传说，很能够说明腓尼基人的这种性格特征。一天，埃及法老尼科想出了一条对付腓尼基人的对策。他召集了几位腓尼基最优秀的航海家，对他们说："听说你们都是非常善于航海的人，我让你们从埃及出发，一次也不向后转，而且始终要在海岸右边航行，最后回到埃及。如果你们做不到，现在就赶紧承认，我是不会处罚你们的，但是今后可不能再自吹自擂了。如果你们做到了，我一定会重重地赏赐你们！"原来，这位法老打定主意要灭一灭腓尼基人的威风。退一步讲，即使这些腓尼基人真的成功了，也可以为自己开拓出一条新航线。

这无疑是一项十分艰巨的任务，因为当时的欧洲人一直流传着这样的说法——大西洋就是世界的尽头，没有人能够越过直布罗陀海峡。但强悍的腓尼基航海家们没有退缩，他们毫不犹豫地接受了这个挑战，并很快整装出发，朝着未知的海域前进了……

3 年过去了，远行的腓尼基人毫无音讯。就在尼科法老和所有人都以为这些大胆的航海家已经葬身鱼腹时，他们却回来了！法老接见这些大胆的腓尼基人时，斥责他们欺骗自己，认为这些人只是躲了 3 年，并没有真的去航行。可是，当腓尼基人详细地述说了自己几年来的航海经历，

腓尼基人胸像

并向法老献上了他们沿途搜集到的各种奇珍异宝后，尼科法老不得不相信这一切都是真实的。他不但重赏了这些航海家，并称赞道："腓尼基人真是最优秀的航海家。"

腓尼基人驶过地中海，进入大西洋，向北一直到达英吉利，向南一直到达西非。他们的环非洲航行，是人类航海史上的一次壮举。腓尼基人在航行中依靠太阳和北极星的位置，并根据所熟悉的海岸地形与地貌来辨别航行的方向。他们的船是当时世界上最好的海船，船头往往雕刻着一个高高昂起的鸟头，船尾竖着一条鱼尾巴。他们就是驾驶着这种半鱼半鸟的航船，乘风破浪在大海上航行的。

凭借着这种冒险精神和精明能干的特征，腓尼基人成了当时世界上最善于经商的民族。为了防止敌人攻克自己的城池，他们甚至将两个商业中心泰尔和西顿建立在了陡峭的山崖上。而腓尼基城市乌加里特城，曾经是一座举世闻名的国际化都

腓尼基人不但是勇敢的航海家，还是精明的商人。上
图描绘的是腓尼基人向顾客兜售他们的紫色布料的情景。

市，当时城里云集着来自四方的商旅。他们还在西班牙、意大利、希腊和遥远的西利岛沿岸建了许多有堡垒的商站，从事中转贸易。腓尼基人将从小亚细亚、两河流域等地运来的手工业品和农产品转运到地中海各地贩卖，马克思曾称他们为"出色的商业民族"。除此之外，他们还从事奴隶贸易。

在文化方面，腓尼基人最大的成就就是发明了世界上最早的字母文字。大多数专家学者认为，最早的字母文字，是居住在今天的黎巴嫩一带的腓尼基人发明的。由于腓尼基人善于经商，所以会经常坐着船到各地去做买卖，他们早期记账采用的是很烦琐的楔形文字，时间一长，这些商人觉得他们需要采用一种书写简便的文字。基于这种需求，大约在公元前1300年左右，就有聪明的腓尼基人参照埃及的象形文字，创造出用22个辅音字母表示的文字。

在希腊人中间还流传着这样一个说法：有个叫卡德穆斯的腓尼基木匠，非常的聪明。有一次他在别人家里干活时，发现忘了带一件非常重要的工具，于是他就地劈了一片木头，在上面写写画画了几下，然后让一个奴隶送给在家中的妻子。卡德穆斯的妻子看了木片后一句话也没说，便递给了奴隶一件工具。奴隶惊呆了，认为木片是用一种神秘的方式说出了他主人需要的东西。据说那木片上面写的就是腓尼基第一次出现的字母文字。

希腊文中有一个表示"字母"的古词 phojnikeia，其直接的含义是"腓尼基的东西"。腓尼基文字共使用 22 个字母，而同属闪含语系的阿卡德语却要使用 285 个字母，迈锡尼的线形文字也使用多于 80 个的字母符号。或许正是腓尼基文字的这种简洁性得到了希腊人的青睐，他们基本上无保留地借用了这种文字。这种文字体系极其简洁实用，直到今天世界上的大多数文字仍然在使用这种文字体系。

其实字母文字的发明者不止卡德穆斯一个人，而是许多腓尼基人在长期的实践中逐渐创造出来的。而且现代欧洲各国的拼音字母差不多都来源于腓尼基字母，因此，腓尼基字母文字称得上是欧洲拼音文字的始祖。

公元前 12 世纪初，腓尼基达到极盛时期。从公元前 10 世纪起，腓尼基各邦开始利用航海优势，向海外进行殖民活动，殖民地遍布地中海沿岸各地。他们的大量殖民地在西班牙和北非等地，这些地区大多靠海，便于商船的往来。公元前 9 世纪，推罗殖民者进军塞浦路斯，远征非洲，其在非洲北岸突尼斯建立的迦太基后来发展成地中海东部的强国。

然而，腓尼基人却没有建立长期的殖民据点。最著名的迦太基城虽然和它的母邦推罗保持了很长时间的联系，但这种联系仅限于每年年末，迦太基将一定数量的收入上缴给推罗。所以说，迦太基虽然在名义上依附于腓尼基，事实上却已经完全独立。

这种情况持续了几年后，迦太基很快就比腓尼基本土还要强大和富庶了。迦太基的殖民地还深入到非洲内陆，迦太基人用廉价的手工艺品换取非洲土著人的象牙和黄金，变得越来越富庶。

从公元前 9 世纪开始，腓尼基遭受到强大起来的亚述帝国的入侵。到公元前 8

迦太基古城遗址位于突尼斯城东北 17 千米，公元前 814 年由腓尼基人兴建。这里曾是地中海上强盛的奴隶制国家迦太基的首都，也是当时北非地中海地区政治、经济、商业和农业的中心。

世纪末期，腓尼基被亚述帝国征服。

尼布甲尼撒二世

尼布甲尼撒二世是新巴比伦王国的第二位国王，开国者那波勃来萨之子。这位在世界历史上赫赫有名的君王。为世人留下了众多的事迹：两度亲征犹太王国、攻陷耶路撒冷、制造"巴比伦之囚"；在国内大兴土木，加高巴别通天塔、修建古代世界七大奇迹之一的空中花园……总的来说，在其统治时期，是新巴比伦王国的繁盛时代。

公元前 7 世纪的后半期，由于内忧外患，强大的亚述帝国迅速走向衰落。这一时期，在巴比伦南部的迦勒底人中，首领那波勃来萨带领自己的民族，并联合北方的米底人，在公元前 612 年攻下了亚述的都城尼尼微。

那波勃来萨成了新建的巴比伦王国的首任国王。在征战期间，一位勇敢的少年英雄得到了士兵的爱戴和赞赏，他就是那波勃来萨的儿子——尼布甲尼撒。这位王子勇敢果断，富有谋略。

巴比伦城在尼布甲尼撒二世统治时期，成为当时世界上最繁华的城市。上图为复原后的伊什塔尔门。

新巴比伦王国建立没几年，就与埃及人在幼发拉底河上游发生了多次冲突。当时，新巴比伦的军队处于下风，被迫放弃了一些重要的据点。为了改变这个不利的局面，那波勃来萨任命自己骁勇善战的儿子尼布甲尼撒为统帅，同埃及军队进行决战。

公元前 605 年左右，决战最终在幼发拉底河西岸的卡赫美士打响了。埃及军队最终被尼布甲尼撒的军队全歼。

还是在这一年，当尼布甲尼撒在叙利亚、巴勒斯坦一带作战时，老国王去世的消息传到了军中。刚一得到消息，尼布甲尼就马上带着卫队朝回赶。他甚至穿越沙漠，直抄近路奔回了巴比伦城。在那波勃来萨尔死后第 23 天，尼布甲尼撒回到了巴比伦并继承了王位，史称尼布甲尼撒二世。

刚当上国王的尼布甲尼撒就对叙利亚、巴勒斯坦地区的一些小国家发动战争，并迫使大马士革、西顿、推罗、犹太王国等向其称臣纳贡。

公元前 601 年，尼布甲尼撒再度与埃及交战。然而这次大战，双方都没占到什么便宜，新巴比伦的军队也不得不撤回。就在这时，臣服于尼布甲尼撒的犹太国王约雅敬却趁机脱离新巴比伦，转而投靠埃及。尼布甲尼撒听到犹太国王投降于自己宿敌的消息后，顿时大发雷霆，发誓一定要毁灭犹太王国的都城耶路撒冷。

公元前 598 年，约雅敬死去，其子约雅斤即位。尼布甲尼撒趁此机会，亲率大军围攻耶路撒冷，犹太国王带着所有的大臣投降新巴比伦王国。尼布甲尼撒废黜了这位新上任的国王约雅斤，改立他的叔叔西底家为犹太王，并让他宣誓效忠新巴比伦王国。

公元前 588 年，埃及又向巴勒斯坦地区发动了进攻。犹太国王西底家和这一地区其他臣服于新巴比伦的小国，纷纷转而支持埃及人，得知消息的尼布甲尼撒马上又率兵对耶路撒冷发动了第二次围攻。历时 18 个月，耶路撒冷又一次陷落。

由于痛恨犹太王国的背叛，尼布甲尼撒不但杀了西底家的几个儿子，还剜去他的眼睛，并下令将双目失明的西底家押回巴比伦去示众。也是在这一次，耶路撒冷全城被洗劫一空。不但建筑和民宅被毁掉，全城活着的居民也几乎全被掳到巴比伦，这就是历史上著名的"巴比伦之囚"。

在尼布甲尼撒统治时期，新巴比伦王国的政治相对稳定，经济生活繁荣。他下令重修巴比伦城，并修复和重建了许多宗教建筑。其中最著名工程有两个，一是巴别通天塔，另一个是"空中花园"。

公元前 567 年，尼布甲尼撒又一次发动对埃及的战争，并一度攻陷埃及首都，掠得大量财富。但是最后，巴比伦军队还是被埃及人击退。几年后，一生征战的尼布甲尼撒二世去世。尼布甲尼撒二世死后，新巴比伦王国的政局开始陷入动荡，国力大为下降。

米坦尼和乌拉尔图

在肥沃的"新月地区"北部，坐落着米坦尼人的王国，他们属于印度−伊朗族的胡里安人。在赫梯霸权结束之后的一段时期，乌拉尔图王国取代了米坦尼王国。

公元前 1500 年左右，古赫梯王国衰落之时，胡里安人建立了米坦尼王国，他们构成了王国人数不多的统治阶层。公元前 1450—前 1350 年间是王国的鼎盛期，其势力从地中海东岸横跨叙利亚，直至安纳托利亚东部、亚美尼亚以及美索不达米亚北部，这里的亚述是胡里安人的一个附庸国。公元前 3 世纪初出现了关于胡里安人的文献记载，它是用阿卡德文字书写的；以后 2000 多年间的胡里安铭文，除了使用胡里安语以外，还使用阿卡德语、苏美尔语、赫梯语、乌加里特语和希伯来语。

乌拉尔图萨都尔三世铭文，约公元前 700 年。

最初，埃及为了控制叙利亚而与胡里安人发生冲突；但是后来，第十八王朝的法老们为了与再度强大的赫梯人抗衡，与他们结成了联盟。此后，借助通婚，这一联盟得以维持数代之久。在亚述中王国武力摆脱米坦尼人统治之后，大约于公元前

1335 年，胡里安人最终被赫梯国王苏皮卢利乌马斯征服。赫梯帝国臻于鼎盛。

安纳托利亚东部地貌

公元前 1200 年，新赫梯王国遭受众多部落侵袭而衰亡以后，胡里安人的后代在安纳托利亚东部凡湖一带的乌拉尔图建立了多个王国。大约到公元前 860 年，这些王国合并成一个统一的国家。乌拉尔图的国王们将王国扩张至高加索山脉、安纳托利亚东部和伊朗西北部。其经济主要依靠矿石开采和加工，以及农业和商业。

公元前 8 世纪，为控制商道和矿藏，乌拉尔图与新亚述帝国展开了激烈争夺。亚述人与一支印欧游牧民族辛梅里安人结盟。并于公元前 714 年击败乌拉尔图。

继辛梅里安人之后，斯基泰人又于公元前 640 年侵入，乌拉尔图的历史随之告终。与此同时，亚美尼亚人从欧洲西南部进入乌拉尔图地区。后来，该地一直都是罗马帝国、帕提亚和萨珊波斯等大国的激烈争夺之地。

弗里吉亚和吕底亚

在赫梯帝国于公元前 1200 年左右覆亡后至公元前 8 世纪弗里吉亚人兴起前，安纳托利亚经历了一段时间的文化衰退。公元前 7 世纪，吕底亚人开疆拓土，建立

乌拉尔图用于祈祷的青铜板，描绘的是气候之神忒舍巴。

起强大的王国。

公元前 1100 年左右，弗里吉亚人在巴尔干地区兴起，并进入小亚细亚。到公元前 8 世纪，他们在安纳托利亚中心地区形成了一个强盛的弗里吉亚王国。它与西方的希腊和东方的乌拉尔图及亚述保持着文化和商业联系。它所在的地区拥有丰富的金矿，启发人们创造出米达斯国王与女神西布莉（Cybele）的神话传说。米达斯是传说中弗里吉亚的建立者哥迪斯的儿子。公元前 7 世纪初，被斯基泰人赶到西方的辛梅里安人烧毁了弗里吉亚首都哥迪姆，米达斯国王因此而自杀。

尔后吕底亚人控制了小亚细亚西部。他们击败了辛梅里安人，并且试图将王国向西扩张至安纳托利亚沿海（爱奥尼亚）的希腊殖民地，使其势力覆盖整个安纳托利亚高原。在东方，他们先是和米底人，尔后又和波斯人达成协议，使其边界确立于安纳托利亚中北部的哈律斯河。

吕底亚的末代国王是以富有著称的克洛伊索斯（Croesus），他征服了小亚细亚沿岸几乎所有的希腊城市。尔后他在获悉德尔斐神谕后向东扩张。神谕中曾预言，如果他跨过哈律斯河，一个伟大的帝国就将灭亡。因此，克洛伊索斯怀着必胜的信心，于公元前 546 年跨过哈律斯河向波斯进军，却被波斯国王居鲁士二世击败——

米达斯王碰到自己女儿，把她变成黄金，

19 世纪的彩色版画。

预言成真，不过灭亡的却是克洛伊索斯自己的王国。就在他即将被烧死在刑柱上时，波斯国王赦免了他，他后来可能还在波斯宫廷中担任过官职。弗里吉亚人和吕底亚人不仅存在于神话之中，其传统更保存在他们留给希腊、罗马的文化遗产之中，比如对狄奥尼索斯和"大地之母"西布莉的崇拜。铸币也是由他们引进欧洲的。

四、叙利亚和巴勒斯坦

公元前 3000—前 332 年

在埃及、小亚细亚、美索不达米亚和爱琴海地区的早期高级文明之间，叙利亚和巴勒斯坦作为军事要冲、商业枢纽以及文化融会之处，具有重要的战略地位。它们周围的几个强国为控制该地区进行了长久的争夺，使这里始终无法形成一个统一的国家。只有在海上民族的侵扰造成周边强国权力真空之后，大卫和所罗门的王国才得以产生，在短期内作为地方强国而存在。与此同时，腓尼基人建立起一个从安纳托利亚西部沿海直至大西洋之滨的商业帝国。

迦南人和阿摩利人

迦南人和阿摩利人发展出一种融会了整个古代东方代表性因素的高级文明，也体现出叙利亚和巴勒斯坦贯通中西的桥梁作用。

早期的巴勒斯坦居民被称为迦南人，而叙利亚的早期居民则被称作阿摩利人或者东迦南人。从语言上来说，这两个族群都属于闪米特人。他们从未实现政治统一，而是生活在由诸侯或祭祀王统治的城邦之中。

杰里科的迦南人城市遗迹可以上溯到公元前 9000 年左右，被认为是城市生活的最早证据。在许多个世纪里，埃及、赫梯帝国、亚述和巴比伦的统治者们互相争

比布洛斯城方尖碑神庙遗址

夺叙利亚和巴勒斯坦的控制权。

在叙利亚和巴勒斯坦的诸多城邦中，地中海沿岸的诸贸易中心具有特殊地位。刚开始时，比布洛斯是其中最繁忙的城市。从公元前 3000 年以来，该城就开始了与埃及的商业往来，它还是出口黎巴嫩雪松的最重要港口，同时也出口专为埃及市场生产的奢侈品。

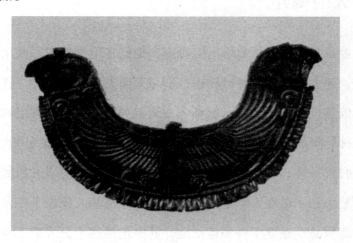

出自比布洛斯的一件埃及金制饰品，公元前 19 世纪

公元前 13 世纪中期，位于更北面的乌加里特取代了比布洛斯，成为最主要的港口城市。迈锡尼商人在城市中形成了他们的生活区，这成为该地与爱琴文明存在贸易关系的见证。通过与赫梯或埃及进行有选择的结盟，乌加里特的国王们得以维

持独立。公元前 1200 年左右，乌加里特被海上民族击垮并彻底摧毁。

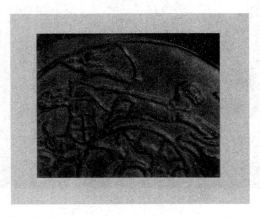

一块金板上描绘着乌加里特国王在狩

猎，公元前 14—前 13 世纪。

通过对乌加里特城（拉斯沙姆拉）早期遗址的考古发掘，人们发现了许多藏书室保存有至少用四种语言书写的古代手稿。

腓尼基人的城邦

腓尼基人被认为是古代最熟练的航海家。他们在整个地中海甚至更远的范围内进行商业贸易，建立殖民地，并且传播他们与迦南人和阿摩利人一脉相承的文化。

继海上民族造成的破坏之后，贸易中心从叙利亚向今天的黎巴嫩地区南移。由于这里出产一种珍贵的紫色染料，希腊人把这块地方称为"腓尼基"。就像迦南人和阿摩利人的时代一样，腓尼基也被分成诸多城邦，由一些国王和贸易家族统治。

随着迈锡尼人和米诺斯人竞争实力的下降，腓尼基人控制了远及伊比利亚半岛和北非的地中海贸易，建立了许多殖民地，其中包括建于公元前 814 年左右的迦太基。该城后来成为地中海西部最重要的海上力量。

腓尼基人的贸易网超出地中海范围。到达不列颠群岛和加那利群岛，而且，他们甚至有可能在公元前 600 年左右环航非洲。腓尼基人严守他们有关"赫拉克勒斯之柱"（直布罗陀海峡）以外的海洋知识，并且传播关于那些地方的恐怖故事，以

西顿风光，远处是黎巴嫩，19世纪的白垩版画。

便吓退他们的竞争者。

西顿和推罗是最重要的两个腓尼基人城邦，而且这两个城邦的统治者与以色列和犹大国王保持着密切联系。在公元前10世纪，推罗的希拉姆一世资助所罗门王建立一支舰队，前往红海进行贸易远征。伊托巴力一世统治时期，推罗日臻鼎盛，并于公元前9世纪征服了其对手西顿。

被莲花茎缠绕的国王，公元前8—前7世纪的象牙板。

与此同时，腓尼基人正逐渐受到来自内陆强国亚述和巴比伦日益增加的军事压迫，后者要求他们的城邦缴纳贡赋。由于推罗位于一座难以攻克的岛上，只有它抵

进行贸易的腓尼基商人，19 世纪的木版画。

挡住了敌人的军队，西顿则沦陷了。然而，尽管腓尼基遭受了巴比伦尼布甲尼撒二世长达 13 年的围攻，但它在公元前 573 年取得了胜利，从而得以保持独立。另一方面，波斯人承认了腓尼基人的自治，他们成为波斯进攻希腊的主力舰队。

亚历山大大帝是第一个攻取推罗的统帅。他在大陆和推罗所在的岛屿之间修筑了一条堤道。公元前 332 年亚历山大成功征服了推罗。后来，腓尼基人被亚历山大的继承者们和罗马人统治，但是他们仍然努力保持自己的文化和宗教特征不致丧失。

早期以色列人与大卫和所罗门的王国

公元前 13 世纪，以色列人迁入巴勒斯坦地区。定居地之间不断的冲突要求他们建立一个军事化的社会，这种社会范畴超出单个的部落，并发展成在公元前 1020 年左右民族统一的基础。

公元前 1200 年左右，许多位于巴勒斯坦的迦南人城邦被海上民族摧毁，之后，非利士人在沿海地区定居下来并建立起一个城邦联盟。与此同时，闪族的阿拉姆人迁入，随迁的有以色列人部落。和阿拉姆人具有血缘关系的以色列人曾居于埃及，在《圣经》关于摩西的故事中对此有所描述，这些以色列人共同信仰耶和华。耶和

以色列人征服迦南人的杰里科城

华独立于周围民族信仰的神灵之外，保持这种宗教崇拜的纯洁性，这些就确定了以色列社会的特征。

公元前 1020 年左右，以色列人将扫罗奉为国王，由他指挥对其他阿拉姆部落和非利士人的战争。但是，以色列人却没有授予扫罗任何对内的权力，比如征收赋税。

扫罗死后，来自犹大部落的优秀军事首领大卫于公元前 1004 年左右被选为国王。和扫罗不同，大卫依靠一支私人军队巩固了自己的统治，同时还用它为自己夺取钱财和土地，他废除了以色列各部落的自治权，建立起一个统一国家，并以耶路撒冷作为其首都和宗教中心。

大卫征服了周围阿拉姆人的领土，最终使他的王国疆域扩张至北起幼发拉底河，南至红海。大卫死后，其子所罗门继承了王位，他与腓尼基人、阿拉伯人和埃及人保持着密切的外交和贸易关系。在耶路撒冷，所罗门修建了一座宏伟的圣殿，作为崇拜耶和华的中心。

然而这时已有迹象表明，王国开始衰退。一些阿拉姆附庸国恢复了自己的独立，而税收压力、无偿的强制劳役以及所罗门王对外族文化的包容也引起了以色列人内部的不满。尽管如此，所罗门还是赢得了后代的怀念，这主要是因为他过人的

扫罗自杀，15 世纪的书籍插图。

所罗门与埃及法老女儿的婚礼，17 世纪的油画。

智慧。但最后由于所罗门的罪过（包括邪神崇拜和背弃神的旨意）导致在他的儿子执政时期王国发生了分裂。

犹大和以色列王国

所罗门的后继者对王位继承权的争夺，导致了王国分裂。此后，犹大和以色列的统治者们一方面面临着内讧，主要是宗教方面的强烈对立，另一方面则受到来自亚述和巴比伦日益增加的压力。

在公元前926年，所罗门去世之后，王国随即瓦解，他的儿子雷霍博姆想要继续执行所罗门的中央集权政策，得到犹大部落和便雅闵部落的支持，但北方的部落却选择所罗门的老对头耶罗博姆一世为国王。

亚哈和耶洗别策划谋杀拿伯，以窃取他
的葡萄园，15世纪的书籍插图。

北方王国由于朝代变迁而持续动荡。在国王亚哈和王后耶洗别（推罗的伊托巴力一世之女）的统治之下，社会的苦难加剧，再加之王后提倡的巴力崇拜，这激起宗教领袖和先知以利亚的反抗。耶户受到另一位先知以利沙的指示，于公元前845年左右篡夺了王位，并且杀死了耶洗别。

在仍然由大卫王朝统治的犹大王国，先知们同样在政治上居于显要地位，特别是以赛亚和耶利米。他们不仅批评宗教和社会状况，还指责国王的对外政策，这些政策很大程度上是受到亚述人主宰西亚的影响。公元前9世纪，亚述人开始干涉以色列的王位继承问题。在犹大，亚述人扶植自己的亲信成为国王，这些国王则以交纳贡赋作为回报。

以色列企图借助埃及重获独立，却在公元前722年被灭。亚述人占领了这块土地。尼布甲尼撒二世（Nebuchadres II）将亚述人和埃及人逐出巴勒斯坦之后，封泽德基亚为犹大国王。

公元前587年，泽德基亚反叛，尼布甲尼撒摧毁了耶路撒冷，吞并了犹大。大

耶路撒冷圣殿中的祭祀场面。

批犹太富人、工匠、祭司、王室成员和平良被掳往巴比伦，并囚禁于巴比伦城，沦为"巴比伦之囚"。直到后来，波斯王国居鲁士灭巴比伦后，被囚掳的犹太人才获准返回家园。

五、波斯帝国

约公元前 800 年—前 330 年

公元前 2 世纪晚期，属于印度-伊朗语系的米底人和波斯人开始定居于美索不达米亚边界上的伊朗西部高原。公元前 550 年，波斯人吞并米底，建立起古代东方最后一个伟大帝国，它的统治一直延续到公元前 330 年被亚历山大大帝征服为止。历史学家们通常将波斯的统治判为专制统治，这种评价有失偏颇，因为它忽视了这样一个事实，即波斯统治曾经保障了一个广阔的融为一体的文化和经济区域的安全与稳定。

居鲁士建国和波斯人争取独立的斗争

波斯人在公元前 2000 年代末、1000 年代初来到靠近波斯湾的地方，即在今天伊朗的法尔斯省定居下来后，依附于同时来到伊朗高原的同属于印欧语系的米底人的国家。据希罗多德说，波斯人共有 10 个部落，其中 6 个是农业部落，他们是：帕撒尔伽达伊人、玛拉普伊欧伊人、玛斯庇欧伊人、潘提亚莱欧伊人、戴鲁希埃欧伊人、盖尔玛尼欧伊人。还有 4 个是游牧部落，他们是达欧伊人、玛尔多伊人、多罗庇科伊人和撒伽尔提欧伊人。

波斯人自己的国家是在公元前 6 世纪中叶建立的，其建国者名叫居鲁士，属玛斯庇欧伊部落的阿黑门尼德氏族。但是，据希罗多德记载，居鲁士的外祖父却是米底国王阿司杜阿该斯。据他记载，一天，阿司杜阿该斯做了一个梦，给他解梦的玛哥斯僧说，这意味着他的女儿芒达妮的儿子要取代他当国王。阿司杜阿该斯很害怕，于是把女儿芒达妮嫁给了波斯人冈比西斯一世，他认为，这个冈比西斯一世性情温和但地位很低，还不如一个中等的米底人地位高。后来，阿司杜阿该斯又做了一个梦，他梦见从她女儿的子宫里生出了一串葡萄蔓来，这葡萄蔓遮住了整个亚细亚，于是他命令将怀了孕的芒达妮召回到米底，并命令将她监视起来。一旦她生下儿子，就把他杀了，因为据解梦的玛哥斯僧说，他的女儿的后裔将替代他做国王。后来，他的女儿生下一个儿子，取名叫居鲁士。阿司杜阿该斯将这个孩子交给他所信任的一个米底贵族哈尔帕哥斯，让他把这个孩子处死。这个哈尔帕哥斯却未亲自将刚生下的居鲁士杀死，而是交给了一个牧人去办这件事。但牧人也未处死居鲁士，而是把他养了起来。

到居鲁士10岁时，由于一个偶然的事情，阿司杜阿该斯发现了居鲁士。原来，有一次当居鲁士在同孩子们玩耍时被选为国王，一个米底贵族的儿子拒绝服从居鲁士，于是居鲁士惩罚了那个贵族孩子。这个孩子的父亲向阿司杜阿该斯抱怨说，一个奴隶的孩子打了自己的孩子。居鲁士被送到国王那里去，国王一看见居鲁士就怀疑他是自己的外孙。他就拷打养活了居鲁士的那个牧人，牧人只好把实情招了出来。国王没有惩罚那个牧人，而是惩罚了那个哈尔帕哥斯，并把居鲁士送回到波斯去了。

不过，这只是居鲁士出身的一种说法，是否真是如此，还不能肯定。据希罗多德的记载，关于居鲁士的出身，至少有四种说法，例如，据克特西乌斯的说法，居鲁士是马尔达游牧部落的一个下贱的人（名字叫阿德达拉特）的儿子，他的母亲（名字叫阿尔哥斯塔特）是放羊的。当他的母亲怀上他时，她做了一个梦，说她的儿子将获得亚洲最高的地位。后来，居鲁士在找寻食物时落入了阿司杜阿该斯的宫廷，成为一个仆人，被太监阿尔提母巴尔收为养子，并得到阿司杜阿该斯的疼爱，成为给国王端酒的人。居鲁士的地位越来越高，米底国王甚至派他率军去镇压卡尔都西亚部落的起义。但他不仅没有去镇压起义，反而自己也起来反叛米底人。学者们认为，在所有关于居鲁士的出身的说法中，大概他是冈比西斯一世的儿子和是阿司杜阿该斯的外孙这两点是可信的。

公元前558年，居鲁士以帕萨尔加迪为中心，在波斯称王。希罗多德在他的《历史》一书中说：

我这部历史的后面的任务，就是必须考察一下……这个居鲁士是何等样的人物，而波斯人又是怎样称霸于亚细亚的。在这里我所依据的是这样一些波斯人的叙述，这些人并不想渲染居鲁士的功业，而是老老实实地叙述事实……

公元前553年，波斯人在居鲁士的领导下开始进行反对米底人的斗争，以争取独立。波斯人反对米底的斗争，得到一部分米底贵族的支持。有学者认为，可能阿司杜阿该斯要加强王权，引起了部分贵族的反对，他们投向了居鲁士，那个哈尔帕哥斯就是其中之一。据希罗多德，他把那些不满于阿司杜阿该斯的贵族拉到了自己一边，还怂恿居鲁士起义，并保证支持他。居鲁士在得到了米底贵族的保证后便召集了波斯人的帕沙加底（帕撒尔伽达伊人）、马拉维（玛拉普伊欧伊人）和马什彼亚（玛斯庇欧伊人）等三个部落的人发动了反对米底人的斗争。米底国王阿司杜阿该斯任命那个被他惩罚过的哈尔帕哥斯为军队统帅，去镇压波斯人。可是这个哈尔帕哥斯却马上带着大部分自己率领的米底军队投向了波斯人。在这种情况下，阿司杜阿该斯不顾自己已经年老，领军亲自出马与波斯军队进行战斗，但遭到失败，军队被歼灭，他自己也被俘。

关于居鲁士同米底人的斗争，在巴比伦尼亚的铭文中得到了反映。据《巴比伦编年史》说，在新巴比伦王国末代国王那波尼德统治的第6年，

伊什吐麦格（即阿司杜阿该斯）召集了自己的军队去反对安桑之王库拉什（即居鲁士），以便夺取……伊什吐麦格的军队起义了并抓住了他。他们将他交给了库拉什。库拉什进攻米底首都阿加姆塔努（即爱克巴塔那）。他在阿加姆塔努夺取

了白银、黄金和其他财产……他占领了安桑。

在那波尼德的一个铭文中也说到波斯人与米底人之间的战争：

我恭敬地对众神之主马尔都克说到"乌曼·曼达人正在包围着你下令建立的神庙，他们的力量是强大的。"那时马尔都克对我说道："不论是你说的乌曼·曼达人，不论是他们的国家，还是站在他们一边的诸王，现在都没有了。"到第三年（即那波尼德在位第3年，公元前553年），众神使他的小奴隶安桑王库拉什（即居鲁士）崛起，他带领一支小军队击败了乌曼·曼达的大军。他活捉了乌曼·曼达王伊什图梅古（即阿司杜阿该斯），把他俘虏回国。

在《亚述巴比伦编年史》中记载说：

第6年（即那波尼德在位第6年），伊什图梅古调集其军队迎击侵占其国土的安桑王居拉什。但是，伊什图梅古的军队叛变了他，连他也成了俘虏。他们把他献给居拉什，居拉什攻下首都阿加母丹纳（即米底首都爱克巴塔那），他把在阿加母丹纳掠夺到的黄金、白银及其他财宝作为战利品运回了安桑国。

至于阿司杜阿该斯的结局如何，说法不一。希罗多德没有记载。据克特西乌斯说，他被俘虏后，居鲁士对他很宽厚，让他担任了东部伊朗一个地区的总督，但被人谋杀了；而据色诺芬的《居鲁士的教育》说，他是死在自己的寝床之上（不过，这种说法不太可能）。

在打败了米底后，居鲁士采用了米底国王的称号："伟大的王，王中之王，全国之王"。打败米底，极大地扩大了波斯的影响，使这个原来默默无闻的民族，一跃而成为近东世界的一个大国，成为当时可与埃及、新巴比伦王国、中国比肩的大国。但是，居鲁士并未就此止步，他还在继续向外扩张。吞并了原来在米底人统治下的许多地方。整个埃兰地区可能很快成了它的统治地区，以后大概又相继征服了帕提亚、基尔卡尼亚等地。但在打败米底后波斯人碰到的第一个真正的对手，是小亚细亚的吕底亚王国。

同吕底亚人的战争和征服小亚

吕底亚是小亚强国，它拥有丰富的黄金和白银矿，控制了小亚细亚与希腊世界的商业贸易，当时统治吕底亚的是国王克洛伊索斯，他征服了除米利都以外的几乎所有小亚的希腊城邦，并向它们征收赋税。所以它不仅在政治上强大，而且在经济上很富有，是一个很有实力的国家。

波斯与吕底亚发生战争的原因是什么？据希罗多德说，战争的原因有二：一是居鲁士俘虏了自己的外祖父阿司杜阿该斯，而阿司杜阿该斯与吕底亚的国王克洛伊索斯又是连襟，这成为吕底亚和居鲁士开战的理由之一；二是吕底亚国王克洛伊索斯想扩大领土，即他对东部小亚地区有野心。此外，我认为还有三个原因，一，波斯人对有着悠久历史和非常富庶的小亚细亚的侵略野心。二，克勒伊索斯感受到了波斯人的威胁，因而想阻止波斯人日益强大的势力。三，神托的影响。克勒伊索斯曾派人去神托所征询神的意见，该神托给了一个模棱两可的回答，说如果克勒伊索斯进攻波斯人，他就可以灭掉一个大帝国，并且忠告他与一个希腊人中最强的国家结盟。当时，有人劝克洛伊索斯不要去同波斯人打仗，他们说：

国王啊，您准备进攻的对象是这样一些人，他们穿着皮革制的裤子，他们其他的衣服也都是皮革制的，他们不是以他们喜欢吃的东西为食，而只是吃那些在他们贫瘠的土地上所能生产的东西。而且还不仅如此，他们平常不饮葡萄酒而只是饮水，他们既没有无花果也没有其他什么好东西。这样，如果您征服了他们，他们既然一无所有，您能从他们手里得到什么东西呢？再说，如果您被他们征服的话，我希望您想想看，您会失掉多少好东西。如果他们一旦尝到了我们的好东西，他们将紧紧抓住这些东西，我们休想再叫他们放手了。至于我，那我要感谢诸神，因为诸神没有叫波斯人想到要来进攻吕底亚人。

克洛伊索斯没有听从劝告，出兵占领了以前米底人统治的小亚的卡巴多细亚，这成了战争的导火线。

在同波斯人进行战争前，在公元前 549 年克洛伊索斯不仅与埃及的国王阿马西斯缔结了同盟，而且还派遣了使者前往斯巴达，希望缔结军事同盟，斯巴达同意了，虽然到那时为止，他们未必知道这个波斯的情况，因为那时波斯在希腊世界还是默默无闻的，而且离斯巴达很远。

在得知吕底亚人已经派人进入卡巴多细亚后，居鲁士一面派遣军队去到小亚，一面派遣奸细到卡巴多细亚去了解吕底亚的情况，还让这些奸细转告克勒伊索斯说，波斯国王将宽恕他先前的过失，并且，如果他自愿到居鲁士那里去，并承认自己是奴隶的话，他将任命他为吕底亚的总督。但克洛伊索斯回答说，先前曾是米底人奴隶的居鲁士和波斯人应当立即承认自己是吕底亚国王的奴隶。同时，波斯人还鼓动小亚的希腊人离开吕底亚而与波斯人结盟。但响应者寥寥无几，只有米利都响应了这个倡议，同波斯结了盟。

公元前 546 年，战争在哈里斯河附近开始，但在这里的战斗没有分出胜负。吕底亚的军队不知出于什么原因首先撤出战斗，并退回到首都萨尔迪斯。克洛伊索斯要求它的盟友进行支持，但响应者寥寥，斯巴达虽答应派兵帮助，但行动过于迟缓，当它的军队来到吕底亚附近的海上时，吕底亚早已投降。而其他盟友更是一个兵也没有派出来。正当克洛伊索斯在忙着请求别人支援时，居鲁士决定突然袭击，打吕底亚一个措手不及，把自己的军队推进到了萨尔迪斯城下，双方在萨尔迪斯郊区的平原上对峙起来，波斯军队用骆驼对抗吕底亚的骑兵，吕底亚的马从未见过骆驼，看见骆驼并闻到它的气味后就四散奔逃。吕底亚的骑兵只好下马进行步战，遭到失败后退入城中。居鲁士的军队包围了萨尔迪斯。包围只持续了 14 天，波斯军队的侦察兵发现该城有一部分地方因为很险峻而无人防守，于是便从这里爬上去而夺取了城市。时间是公元前 546 年。据希腊作家的记载，克勒伊索斯被俘虏并被居鲁士特赦。希罗多德说，居鲁士不仅特赦了他，而且把他留在身边，后来还成了他儿子冈比西斯的顾问。

吕底亚被征服后，其他小亚希腊各城邦面临如何处理与波斯的关系的问题。在同吕底亚进行战争前，居鲁士曾对那些希腊城邦说，希望它们离开克勒伊索斯而以它们臣服于吕底亚的那些条件同波斯人结盟，被它们拒绝。现在，这些希腊城邦不得不派人到在萨尔迪斯的居鲁士那里去，请求他以与克洛伊索斯相同的条件接受他们为自己的臣民。

对此，居鲁士讲了一个寓言作为回答。他说，有一次一个吹笛子的人在海边看到了鱼，于是他便对它们吹起笛子来，以为这样它们就会到岸上他的地方来。但是当他最后发现自己的希望落空的时候，他便撒下了一个网，而在合网之后打上了一大批鱼来。当他看到鱼在网里跳得很欢时，就说："我向你们吹笛子的时候，你们既然不出来跳，现在你们就最好不要再跳了。"那些希腊城邦在得到这样的回答后知道得不到居鲁士的优惠待遇，便各自着手加强自己的防御，准备战斗，并决定请求斯巴达的援助。斯巴达人回绝了他们的请求，但还是派了人去对居鲁士说，不要触动任何希腊的城邦，否则他们是绝不会袖手旁观的。但斯巴达并没有派遣军队来。因此，居鲁士也没有重视它，在任命了一个名叫塔巴罗斯的波斯人来管理这个地方，还任命了一个名叫帕克杜耶斯的吕底亚人来保管克洛伊索斯和吕底亚的黄金财富后，就率领自己的大军离开萨尔迪斯去爱克巴塔那了。

但居鲁士刚离开萨尔迪斯，被居鲁士任命来保管克洛伊索斯和吕底亚的黄金财富的那个帕克杜耶斯就鼓动吕底亚人起义，并用他所控制的黄金等财富招收雇佣军，来围困萨尔迪斯，攻击塔巴罗斯。

居鲁士威胁要把所有的萨尔迪斯居民变成奴隶。当时正在居鲁士身边的克洛伊索斯希望不要将萨尔迪斯的居民变成奴隶，而只要解除他们的武装，不许他们保存任何武器就行了。他说："不久你就会看到他们不再是男子而成了女子了。"居鲁士听从了克洛伊索斯的意见。他让一个米底人玛扎列斯去向吕底亚人发布这项命令，并要他把随同吕底亚人一道起义的其他人都变卖为奴隶。玛扎列斯捉住了帕克杜耶斯，并攻下了普里耶涅，把那里的居民卖为奴隶。但他很快死了。居鲁士又命令哈尔帕哥斯去接替他的职务。他把所有起义的希腊城邦都平定了。一些非希腊居民，如吕西亚人和卡弗尼亚人对波斯军队进行了顽强的抵抗，战斗十分惨烈。吕西亚人把他们的妻子、孩子、奴隶和财产都集中到内城，并用火烧死，男人们则在战斗中牺牲。卡弗尼亚人也是如此顽强地进行了抵抗。但这并没有阻挡住波斯人的进攻，这些抵抗都失败了。整个小亚成了波斯的属地，哈尔帕哥斯成了那里的第一任总督，居民被课以很重的赋税并要完成军事义务。

小亚的征服，给波斯带来多方面的利益：扩大了统治地区；通过征税和占有土地而增加了收入；扩大了自己的影响，尤其是对希腊的影响；原来只有陆军的波斯，现在可以利用小亚各希腊城邦的海军了，这大大增强了波斯人的军事实力。

与新巴比伦王国的战争，征服巴比伦尼亚、叙利亚和巴勒斯坦

公元前 546 年，波斯人在灭亡了小亚的强国吕底亚王国和小亚的希腊人城邦，并相继占领了伊朗高原上原属米底王国的各民族后，一下子从一个名不见经传的民族，变成了近东地区最强大的国家之一。据希罗多德说，在哈尔帕哥斯镇压小亚各地的起义时，"居鲁士本人在亚细亚上方把一切民族也都一个不留地给征服了"。公元前 3 世纪的一个巴比伦人别罗斯所写的《巴比伦史》说，居鲁士"在征服了其余的亚洲之后，用大批军队侵入巴比伦尼亚"。那么，在征服小亚之后和征服巴比伦尼亚之前，即公元前 546—前 539 年之间居鲁士征服了什么地方，征服了哪些民族呢？不是很清楚。人们认为，可能有巴克特里亚、沙克、马尔吉安那、花剌子模、其他中亚地区，以及伊朗最东边的坎大哈、萨塔吉地亚等地。至于征服这些民族的具体时间则不清楚。

当此之时，与波斯人这个强国为邻的两河流域地区感受到了严重的威胁，因为他们有可能成为波斯人下一个征服的对象。而波斯人也确实想把它作为自己征服的下一个目标。为什么？原因很简单。

第一，两河流域太富庶了，希罗多德说："我可以举出许多事实来证明巴比伦人的富强，在这许多证据当中，下面一点是特别值得一提的。在大王（按：指大流士）所统治的全部领土，除了缴纳固定的贡物之外，还被分划成若干地区以便在每年的不同时期供应大王和他的军队以粮食。但是在一年的 12 个月当中，巴比伦地方供应 4 个月，亚细亚的所有其他地方供应另外 8 个月。从这一点就可以看出，就富足这一点而论，亚述是相当全亚细亚的三分之一的。在所有波斯太守的政府，即波斯人自称的萨特拉佩阿中间，这地方的政府比其他地方的政府要大得多。"这令相对贫穷的波斯人垂涎欲滴。

第二，两河流域北部的亚述地区原是米底王国统治的地区，在米底被征服后，波斯人当然想把亚述也一块儿吃掉。

第三，南部两河流域那时是由新巴比伦王国统治着的，而新巴比伦王国原是米底人的盟友，新巴比伦王国的国王尼布甲尼撒二世是米底王国的公主阿米蒂斯的丈夫，双方的关系非同一般，虽然它们的关系也有过危机，但总的来说还是不错的。因此，当波斯人在灭亡米底王国时，新巴比伦王国不可能没有任何表示，不可能不去支援米底人，这当然会得罪波斯人。而一旦波斯人认为条件成熟时，也必定会把矛头对准新巴比伦王国。

第四，轻易地征服了如此多富庶地区的波斯人的贪婪之心是没有止境的，更何况，在征服了这么多的地方后，波斯人的实力已经大大地增强了。因而，在占领了整个伊朗高原和小亚以后，波斯人大概觉得自己的力量足够了。于是，在公元前 539 年，居鲁士发动了对新巴比伦王国的征服战争。

那时，两河流域的情况如何？当时，统治南部两河流域的是新巴比伦王国，它是在公元前 626 年从亚述人的统治下独立出来，并与米底王国一起灭亡了亚述帝国，而后又与米底人瓜分了亚述帝国。当居鲁士要征服新巴比伦王国时，新巴比伦王国统治着广大的地区，包括整个巴比伦尼亚、叙利亚、巴勒斯坦、部分阿拉伯半岛和东部小亚的西里西亚，是当时世界上的一个强国，特别是在尼布甲尼撒二世统治时期（公元前604—前562年）。但在经历了尼布甲尼撒二世强有力的统治之后，新巴比伦王国却在6年里经历了一个混乱的时期，在这短短的6年里更换了三个国王，直到公元前556年那波尼德取得政权（时年65岁），才使新巴比伦王国的政局稳定了下来。

虽然如此，新巴比伦王国内部的阶级矛盾和民族矛盾都十分复杂而尖锐。这包括被它征服的民族（如犹太人等）对其民族压迫的不满；农民、手工业者和奴隶等被压迫阶级对统治阶级的不满；祭司同王权也有尖锐的矛盾，因为那波尼德不再把当地原来崇拜的主神马尔都克神当做主神来崇拜，而是改信一个新的神——月神，而且这个月神还不是两河流域原来的月神，而是阿拉美亚人的月神，这就不仅使当地的群众不习惯，也使当地的祭司不满意；商人同当权者的矛盾，因为波斯人巩固了在伊朗高原的统治并占领了小亚，从而切断了南部两河流域同东方和西方的商业联系的通道，商人认为这是当局无能的表现，不能保护他们的利益；建立新巴比伦王国的迦勒底人和新来的阿拉美亚人（那波尼德即是阿拉美亚人）之间的矛盾等。

新国王那波尼德在上台以后又长期不在巴比伦主持政事，而是让自己的儿子贝尔-沙尔-乌初尔（《圣经》里称他为伯沙撒王）代自己主持政事，他自己却率领军队到了阿拉伯半岛北部的提姆绿洲，并在那里一待就是十年。他的目的是为两河流域的商人们寻找新的商路，因为那时幼发拉底河和底格里斯河流入波斯湾的入口由于泥沙淤积，航路已经不再通畅，需要开辟新的商路。这本是一件好事，但人们并不理解。新巴比伦王国同埃及长期争霸于叙利亚和巴勒斯坦，这不仅削弱了彼此的力量，更吸引了新巴比伦王国自己的注意力，放松了对于波斯人的注意。虽然新巴比伦王国同埃及的角逐在公元前543年已经结束，但在它们都面临波斯人入侵的威胁时，却未结成强有力的反对波斯人的同盟。因此，那时的新巴比伦王国内部矛盾重重，外部又极端孤立。在新兴而强大的波斯人面前，曾经强大一时的新巴比伦王国显得软弱无力，不堪一击。

新巴比伦王国在巴比伦城以北约60公里的地方曾筑有一道城墙，长约150公里。它保护着两河流域的一些重要城市（如西帕尔、波尔西帕、巴比伦等），最早这个城墙是用以防御米底人的进攻的，现在则用以防御波斯人的进攻。巴比伦城也有两道城墙，一条护城河。但这一切却都不攻自破，未起任何作用。那波尼德受到来自各方面的埋怨和攻击。在一篇抨击他的政论性文章中说：

他推倒了公道，他用武器杀死了（强者和）弱者……使商人们失去了（商）道……毁灭了国家，使国内听不见歌声……没有高兴的事……剥夺了他们的（按：指巴比伦尼亚居民的）财产……把他们投入监狱……恶魔控制了他们，（只有）凶恶的恶魔站在（他的）一边……他没有任何神圣……国内任何人也没有看见他……他建立了辛（神的）雕像……他把部分军队托付给自己的长子，亲自带军队到（很多）国家去。他把王国托付于他，而自己则前往远方。

在居鲁士的一个圆柱形铭文中也说：

那波尼德弄走了古已有之的众神的雕像……他仇视地取消了每天给神的（牺牲），他把对众神之王马尔都克的崇拜置诸脑后。他作恶于自己的城市（按：指巴比伦）……他残暴地进行统治，诸神离开了自己的住所……由于人们的抱怨，触怒众神的主宰（按：即马尔都克）。

波斯人对新巴比伦王国的进攻，开始于公元前539年春天。当时，波斯军队沿狄亚尔河向前推进，可能是由于河水的阻拦，居鲁士的军队一直到是年的10月份才进入巴比伦。在占领巴比伦之前，在奥彼斯地方曾发生过一次战斗。指挥驻守奥彼斯的新巴比伦王国军队的就是那波尼德之子贝尔-沙尔-乌初尔。当居鲁士的军队接近奥彼斯时，城里发生了起义，但起义很快被镇压。波斯人攻破奥彼斯之后，绕过尼布甲尼撒二世时修建的长城，向南直扑西帕尔城。那波尼德当时就驻守在此，但那波尼德没有怎么抵抗就逃跑了。10月10日，西帕尔未经战斗就被占领。16日，古提乌姆的总督乌格巴尔和居鲁士的军队进入了巴比伦城。公元前539年10月29日，居鲁士本人也进入了巴比伦城。

据《巴比伦年代记》说：

在塔什利吐月，当库拉什（按：即居鲁士）同阿卡德的军队在底格里斯河畔的奥彼斯进行会战时，阿卡德人退却了。他对人们进行了屠杀，并运走了战利品。14日，西帕尔未经战斗便被占领，那波尼德逃跑了。16日，乌格巴尔，古提乌姆的总督和库拉什的军队便进入了巴比伦。然后当那波尼德撤退时，他在巴比伦被俘。在月底以前，持盾的古提人包围了艾沙基尔大门，（但）未破坏艾沙基尔的仪式和其他神庙中的仪式，为仪式规定的日期也未耽误。在阿拉赫萨姆努月第3日，库拉什进入巴比伦，并且他前面的道路被绿色的树枝撒满。在城市建立了和平。库拉什对整个巴比伦说了祝福的话。他的总督乌格巴尔被任命为巴比伦尼亚的地区长官。从基什里姆月起至阿达努月止，那波尼德命令运往巴比伦的阿卡德国家众神回到了自己原来的地方。在阿拉赫萨姆努月第11日的晚上，乌格巴尔死了。在阿拉赫萨姆努月……国王之妻（即居鲁士的妻子）也死了。从阿达努月第7日起至尼桑努月第3日止，在阿卡德服丧，而所有的人都剃光了头。

在占领巴比伦城的时候，有没有发生过战斗？有文献说明，在居鲁士夺取巴比伦城时未经战斗。《巴比伦年代记》说：

16日，古提乌姆的总督乌格巴尔和库拉什的军队未经战斗便进入了巴比伦。然后，当那波尼德撤退时，他在巴比伦被俘。在月底以前，持盾的古提人包围了沙萨基尔大门，（但）未破坏艾沙基尔的（仪式）和（其他）神庙的仪式，为（仪式）规定的日期也未被耽误。在阿拉赫萨姆努月第3日，库拉什进入巴比伦……在城市建立了和平。库拉什对整个巴比伦说了祝福的话。

在居鲁士的一个圆柱上的铭文中也说：

马尔都克，伟大的统治者，自己人民的保卫者，对库拉什的善事感到满意，嘱咐他进攻自己的城市……他作为朋友同他一起前进，使他未经战斗即进入自己的城市巴比伦，而不使城市遭到任何损害。

但在《巴比伦史》中却说经过战斗：

在那波尼德统治的第17年（即公元前539年），波斯的居鲁士，在征服了其余的亚洲之后，用大批军队侵入巴比伦尼亚。那波尼德率领大批军队同他相遇，并进行了战斗，但在战斗中遭到失败后，便带着为数不多的（亲随）逃跑，并幽居在波尔西帕。居鲁士夺权巴比伦后，命令摧毁城市的外墙，而后便前往波尔西帕，以便包围那波尼德。城市未经受住包围而投降了。

希罗多德说，当居鲁士率军夺取巴比伦城时，

巴比伦人在城外列阵，等候着他（指居鲁士及其军队）的到来。到他来到离城不远的地方，双方打了一仗。在这一仗中，巴比伦人被波斯国王战败而退守到城里去了。

巴比伦人储备了大量的粮食准备长期坚持，但波斯人摧毁了一座堤坝后，将幼发拉底河的水引入了流入巴比伦的那个地方，而后沿干涸的河床突然进入城市。当时巴比伦城里的居民正沉溺于一个节日的快乐之中。

巴比伦城破后，那波尼德被俘，据别洛斯的《巴比伦史》的资料，居鲁士让他担任了伊朗高原东部的卡尔曼尼亚地区的总督；但据色诺芬，则他可能被处死。他的儿子贝尔-沙尔-乌初尔被处死。巴比伦城沦陷后不久，整个巴比伦尼亚都落入了波斯人之手，新巴比伦王国的其他地方（包括叙利亚、巴勒斯坦等）也落入了波斯人之手。

与马萨格特人的战争和居鲁士之死

在征服两河流域后，居鲁士的对外征服战争有两个方向可供选择：一个是埃及；另一个是东北方向上的马萨格特人。

在征服了新巴比伦王国之后，波斯人与埃及已经面对面了，因为新巴比伦王国包括了叙利亚和巴勒斯坦，而巴勒斯坦是与埃及接壤的。但当时居鲁士大概觉得，要同埃及进行战争有一定的难度，一方面，毕竟埃及是一个古老的文明国家，有很强的实力，波斯人对埃及并没有什么了解，对它作战有一定的难度；另一方面，要和埃及作战，需要有一个稳定的后方，而当时在波斯的后方，在伊朗的东北方向有

一个名叫马萨格特的游牧部落，对波斯人构成了重大的威胁，他们时常入侵伊朗高原，给当地居民带来很大的损失，波斯人虽然为防范马萨格特人而做了不少努力，如在与马萨格特人接壤的地区建立要塞等，但都不足以阻挡马萨格特人的入侵。所以，在远征埃及之前，居鲁士决定先征服马萨格特人。马萨格特人是一个游牧部落，他们生活在里海以北的平原地区，十分骁勇善战。

同马萨格特人的战争开始于公元前530年。当时，马萨格特人的领袖是一个女王，名叫托米丽司。据希罗多德说，她是在她的丈夫死后即位为王的。居鲁士派人到她那里去，假装说居鲁士要向她求婚。但托米丽司知道居鲁士并非要娶她，而是要她的王国，因此便不许居鲁士派去的人到她那里去。居鲁士见自己的阴谋未能得逞，便将军队开抵阿拉克赛斯河，并要渡河进攻马萨格特人。托米丽司给居鲁士两条路，一是她的军队退后三天的路程，让波斯军队渡河，来进攻马萨格特人；二是波斯军队后退三天的路程，马萨格特人的军队去进攻波斯军队。居鲁士和他的谋士们都建议波斯军队后撤，在自己的土地上同托米丽司的军队作战。但吕底亚的国王克洛伊索斯却建议居鲁士的军队渡过河去，让托米丽司的军队后退三天的路程，使波斯的军队在敌人的土地上作战。居鲁士采纳了他的意见，要托米丽司的军队后撤三天的路程。

于是，居鲁士的军队开过了河，去进攻马萨格特人。在第一次进攻时他取得了胜利，抓住了托米丽司的儿子斯帕尔加披赛斯，并杀死了他。托米丽司得知这个消息后，十分悲痛，发誓要让居鲁士偿还这笔血债。当波斯军队继续深入马萨格特人的腹地时，遭到激烈抵抗，结果是马萨格特人取得了胜利，居鲁士也被杀。托米丽司找到了居鲁士的尸体，割下了他的头，将他的头浸泡在一个盛满了血的革囊里，她说："我现在还活着，而且在战斗中打败了您，可是由于您用奸计把我的儿子俘虏了去，则战败的毋宁是我了。然而我仍然想实现我威吓过您的话，把您的头用血泡起来，让您饮个痛快吧！"

但据希罗多德说，关于居鲁士的死有很多说法，他的这个说法只是其中之一，不过，当然他认为是最可信的一种说法。（关于居鲁士之死的其他说法：别洛斯说他是死于中亚的斯基泰部落的达伊亚人之手，即死于同达伊亚人的战争中；克特西乌斯说他是死于同达尔比克人的战争中，当时达尔比克人利用了印度人，这些印度人利用了战象，一个印度人用矛刺伤了居鲁士的肩，居鲁士不治而在第三天便死了；色诺芬在其《居鲁士的教育》中说他是在自己的首都自然死亡的；还有一种说法是，居鲁士是在同达赫人的战斗中被杀的；扎林库伯认为居鲁士的死和波斯史诗《列王记》中记载的霍斯鲁的故事相似，是自然而死。）

有学者认为，同马萨格特人的战斗发生在公元前530年的8月初，到8月末时居鲁士死亡的消息已到达巴比伦尼亚。据西塞罗说，居鲁士死时有70岁。他的墓在帕萨尔加迪，墓高2.1米，宽2.1米，长3.17米。墓是建在一座高台上，这座高台有几层台阶，因此该墓总高有11米。据阿里安的《亚历山大远征记》说，亚历山大曾两度拜访过这座墓，而在他第二次访问时，该墓已遭劫掠。居鲁士属阿黑门尼德氏族，故他所建立的波斯帝国又称为阿黑门尼德帝国。

居鲁士的陵墓

冈比西斯继承王位

公元前530年，居鲁士在同马萨格特人的战斗中战死后，他的儿子冈比西斯继承了王位。冈比西斯是居鲁士和波斯贵族帕尔那佩斯的女儿卡桑达涅所生的儿子。他们有两个儿子（除冈比西斯以外，还有一个是巴尔迪亚）和几个女儿。卡桑达涅在居鲁士死以前就已死了。对于她的死，居鲁士甚为悲痛，所以，他曾下令在他统治下的一切人都为她服丧。

在居鲁士远征马萨格特人时，冈比西斯本来也在军中，但在战斗开始前，居鲁士却让他和克洛伊索斯一起回去了（可能是作为王储），并严厉命令他要尊敬和厚待克洛伊索斯。在冈比西斯做国王前，在波斯人征服巴比伦尼亚后，他曾当过巴比伦地区的王（在乌格巴尔死了以后），但为时不长。在出席公元前538年的巴比伦人的新年庆典时，他由于穿着不当而被巴比伦人挡在门外，只有在他对自己的装束做了某些改变后，才被允许进入。

《巴比伦年代记》说：

尼萨努月第四日，冈比西斯，库拉什之子，来到神庙……祭司把纳布神的权杖给了他，但当他来到时，由于他身着埃兰服装（或许应当是波斯人的服装，只是当时巴比伦尼亚人和许多其他国家的人都把波斯人和埃兰人混为一谈），所以祭司没有让他护送纳布神的雕像，只是当从他身上取下矛和箭筒之后，国王之子才得以护送。当纳布神同节日游行队伍回到艾萨基尔神庙后，冈比西斯向白尔神和白尔之子奉献了牺牲。

他担任巴比伦国王时期有若干铭文保留了下来。

对埃及的征服

冈比西斯当国王后的头几年做了什么？现在没有资料说明。我们知道，他在公元前525年开始远征埃及。

公元前6世纪，当波斯兴起于伊朗高原西南部时，它还是一个不为人知的国家。它与埃及之间也相距很远，中间隔着两河流域、叙利亚和巴勒斯坦，以及整个阿拉伯半岛。但经过居鲁士二十多年的征战，波斯人占领了整个西亚以及中亚的广大地区。这样一来，在埃及与波斯人之间就没有缓冲的地带了，埃及就与波斯人直接相对了。

在波斯人征服的地区中，叙利亚和巴勒斯坦一直被埃及人认为是自己的势力范围；而吕底亚和新巴比伦王国在某种程度上又是埃及的盟友。这些地区都被波斯人占领，这不仅使埃及陷于完全的孤立状态，而且也使埃及人感受到了强大的，几乎包括了整个世界的波斯人的威胁。

冈比西斯为什么要去征服埃及？虽然希罗多德也说了一个原因："事情的起因是这样的。冈比西斯派了一名使者到埃及去，要求阿玛西斯（当时埃及的国王）的女儿。"但阿玛西斯却把他之前的一个国王（他的名字是阿普里埃司）的女儿（她的名字是尼太提司）送给了他，而尼太提司将情况说明之后，冈比西斯十分生气，于是就率领波斯军队去远征埃及了。此外还有其他一些说法，但这大概只是传说，在埃及文献和波斯的文献中均找不到根据。可能有这样一个原因，那就是，冈比西斯年轻气盛，希望在居鲁士的成就之外，自己也能有所成就。而征服埃及当时应当是顺理成章的事，因为，居鲁士的征服已经使波斯人到了埃及的大门口。

波斯人为什么对埃及感兴趣，当然是另有原因的。一方面，埃及是个有着悠久历史的、富饶的国家，这使波斯人垂涎三尺；另一方面，埃及又是一个正在走下坡路的国家，波斯人觉得它是完全有可能被征服的。当时的埃及，在政治上，由于长期的君主专制统治，使统治阶级腐朽不堪，也严重束缚了人民群众的政治积极性；在军事上，由于统治阶级的残酷剥削和压迫，阶级分化十分严重，这甚至造成了兵员的不足，所以不得不依靠雇佣军。埃及早已不是一个军事强国，这就使它成为像波斯这样正处在上升时期的、已征服了广大地区的国家的征服目标。虽然埃及这个古老的文明国家，在公元前4000—前2000年代，无论是在政治、经济、军事或文化等方面在世界上都是走在前列的，到公元前1000年代以后，它在经济上似乎还很繁荣，据希罗多德说，那时的埃及有两万个城镇。但在那时，埃及在政治上和军事上，已经没有了公元前2000年代后期新王国时期的那种霸气。

《乌奴阿蒙游记》反映了这种情况。里面说到埃及派乌奴阿蒙去腓尼基购买木材，但他到了那里以后，不仅没有受到过去那种热情接待，还受到各种凌辱。而且，在公元前 1000 年代前期，埃及还遭到利比亚人、埃塞俄比亚人、亚述人的入侵，还曾败在新巴比伦王国手下，说明它那时实际上已变成了一个二等国家。

同时，在埃及国内，矛盾也很多，由于商品货币关系的发展，阶级分化十分激烈。第二十四王朝法老波克荷利斯（Bocchoris）曾以废除债务奴隶制等手段，企图缓和矛盾，但无济于事。在居鲁士死时，统治埃及的是第二十六王朝的阿玛西斯，他从公元前 570 年一直统治到公元前 526 年。阿马西斯认识到，同波斯的战争不可避免。因此，在外部，他力图使埃及摆脱孤立状态。但在冈比西斯发动对埃及的远征时，埃及已没有盟友。由于埃及人缺乏远见，原来和它结盟的新巴比伦王国已经被波斯征服，原来是埃及的朋友的吕底亚僭主波吕克拉特，这时候已经投靠了波斯，他向冈比西斯提供了一支由四十艘舰只组成的舰队以进攻埃及。波斯人还得到阿拉伯人的支持。只有一个北非的希腊人殖民地昔勒尼还保持了同埃及的友好联系。

在公元前 526 年，阿玛西斯死了，他的继承人是普萨美提克三世，他大约只统治了几个月便遇到了波斯人的入侵。

波斯人的资料没有说到远征埃及的军队数量有多少，也没有说有哪些民族的人参加了远征。但可以肯定的是，参加远征的不仅有波斯人，而且有许多被波斯人征服的民族和国家，例如希罗多德的书中说，其中有小亚的希腊人（伊奥尼亚人和爱奥里斯人）；希罗多德的故乡哈利卡尔那索斯人；吕底亚原来的国王克洛伊索斯作为冈比西斯的顾问也在远征军中；据巴比伦尼亚的资料，也有巴比伦人参加了远征军，据 Camb, 334，一个参加远征军的巴比伦弓箭手从埃及带回来一个埃及人及其女儿；腓尼基的海军帮助波斯人运送了远征军，据希罗多德，他们是自愿前来投靠波斯人的；阿拉伯人也对波斯人提供了帮助。

据希罗多德说，一个在埃及充当雇佣兵的卡尔那索斯人帕涅司因对当时的埃及国王阿玛西斯不满，因而投靠了波斯人，向冈比西斯建议派人到阿拉伯的国王那里去，向他请教安全行军的方法。冈比西斯听从了他的建议，找到了阿拉伯人，阿拉伯人同意帮助波斯人，双方缔结了同盟，在波斯人到埃及去的道路上的沙漠地带，阿拉伯人带着盛有水的皮囊，赶着骆驼，引导波斯人穿过了沙漠地带。由于这件事，后来，在波斯帝国里，阿拉伯人享有同盟者的地位，而不是被征服者的臣民地位。

冈比西斯对埃及的征服总的说是比较顺利的。在埃及的希腊雇佣军司令帕涅斯也投降了。波斯人远征埃及的第一仗是公元前 525 年春在埃及的东部边境城市别努西亚进行的，战斗进行得非常激烈。当时，埃及的军队主要是希腊雇佣军，虽然他们的司令官帕涅斯已经投降，但这些雇佣军士兵的战斗却异常顽强，双方死亡枕藉，几十年后，希罗多德到那里访问时，还看到遍地尸骨：

在曾经进行了这场战斗的战场这里，我看到了当地人指给我的十分奇妙的现象。双方在这场战斗当中的战死者，他们的遗骨是分别地散在那里的（原来波斯人的遗骨在一个地方，而埃及人的遗骨则在另一个地方，因为两军在起初便是分开的）。

别努西亚战斗以埃及人的失败而告终。以后，波斯人对埃及的远征就比较顺利了：在别努西亚失败的埃及军队逃到了孟菲斯，埃及军队的司令官乌扎哥勒森特叛变投敌并交出了三角洲地区的重要城市舍易斯和他所率领的海军舰队，他们还向波斯人提供了他们掌握的各种情报，如埃及人的准备情况，埃及人的工事情况，以及应当如何绕过这些工事等。得到这些投敌者和他们提供的情报的冈比西斯所率领的远征军，沿水陆两路长驱直入，追至孟菲斯城下。冈比西斯派人去劝降孟菲斯的守城者，但使者被杀。

波斯军在攻下城池后，有两千埃及人被杀，以报复波斯使者之被杀。不久，埃及全境都落入波斯人之手。埃及以西的一些利比亚部落和昔勒尼、巴卡尔城（这是两个希腊人的城市）自愿臣服于波斯，其标志是它们给波斯人送去了象征自己臣服的礼物。波斯军队大概对埃及进行了大肆掠夺，在波斯的王宫中发现了大量有尼科、阿玛西斯和普萨美提克等法老名字的物品。埃及被征服了，波斯成为一个地跨西亚和北非的帝国。

公元前525年8月，冈比西斯被正式宣布为埃及之王。冈比西斯不承认原先的埃及法老普萨美提克统治的合法性，而把自己看作是阿玛西斯的直接继承者，并将普萨美提克统治的6个月算在了自己的统治时期里，甚至有的埃及文件把冈比西斯在埃及的统治提早到公元前530年，说他在埃及统治了8年（公元前530—前522年）。冈比西斯在埃及建立了第二十七王朝，他按照埃及本地的习惯加冕，利用埃及注明日期的体系，采用"埃及之王，各外国之王"的称号和"拉神、荷鲁斯神、奥西里斯神的后裔"的称号，亲自参加舍易斯地方涅特神神庙的宗教庆典仪式，向女神屈膝跪拜，并向女神赠送了礼物。

在希罗多德书中提到的关于居鲁士和冈比西斯与埃及王族有婚姻关系的说法可能就是在这种情况下出笼的（不过，这种说法，连希罗多德也不相信）。他对一些投靠自己的原来埃及的高级官员，也加以利用，如乌扎哥勒森特，不仅在冈比西斯时代，而且在以后的大流士时代，都担任了高级职务，成为波斯人统治埃及的顾问，成为波斯人的"恩人"。他在自己的一个铭文中说：

尊敬而伟大的涅特神的……国王的司库……书吏……宫廷管理人、国王的海军舰队指挥官……乌扎哥勒森特说："整个高原的伟大统治者冈比西斯来到埃及，而且整个高原的外国人同他在一起。他开始统治这整个国家，并且他们迁居到那里，是埃及伟大的统治者，也是整个高原的伟大统治者。陛下赋予我大夫之职，他命令我作为朋友在他左右，管理宫廷，以便我为他起草他的封号，我向陛下证明舍易斯的伟大……在上下埃及之王冈比西斯出席时我请求所有迁居到涅特神庙的外国人从那里出来，以便使涅特神庙在它的所有方面都是壮丽的，像它自古以来的一样。陛下命令赶走所有外国人……破坏他们的家，他们在这个神庙中的一切不洁物……陛下命令，为了清除涅特神庙，所有他的人都被召回它里面去……陛下命令给伟大的涅特神带来牺牲……并给在舍易斯的众神，像自古以来的那样……上下埃及之王冈比西斯来到舍易斯，他像所有国王所做的那样……陛下也向女神磕头，而且他为伟大的涅特和在舍易斯的众神带来了大量的好的牺牲，如同所有卓越的国王所做的那样。陛下在涅特神庙中做了一切有益的事情……依照陛下对我的命令，我为伟大的涅特女神建立了牺牲。"

但波斯人在进一步去征服利比亚和埃塞俄比亚时，却由于准备不足而遭到惨重的失败。关于对埃塞俄比亚的征讨，希罗多德说，冈比西斯曾先派间谍去了解情况，并送去礼物，但埃塞俄比亚的国王看出了波斯人的阴谋，因而对这个使者说：

波斯国王派你们携带礼物前来，并不是由于他很重视他和我之间的友谊，你们所讲的话也不是你们的真心话（因为你们此来是为了侦察我的国土），你们的国王也不是一个正直的人；如果他是个正直的人，那么除了他自己的国土之外，他就不应当贪求任何其他的土地，而现在也不应当再奴役那些丝毫没有招惹他的人们。

间谍把这些话传达给冈比西斯后，冈比西斯大怒，决定立刻对埃塞俄比亚人进行征讨，

他既不下令准备任何粮食，又没有考虑到他正在率领着自己的军队向大地的边缘进发……

因此，这次征讨遭到失败。

关于对利比亚远征的失败，据希罗多德说是由于沙漠风暴，当波斯人的军队在向导带领下来到欧阿西司城（按：据说欧阿西司本来只是指一块长着植物的地方，但希罗多德错误地把它当成了一个地名）的时候，起了一阵狂暴的、极其强大的南风，随风带过来的沙子把波斯人的军队给埋了，因此，远征也就失败了。

除了远征失败以外，据希罗多德所说，冈比西斯在埃及犯下了多种罪行。但现代的研究者认为，古典作家对冈比西斯的指控，实际上是不存在的。如，说冈比西斯杀死了埃及的圣牛阿匹斯，但现在已经查明，在阿玛西斯第二十七年出生的阿匹斯圣牛，死于冈比西斯统治的第6年，是自然死亡的，而且在该牛死后，冈比西斯

曾捐赠了一口漂亮的棺材。因此，对冈比西斯的这项指控，大概是在冈比西斯死后杜撰出来的。还有一些对冈比西斯不利的说法则可能是不满冈比西斯的波斯贵族们，如大流士之流，捏造出来为推翻冈比西斯的统治制造舆论的。

当冈比西斯远征埃塞俄比亚和利比亚失败的消息传到埃及后，埃及人发动了反对波斯人的起义，这里面当然有埃及原来的统治阶级中的人在挑动，如原来埃及的国王普萨美提克也参与了此事，希罗多德说，他"策划了不正当的行动，并得到了自己的报应，原来他在埃及人中煽动暴动的时候被捉住了，而当这件事传到冈比西斯那里去的时候，普萨美尼托斯（按：即普萨美提克）便喝了牛血而立刻死掉了"。希罗多德说，假如他不参与起义的话，按照波斯人的政策，是有可能让他继续统治埃及的。起义很快就被镇压下去了。

波斯人对埃及的统治

初时，冈比西斯也像居鲁士一样，以波斯和埃及联合的形式对埃及进行统治。他按埃及的习惯加冕，称自己为"埃及之王，各国之王"，并用"拉（神）、荷鲁斯（神）、奥西里斯（神）的后裔"的称号。公元前525年8月底，冈比西斯被承认为埃及之王。从这时候起，埃及进入了波斯人统治的第二十七王朝时期。冈比西斯不承认普萨美提克三世是埃及合法的国王，而认为自己是直接继承阿玛西斯为埃及之王的，而且是从公元前530年就成了埃及之王了。在有的文件中称冈比西斯八年，这就是从公元前530年，即从冈比西斯成为波斯国王时起就算是埃及之王了。因为冈比西斯的统治是从公元前530—前522年，总共才八年。冈比西斯任命一个名叫阿律安戴斯的人去管理埃及（包括利比亚和昔勒尼），但在大流士统治时期，据希罗多德说，由于他铸造了成色不足的银币和谋叛而被大流士处死。后来埃及被降为波斯帝国的一个行省，由波斯总督统治。

公元前522年，大流士上台当上了波斯帝国的国王后，在波斯本土发生反对大流士统治的起义时，埃及也发生了起义，反对波斯人的统治，这在大流士的《贝希斯吞铭文》中有所反映：

当我在巴比伦的时候，下列诸省叛离了我：波斯、埃兰、米底、亚述、埃及、帕提亚、马尔吉安那、萨塔吉地亚、斯基泰。

在《贝希斯吞铭文》中，说到了许多地方起义被镇压的情况，但没有说到埃及起义被镇压的事。可能也被镇压了，因为大流士曾在公元前 518 年夏末到过埃及，住在孟菲斯。在埃及有不少有关大流士的铭文。可能正是在这时候他处死了阿律安戴斯，并任命了费伦达特为埃及总督。在埃及期间，大流士命令修建了从尼罗河至红海之间的运河。这使埃及可从海路直达波斯。

在大流士的一个用古埃及的象形文字、古波斯语、埃兰语、阿卡德语的楔形文字写成的石碑铭文中，叙述了这条运河的修建。其中之一说：

我是波斯人，我从波斯征服了埃及。我命令从经埃及，直至从波斯延伸出来的海的皮朗河（按：即尼罗河）起开凿这条运河，而后，像我命令的那样，这条运河被开凿出来了。船舶也从埃及经由这条运河来到了波斯，因为这是我的意志。

实际上，这条运河在埃及国王尼科时期曾经开凿过，不过，他并未完成这项工程。据希罗多德的《历史》说，在大流士统治晚年，在他宣布薛西斯为波斯国王后的那一年，埃及发生过起义，这次起义被薛西斯镇压了。

克谢尔克谢斯（即薛西斯）被说服派遣一支大军去讨伐希腊之后，就在大流士死后的第二年，向背叛者进军了。他征服了埃及人并使埃及人受到比在大流士的时代要苦得多的奴役；他把统治权交给了大流士的儿子、他的亲兄弟阿凯美涅斯。

在波斯人统治时期，派有军队驻守在埃及。如在南部埃及的埃烈芳提那就驻有由犹太人组成的驻军，作为统治和镇压埃及人起义的工具。这些驻防军在此安家落户，生儿育女，被分给土地作为报酬。这些犹太殖民者的使命大约在第二十九王朝时期结束，那时，埃及人争得独立，建立起第三十王朝，由出自中部三角洲的门德斯城的涅菲利特统治。

一些埃及官吏和贵族从波斯人征服埃及时起就投靠了波斯人，如原埃及海军司令乌扎哥列森特就是其最典型的代表。他在波斯人入侵时，没有下令舰队同敌人进行战斗，而是把首都舍易斯和自己的舰队交给了波斯人。在波斯人统治时期，他仍然担任高官和神庙的高级祭司、医生长官，成为波斯人统治埃及的顾问。还有很多埃及官吏在波斯人统治时期继续担任官职。不过，埃及人不可能担任像总督那样的高级官吏，而只能担任较低级的官吏，如州长等。

波斯人在征服埃及的过程中和征服后，对埃及进行了大肆掠夺。法老的财产大概都被波斯人没收了，神庙也被抢劫。在波斯首都帕塞波里斯的宝库中，发现了很多物品，上面有埃及国王尼科、阿玛西斯和普萨美提克三世的名字，这显然是波斯人在征服埃及时抢夺去的。在波斯的另一个首都苏撒也发掘出埃及的神像、象牙制品和典型的埃及制品——雪花石膏瓶。戴奥多洛斯也报道说，冈比西斯从埃及的神庙中运走了黄金、白银、象牙。

波斯人还大肆掠夺埃及人的土地，把它们分配给波斯人和波斯在埃及的驻军。波斯的贵族们在埃及和其他被征服地区抢占了大量土地。例如，波斯王子、埃及总督阿尔沙马，他在从埃及到苏撒的沿途有多处地产。在他的一封致他的埃及等地的地产管理人纳赫特—荷鲁斯等的信中就说到多处地产：

阿尔沙马致……地方的管理人马尔都克、纳西尔地方的管理人纳布-达拉毕、阿尔祖辛地方的管理人扎托西、阿尔贝拉地方的管理人乌巴斯塔巴拉、沙拉姆地方的管理人哈尔初、马特-阿勒-乌巴什和巴迦法尔纳、大马士革地方的管理人弗拉达法尔纳和迦瓦扎纳。信的内容如下：纳赫特-荷鲁斯，我的管理人前往埃及。望你从你所在地区的属于我的财产的粮食中，每天给他两单位白面粉、三单位低等面粉、两单位葡萄酒或啤酒以及一只牡羊，而给他的十个仆从，每天按一单位面粉（和）相应的马的干草；并给两个基里基亚人以及一个手工匠——共三人——还有我的一个奴隶（他们与他同行前往埃及），每人每天一单位面粉。（阿拉美亚文件 VI，简写为 AD VI）

波斯人还利用各种机会兼并埃及人的土地。如这个阿尔沙马在给纳赫特-荷鲁斯的另一封信中讲到，在公元前 462 年，埃及发生了反对波斯人的起义。在起义过程中，一个名叫贝特－奥西里的山林看守员家的份地就被阿尔沙马的下属强占了。后来，此人向阿尔沙马投诉，要求把这块土地还给他（AD VIII）。据阿尔沙马给自己在埃及的监察员的信，另一位波斯王子瓦洛希也在埃及占有土地（AD X）。在瓦洛希给阿尔沙马在埃及的监察员的信中也谈及此事（AD XI）。

不过，瓦洛希似乎不像阿尔沙马那样幸运，因为从上述信件中我们知道，他在埃及的地产管理人常常不把地产上的收入给他送去，以致他不得不求助于阿尔沙马及其在埃及的地产管理人和监察员纳赫特－荷鲁斯。这些波斯贵族霸占大量土地，自己并不经营。他们住在远离埃及的巴比伦、苏撒等地，成为外在地主，而让当地的人为他们经管，为他们劳动。他们只管剥削，而不管建设。

波斯人把埃及的手工业者掳掠到波斯去从事建筑劳动。戴奥多洛斯说，波斯人带走了埃及的手工业者，目的是让他们去修建帕塞波里斯、苏撒和米底的王宫。大流士在一个铭文中也说到利用各被征服地区的物资，并利用包括埃及人在内的各被征服地区的人作为劳动力修建王宫的事：

这就是我在苏撒建造的王宫。王宫的装饰品是从远方运来的……加工黄金的金制品是由米底人和埃及人制作的。制作……的是吕底亚人和埃及人。制砖的人是巴比伦人。装饰城墙的人是米底人和埃及人。

波斯贵族还把埃及人变成格尔达（按：关于格尔达的地位问题，有不同看法。有的学者认为他们是奴隶；另一些学者则认为他们是非奴隶的依附民）。例如，阿尔沙马在一份信中说到要把埃及的手工业者变成自己的格尔达，给他们打上烙印（AD VII）。从格尔达被打上烙印的情况看，格尔达似乎应当看作是奴隶。

波斯人向埃及人征收沉重的赋税。大流士上台后，规定了各被征服地必需缴纳的税额，其中埃及要缴纳 700 塔兰特白银（1 塔兰特合 26 公斤）。此外，还要缴纳实物税。如希罗多德就说，埃及除缴纳白银外，还要交渔税，"对居住在孟菲斯的'白城'的波斯人和他们的佣兵要配给十二万美狄姆诺斯的谷物（1 美狄姆诺斯合

52—53 公升）"。埃及还有一个城市名叫安提拉，据希罗多德说，这是个有名的城市，"它是专门指定为统治埃及的国王的王后供应鞋子的。自从埃及被波斯人征服以来，事情一直是这样的"。

公元前 522 年，当冈比西斯滞留在埃及时，高墨塔在波斯国内发难，推翻了他的统治，攫取了他的王权。冈比西斯在从埃及回国的途中很快就死了。

大流士的统治，地跨亚非欧三大洲帝国的形成

关于大流士这个人，在他当国王之前的情况人们知之甚少。从他的《贝希斯吞铭文》我们知道，他和居鲁士二世、冈比西斯二世同属阿黑门尼德氏族："我是大流士……叙司塔司佩斯之子、阿尔沙米斯之孙，阿黑门尼德宗室。""自古以来我们就是贵族，自古以来我们的亲属就是国王。"在居鲁士统治时期，他没有随居鲁士去远征马萨吉特人，而是在后方；后来，他曾经跟随冈比西斯参加过远征埃及的战争，是否立下过战功没有记载。据《贝希斯吞铭文》，是他带领少数人杀死穆护高墨塔；而据希罗多德记载，他参加杀死两个玛哥斯僧的密谋，并实施了暗杀计划，成为国王。

大流士登上波斯王位后，各地曾纷纷起义反对他。有些地方的起义还反复发生，但这些起义被他相继镇压了。在《贝希斯吞铭文》中，详尽地记载了他镇压各地起义的情况。虽然各地起义被镇压，但要巩固波斯人的统治，巩固他自己的统治仍有许多问题需要解决。

大流士所面临的形势是：第一，波斯人在居鲁士建国以前，还处在原始社会解体时期，还未进入阶级社会，还未形成国家，还处在米底人的统治之下。从居鲁士建国到公元前 522 年冈比西斯被推翻，到大流士执政，前后才 36 年。而在这 36 年中，波斯人却经历了从国家形成到建立起一个庞大的、地跨亚非两大洲（如果加上在大流士统治时期进行的对外征服战争，那么就是一个地跨三大洲的）的奴隶制帝国的过程。波斯人一直处于紧张的对外征服战争的过程中。虽然居鲁士和冈比西斯

貝希斯吞浮雕：大流士和被俘的各地起义者的首领

称了帝，称了王，但波斯人内部的原始民主的传统还顽强地保留着，贵族们还拥有很强的实力，还企图和王权相抗衡，波斯帝国的统治形式实际上并未确定，君主专制的统治形式尚未确立。一直到大流士统治时期，在波斯帝国内部究竟采用什么统治形式的问题，实际上并没有解决，仍在争论中。当时波斯人的统治面临着复杂的形势，其内部的阶级矛盾和民族矛盾都十分尖锐和复杂，尽快地确定统治形式，是巩固波斯人对全帝国的统治刻不容缓的任务。

第二，波斯帝国统治的地区十分辽阔，民族成分十分复杂，各地的政治、经济、文化发展水平极不一致，极不平衡：埃及、两河流域、印度河流域、叙利亚和巴勒斯坦等地的文明已发展了 1500—3000 年，而中亚的许多地区和部落却还处在原始游牧阶段。各地发展水平高低不一，程度不同，要求也各异。如何适应这样复杂的政治、经济和文化发展的形势，满足各地发展的不同要求，是波斯统治阶级面对的一个难题，也是波斯奴隶主面前摆着的另一个重要任务。

第三，波斯帝国统治了辽阔的地域和众多的民族，阶级矛盾和民族矛盾极其尖锐，但波斯的国家机器却极其薄弱，极不完善；波斯奴隶主还十分年轻，缺乏统治这样广大的地区和处理这么复杂形势的经验（虽然可以吸取埃及、亚述、新巴比伦王国的统治者的经验和教训，但毕竟时间太短，而且波斯所面临的形势比它们更复杂，任务更艰巨，它所需要解决的任务和问题也是埃及等地原有统治者所没有碰到过或没有解决好的），问题和解决问题的手段极不相称。征服广大的地区这一点，波斯奴隶主比较容易地做到了，但如何统治、管理和剥削，对波斯统治者来说，却是不那么容易的。征服容易，统治和管理难。波斯人以一个落后的民族统治众多先进民族，管理和统治的问题就更加突出。

第四，在波斯帝国统治的版图之内，有埃及和两河流域这两大文明地区，它们都已走过了小国寡民和地域王国阶段，进入了帝国阶段（即埃及的新王国时期和两河流域的亚述帝国时期，它们都是地跨西亚北非两大洲的奴隶制帝国）。在波斯人征服这些地区之前，它们在各地区内部和各地区之间，在政治、经济和文化等方面的交流和融合已经进行了多年，已经十分广泛和深入，各个古老文明地区之间的政治、经济和文化的联系、交流除了正常的交往、商业贸易和文化的形式以外，往往还以征服战争的形式，用一个政治的枷锁固定起来，打上奴役与被奴役、剥削与被剥削的烙印，带有强制的性质。大流士时期又进一步征服了印度河流域和爱琴海北岸地区，大有征服第四大文明地区——希腊之势。但波斯帝国如何能够既维持其统治与剥削，又不中断、扼杀或削弱已有的这些联系加强的自然趋势，是大流士面临的又一个大问题。因为很明显，只有顺应这种趋势，波斯帝国才能生存，否则它将被这种趋势所冲垮。大流士当然不可能认识这种趋势，但在客观上能否在某种程度上不自觉地适应这种趋势，这对大流士和波斯的统治是一个考验。

第五，波斯兴起于公元前1000年代的中叶。当时，它是一个落后的民族，力量并不很强大，但它却征服了众多的先进民族、地区和国家，这除了靠它的军事力量之外，还靠它的外交手腕。它在征服过程中不仅利用了各国、各地区之间的矛盾，也利用了各国、各地区、各民族内部的矛盾。现在，它自己成了凌驾于所有这些地区、民族和国家之上的统治者，这就使它的地位发生了变化，它处在了它们的对立面，成了众矢之的，把当时西亚和北非地区的各种矛盾集中到了自己的身上，因为它进行的征服战争给这些地区、国家和民族的人民带来了巨大的灾难；它在征服后的剥削（不仅通过赋税，还有公然的掠夺）也是各地区、各国家和民族的沉重负担；它的征服和统治使原来各地的奴隶主丧失了自己的特权和地位，因而这些地区的奴隶主同波斯人之间的矛盾也很尖锐。大流士上台后发生的全波斯帝国范围内的广泛起义，不仅表明了以波斯奴隶主为一方，以各地区、各民族人民为另一方的矛盾的尖锐性，而且也表明了波斯帝国统治的脆弱性。

当大流士镇压了各地的反波斯的和反大流士的起义，恢复了波斯帝国的统治之后，所面临的形势就是这样。不解决这些问题和矛盾，波斯帝国的统治就既不可能稳固，也不可能长久。而这个任务是十分艰巨的。为此大流士采取了一系列的措施，人们把他采取的这一系列巩固波斯帝国和他自己统治的措施称之为大流士改革。

波斯帝国对希腊的侵略战争

公元前500—前449年，波斯帝国发动了对希腊的侵略战争。这次侵略战争的背景、原因和导火线是什么？

自公元前558年居鲁士在波斯称王以后，波斯人打败了统治自己的米底王国，从而登上了世界历史的舞台。此后，它又相继征服了整个伊朗高原和小亚地区、中亚的若干地区，两河流域、叙利亚巴勒斯坦地区和北非的文明古国埃及，还征服了巴尔干地区的色雷斯等地，成为古代世界第一个地跨亚非欧三大洲的大帝国。在波斯帝国对外征服的过程中，它与希腊世界也产生了尖锐的矛盾。

古代希腊包括欧洲南部巴尔干半岛南端的希腊大陆、爱琴海中的岛屿以及小亚西海岸地区的希腊人城邦。在公元前6世纪以前，小亚希腊各城邦是希腊世界最发达的地区，这里的农业、手工业、商业贸易和文化都很发达，它不仅同希腊世界，而且同近东各地和黑海沿岸都有很多的联系。希腊世界最早的哲学派别米利都学派就是在这里诞生的。直到波斯人统治初期，这里仍然是希腊世界文化最发达的地区。例如，著名的历史学家赫卡泰乌斯和希罗多德、著名哲学家泰勒斯、阿拉克西曼德等都是小亚的希腊人。毕达哥拉斯这位在哲学和数学等方面都有重大贡献的人物也是在波斯人统治下的爱琴海岛屿萨摩斯岛（在小亚西海岸附近）的希腊人。他们都可以说是波斯帝国的臣民。而且，希腊字母也是小亚的米利都人借鉴腓尼基字母而创造出来的。

波斯人与希腊的矛盾始于公元前 6 世纪中叶波斯国王居鲁士二世对小亚希腊人城邦的征服。在居鲁士于公元前 546 年征服小亚的吕底亚王国时，吕底亚曾首先向希腊的斯巴达求助。但斯巴达人的船队尚未来得及起航，就传来吕底亚已被征服的消息，因此，斯巴达人不得不中止援助。在居鲁士征服吕底亚以前，居鲁士曾让小亚各希腊人城邦自动归降，背叛吕底亚，但遭拒绝。在居鲁士征服吕底亚后，小亚希腊人（包括伊奥尼亚人和爱奥里斯人）各邦"立刻派使节到撒尔迪斯的居鲁士那里去，请求他以与克洛伊索斯（按：吕底亚国王）相同的条件接受他们为自己的臣民"。但被居鲁士拒绝。小亚的希腊人城邦很快便被波斯人征服了。斯巴达人虽未出兵援助，但已与波斯人结了仇。波斯人派总督统治了包括小亚希腊人各城邦在内的整个小亚，不过，在波斯人统治初期，小亚希腊人各城邦继续维持了当地原来的地方自治机关，原来的僭主政治也依然在那里进行统治。

公元前 530 年，居鲁士死后，其子冈比西斯即位为王，他不仅巩固了居鲁士的征服成果，而且还征服了埃及，从而使波斯国家成为地跨西亚北非的大帝国。公元前 522 年，大流士取得了政权，成为波斯帝国的国王。他一方面在国内进行改革，调整了国内的关系，建立行省制度，缓和了国内的各种矛盾，加强了君主专制统治，增强了波斯人的军事实力；另一方面，在国外，他征服了印度河流域和巴尔干半岛的色雷斯地区，使波斯国家在很短的时期里便成为古代世界第一个地跨亚非欧三大洲的大帝国，囊括了西亚、埃及和印度这三大文明发源地。波斯帝国的政治经济实力极度膨胀。大概，在这种情况下，波斯人的野心也极度膨胀了。因此，希腊成了它下一个征服的目标。

总起来说，波斯帝国与希腊世界的矛盾大约有三个方面：一是波斯人征服了色雷斯，严重威胁到希腊的安全；二是波斯人占领了赫勒斯滂地区，使希腊人进出黑海地区的通道受阻，虽然暂时波斯人未曾威胁希腊人，没说不让希腊的船只通过赫勒斯滂海峡，但一旦发生矛盾，波斯人就可以封锁海峡，那对希腊人来说影响就太大了，因为，希腊需要黑海地区的粮食、木材、奴隶及许多手工业原料，而黑海还是希腊许多城邦手工业产品的市场，因此，赫勒斯滂海峡对希腊人来说是生命攸关的；三是小亚希腊人是大陆希腊人的同族，小亚希腊人被波斯人征服，大陆希腊人不能不对他们的处境表示同情，等等。

作为战争导火线的是公元前 500 年的小亚希腊人的起义（或称米利都起义）。小亚的希腊人为什么起义？大概有这样几个原因：在政治上，虽然波斯征服者没有触动原来的地方自治制度，但毕竟这里的希腊人失去了先前的独立，即使人们的民族意识还不十分强烈，但不可能毫无感觉，后来那么多的希腊人参加起义就说明了这一点。那里原来的统治者也绝不会感到痛快。例如，米利都的僭主阿里斯塔哥拉的岳父希斯提亚，原来是米利都的僭主，后来被大流士俘虏到苏撒去，名义上是作为大流士的顾问，实际上是被软禁了起来，试问他能痛快吗？他们嘴上不说，但心里一定时刻想着赶走波斯人。后来小亚希腊人的起义是由他们鼓动起来的，就是一个证据。

在经济上，小亚希腊人所在的行省按大流士的规定，每年要交纳 400 塔兰特白银作为赋税，此外还要交纳其他的苛捐杂税等，不能不说是沉重的负担。因此，包括手工业者、海员、商人在内的很多阶层的居民都参加了起义。

起义是怎么起来的呢？公元前 500 年，爱琴海上的昔克拉底斯群岛中的那克索斯岛上的民主派推翻了贵族派的统治，贵族派请求米利都的僭主阿里斯塔哥拉帮助他们恢复自己的政权。阿里斯塔哥拉想通过帮助那克索斯的贵族来扩大自己的统治范围并讨好波斯人。他向波斯帝国驻吕底亚总督阿尔塔弗伦提出共同远征那克索斯。但由于种种原因远征遭到失败，希罗多德说，阿里斯塔哥拉因担心受到波斯人的惩处，便决定起义反对波斯人。他在得到了他的岳父希斯提亚（他当时被软禁在波斯首都苏撒）的支持后，便鼓动米利都人起义反对波斯人的统治。在一次会上，一个名叫狄奥尼修斯的人说：

伊奥尼亚人，我们当前的事态，正是处在我们是要做自由人，还是做奴隶，而且是逃亡的奴隶的千钧一发的决定关头了。因此如果你们同意忍受困苦，你们当前会尝到苦头的，但是你们却能够战胜你们的敌人而取得自由。但如果你们仍然这样闲散和不加整顿，我看就没有任何办法使你们不因背叛而受到国王的惩罚了……

起义开始于公元前 499 年的秋天。起义开始前，米利都人在是否应起义的问题上有过争论。希罗多德说，虽然多数米利都人同意起义，但赫卡泰乌斯（历史学家）却不同意。他的主要理由是，波斯帝国太强大，"他向他们历数臣服于大流士的一切民族以及大流士的全部力量，因而劝他们最好不要对波斯的国王动武"。但他的意见未被采纳，起义还是爆发了。起义得到了小亚希腊人的广泛支持，多数城邦加入了起义的队伍，大概也包括希罗多德的故乡哈里卡尔那索斯在内。

起义爆发后，阿里斯塔哥拉放弃了僭主的权力，将其交给了公民大会。公民大会选举阿里斯塔哥拉为起义的军事领导人，并号召所有的希腊人为反对波斯人的统治而斗争。那些被派去攻打那克索斯的舰队上的士兵在返回米利都后也积极参加了起义。

起义者还积极寻求大陆希腊人的帮助。阿里斯塔哥拉先去了斯巴达，因为当时它是希腊各城邦中实力最强大的。他请求斯巴达人去把小亚的希腊人从波斯人的奴役下解救出来。但斯巴达人经过再三考虑之后决定拒绝派人去支援起义。于是，阿里斯塔哥拉又去了雅典。雅典的许多当权者也反对支援小亚的起义（因为在此前，在公元前 507 年，雅典为使自己免受斯巴达的侵犯而同波斯人签订了协议，该协议要求雅典给予波斯"土和水"，即雅典承认波斯国王的最高权力），但经过努力，阿里斯塔哥拉终于说服了雅典人，获得了雅典人给以帮助的保证。雅典人派了不过 20 只船去支援起义者。这虽然是杯水车薪，对起义者没起到什么支援作用，因为对于像波斯这样强大的国家来说，这点舰队是微不足道的，但却得罪了波斯人。

起义者攻占了原吕底亚首都撒尔迪斯的一部分，波斯驻该地的总督阿尔塔弗伦同卫戍部队一起退到了未被希腊人攻占的内城。吕底亚人同波斯人站到了一起，反对起义者。

波斯人调集了大量军队到吕底亚，起义者放弃了撒尔迪斯，退到了以弗所。公元前498年，在那里的起义者被波斯人彻底打垮，起义残部四散回到自己的城市。公元前496年，雅典亲波斯的阿尔克麦奥尼德集团执掌了雅典的政权，他们撤回了派往小亚支援起义的雅典舰队。余下的起义者陷于孤军奋战的境地。但他们并没有气馁，米利都人在赫卡泰乌斯（他在开始时虽然反对起义，但起义开始后，他却积极地支持起义）的倡导下，动用了阿波罗神庙的宝库，建造了自己的舰队，夺取了赫勒斯滂地区的拜占庭和其他城市，后又转到塞浦路斯。那里的希腊人站在了起义者一边，尔后，波斯人用了两年的时间才平定了这里的起义。重新控制了塞浦路斯。公元前494年春天，波斯人围困了起义的米利都城，是年秋天，该城被攻占，起义遭到失败。

起义失败后，小亚希腊人各城邦在政治、经济等方面都发生了明显变化。在经济上，小亚的经济由于对外贸易大为削弱，因而逐渐让位给了大陆希腊；在政治上，虽然许多城邦的僭主政治被民主政治所取代，但波斯人对这里的控制也加强了。

波斯人对希腊的第一次远征

小亚希腊人的起义虽然被镇压下去了，但波斯帝国国王大流士的余怒未消。对在小亚希腊人起义时出兵支援过起义的大陆希腊人尤其是雅典人更是耿耿于怀，时时准备征讨之。在大流士和波斯帝国的统治集团看来，希腊有很多城邦，彼此之间利益不同，矛盾很多，形不成一支强大的可以和波斯帝国相抗衡的力量；而波斯帝国拥有广阔的土地、众多的资源、兵多将广，要征服希腊这弹丸之地不费吹灰之力。

在平定小亚的希腊人起义以后不久，在公元前 492 年，大流士派出了第一支远征希腊的军队。远征军由大流士的女婿马尔多尼乌斯（他同大流士的女儿阿尔塔优斯特拉结婚）率领。远征军的舰队从腓尼基的港口出发，沿地中海东海岸的海岸线航行。在舰队到达小亚的基里基亚时，军队统帅马尔多尼乌斯才到了部队，同部队一起前进。在小亚，他废黜了那里的僭主政治，而建立起民主政治。波军在越过赫勒斯滂海峡后，进入了原为波斯帝国属地的色雷斯地区和马其顿地区（它们都是在公元前 514 年大流士对斯基泰人进行远征时占领的）。在小亚希腊人起义期间，这两个地区实际上已脱离了波斯人的统治。因为在那时，波斯人不得不将驻守在那里的驻防军调回到小亚，以镇压起义。马尔多尼乌斯及其军队到了这里以后，才又恢复了波斯人对它的控制。他首先征服了塔索斯人，随后又征服了马其顿和一些其他民族。

由马尔多尼乌斯率领的波斯军队在到达色雷斯的卡尔昔狄半岛的阿托斯山时，他们的舰队遭到了强烈的风暴袭击，波斯海军遭到毁灭性的打击：300 多艘船被毁，约两万人葬身鱼腹。陆军也遭到当地的弗拉基亚部落的布律戈依人袭击，许多波斯人被杀，马尔多尼乌斯也受了伤。有鉴于此，波斯的陆军和海军不得不撤回到小亚，第一次远征失败。马尔多尼乌斯被撤销了对军队的指挥权。

波斯人对希腊的第二次远征——马拉松战役

大流士并没有因为第一次远征的失败而放弃征服希腊的野心，他积极地准备着第二次对希腊的远征。在调动军队之前，他先派人到大陆希腊各邦去索取“土和水”，意即要它们无条件投降和臣服。大流士的使者在一些城邦得到了满意的答复。例如，在马其顿、比奥提亚、色撒利、底比斯、阿尔果斯和伊斋那等邦，波斯的使节得到了土和水；但在有些城邦，波斯的使节则不那么受欢迎。例如，在雅典，他们把波斯的使节扔进了坑洞之中；在斯巴达，波斯的使节则被扔进了水里。这都是表示，你们不是要土和水吗，那么你们就自己到坑里和水里去取吧！

在帝国内部，大流士要求被波斯征服的希腊人建造军舰和运输用的船，以供战争时使用。他任命自己的侄子阿尔塔弗伦统率陆军、米底人达提斯指挥舰队，第二次远征大陆希腊。据希罗多德说，这次用于远征的舰队共有 600 艘（科尔涅利亚·涅波达断言，在马拉松登陆的波斯军队有 10 万人，这显然是夸大了。）公元前 490 年夏天，用于远征的海陆军队都集中到了基里基亚。为使军队不再遭到前一次那样的命运，雅典僭主庇西特拉图之子希庇亚斯（这时候在波斯帝国，是波斯统治下的赫勒斯滂的西吉亚城的统治者）建议不走上次的路线，而是从小亚出发，横渡爱琴海，直接攻占阿提卡半岛。波斯人接受了他的建议，从海路直扑雅典。在途中，波斯远征军占领了以前未曾征服过的那克索斯岛，并毁灭了它，其居民大多逃到了山上。而后，波斯军队又渡海到了优卑亚岛，占领了该岛上的埃列特里亚地区，他们抢劫并烧毁了城市和神庙，居民被带走为奴，被送到苏撒后又被移居到基西亚的阿尔代利卡。

按事先确定的远征目标，是惩罚埃列特里亚和雅典。现在，埃列特里亚既已被毁，那么下一个目标当然就是雅典了。波斯军队在占领埃列特里亚以后不过几天，就在有经验的希腊向导的带领下，来到了阿提卡半岛的马拉松平原，从这里登了陆。马拉松平原长 9 公里，宽 3 公里。波斯人之所以在这里登陆，有两点考虑：一是他们认为这里是一片平原，方便骑兵展开；二是因为这里的农民曾是希庇亚斯的父亲、僭主庇西特拉图的支持者。已经是一个老人的希庇亚斯同波斯军队一起回到了阿提卡。

面临波斯强敌的入侵，雅典人在经过激烈的辩论后（当时米提阿迪斯和泰米斯托克利等都坚决主张抗战），决定坚决抵抗，并派出了由一万人组成的军队开赴马拉松。与雅典结盟的普拉提亚派了约 1 千人前来助战。双方在马拉松平原上并没有立即交战，而是等待了好几天。波斯军队配置在平原上，以利于骑兵的展开，而雅典的军队则集合在平原的一个狭窄的角落里，以防波斯骑兵的袭击。波斯人徒劳地期待着自己在雅典的支持者的起事。后来，部分波斯骑兵被装上船，以便运往雅典。这大大削弱了波斯的力量。

公元前 490 年 8 月 12 日晨，雅典军队整好了队伍，急速地向敌人冲去。当时雅典军队的配置情况是中间较弱，而两翼较强；而波斯军队的配置情况恰恰相反，是中间强而两翼弱。波斯军队中的沙克人战斗得十分勇敢，他们处在波斯军队的中心，破坏了雅典军队的队列。但在侧翼，波斯军队却被雅典军队打败。原来处于中心位置的打得很好的波斯军队，现在则处于被包围之中，波斯人开始撤退，很多人陷入了淤泥之中而遭到无情的射杀。战斗结果是，波斯人在战场上留下了 6400 具尸体，而雅典人只死亡 192 人。普拉提亚人的伤亡人数不详。从战场上逃走的波斯人也乘船到雅典去了。马拉松战役以波斯的失败而告终。为什么在这次战役中，在人数上占绝对多数的波斯人会遭到失败呢？从具体战役而言，是因为虽然从总体上说波斯人占绝对优势，但实际参加战斗的却不是那样，波斯军队的一部分去了雅典，而留在马拉松的人中又只有一部分投入了战斗，骑兵基本上未参加战斗。

在结束马拉松战役后，雅典人很快返回雅典城，而波斯的统帅达提斯则率领波斯军队返回亚洲去了。由此，波斯对希腊的第二次远征也宣告失败。

薛西斯远征希腊

马拉松战役以后，大流士仍未放弃征服希腊的企图。因为他大概认为，马拉松战役只不过是一次战斗，失败了没有什么了不起；而且他大概还认为是取得了很大的成功，因为许多希腊城邦向他呈交了土和水，以表示臣服于他。不过，他大概也觉得，再进行远征需要进行更多的准备。因此，他派人到各地去命令装备军队和战舰，征集粮食等。但他未能如愿进行第三次对希腊的远征。一是因为在马拉松战役以后，埃及和巴比伦尼亚都发生了反对波斯人的起义，他不得不进行镇压，以巩固后方，免除后顾之忧；二是他在公元前 486 年死了。据希罗多德说，在大流士死后，继承王位的薛西斯在一开始时，并无意于讨伐希腊，而只是想去镇压发生在埃及的起义。但大流士的姊妹的儿子、薛西斯的表兄弟、戈布里亚斯的儿子玛尔多纽斯等人却鼓动薛西斯去进攻希腊：

主公，在雅典人对波斯人做了这样多的坏事之后却丝毫不受到惩罚，那是不妥当的。而我的主张是，目前你做你正在着手做的事情，而当你把桀骜不驯的埃及征服以后，再率领着你的军队去讨伐雅典，使你能够在众人中间赢得声名，同时人们也会懂得，侵犯你的领土的人，会落得什么样的下场。

此外，他还加上了一个理由，那就是欧罗巴是一个非常美丽的地方，它生产人们栽培过的一切种类的树木，它是一块极其肥沃的土地，而在人类当中，除去国王，谁也不配占有它。希罗多德认为，玛尔多纽斯这样讲，是因为他想进行冒险活动，也想自己担任希腊的太守。除了玛尔多纽斯的鼓动以外，据希罗多德说，还有帖萨利亚人阿律阿达伊家派来的使者的邀请、庇西特拉图家的人的鼓动，还有奥诺马克利托斯的神托的鼓动等。希罗多德说，薛西斯这样"便纠缠到奥诺玛克里托斯的神托以及庇西特拉图和阿律阿达伊家的意见里面去了"。此外，鼓动他远征的还有帖萨利亚人、希皮亚斯和雅典人奥诺玛克利托斯。

于是，薛西斯在镇压了埃及的起义以后，便召开了波斯人中第一流的人物的会议（或许可以称为御前会议），商讨远征希腊的事情，并着手准备出征雅典了。公元前480年，薛西斯发动了规模巨大的对希腊的远征。

薛西斯是大流士之子，波斯帝国的第五个国王，但他并非是长子，而是次子。大流士的长子名叫阿尔托巴扎涅斯。本来，在大流士当上国王后，在公元前507年曾宣布让他将来继承王位，但后来却让薛西斯继承了王位，薛西斯为什么能以一个次子当上国王呢？普鲁塔克说，是因为波斯帝国的法律要求国王登上王位后的第一个儿子有权当上国王（Mor, 488d 及以下），但波斯帝国实际上并没有这样一条法律。这也并非是波斯帝国的惯例，因为后来的小居鲁士就并未因此而登上王位。

事实上，在波斯帝国的历史上，因为是父亲登上王位后才出生而成了国王的，也只有薛西斯一个人。在波斯帝国，王位继承的主要规则实际上是长子继承制。那么，薛西斯为什么能当上国王呢？主要原因是因为他的母亲是居鲁士的女儿阿托撒，她曾是冈比西斯的王后，后来又成了大流士的王后。

据希罗多德说，在薛西斯远征前，曾经召开过会议，他"召集波斯的第一流人物前来会商，召开这一会议的目的是他可以听取这些人的意见，同时他自己又可以当着他们的全体宣布他自己的看法"。他在会上阐述的准备进行战争的理由是：在居鲁士、冈比西斯和大流士征服的基础上，给自己增加荣誉和给波斯帝国增加新的领土；报复希腊人，为全体波斯人报仇。玛尔多纽斯附和了他的话，但大流士的一个兄弟阿尔塔巴诺斯却反对与希腊人开战，他曾经反对过大流士远征斯基泰人的战争（在那次战争中波斯人遭到了失败），并猛烈地批评了玛尔多纽斯的主战言论。但薛西斯对阿尔塔巴诺斯的意见非常反感，决定不听他的劝告而要进行远征。

据希罗多德说，此次薛西斯远征动用的兵力是：陆军约 170 万人；骑兵为 8 万人（除去骆驼和战车以外）；战船 1207 艘。总人数为 5283200 人。他并且说出了每个民族出兵的数字。但现代学者大多认为他的数字不真实，因为，那样大的一支军队，单是供给就不可能。他们认为，薛西斯远征的兵力最多不过五万至十万人，战船的数量也不过五六百艘。对于这样一支大军，希罗多德说：

所有这些远征的军队，再加上这些之外如果有的其他任何军队，都不能和单是这一支军队相比。因为亚细亚的哪一个民族不曾给克谢尔克斯率领去攻打希腊呢；除去那些巨川大河之外，哪一条河的水不是给他的大军喝得不够用呢？有人把船只供应给他，有人参加了他的陆军，有人提供了骑兵，有人提供了随军运送马匹的船只以及军中的服务人员，有人提供作桥梁用的战船，还有人提供食品和船只。

一个吕底亚人曾自动要拿出两千塔兰特的白银和将近四百万达列科斯的黄金给薛西斯，作为军费。

远征军从小亚的卡巴多细亚出发，分水陆两路。水路沿海岸线行进，以便随时同陆上联系。陆军在过博斯普鲁斯海峡时，是从浮桥上过去的，为修浮桥，用了三百多艘船。薛西斯的大军路过之处，沿途居民，特别是希腊人苦不堪言。

远征军进入希腊后的第一仗是温泉关战役。据希罗多德说，当时来到这个地方的波斯军队中，乘船来到的有 517610 人，步兵是一百七十万人，骑兵是八万人。此外还有阿拉伯的骆驼兵和利比亚的战车兵，估计他们有两万人，而随军的勤杂人员和运粮船以及上面的人员尚不计算在内。而守卫这里的是斯巴达国王李奥尼达率领的三百斯巴达将士，他们凭险据守，但由于这里地势险要，山路狭窄，易守难攻，所以波斯大军不能展开。因此，多次进攻皆未能夺取该关。后来，由于一个希腊人告密，带领波斯人从后山绕道而行，才攻陷了温泉关，李奥尼达及斯巴达三百壮士全部牺牲在温泉关。后人在此立了一块碑，上面刻着："过客啊，去告诉拉凯戴孟人，我们是遵从着他们的命令长眠在这里的。"在这次战役中，波斯人方面死去的有大流士的两个儿子：阿布罗科美斯和叙佩兰铁司。

在攻陷温泉关后，希腊人内部在如何对付波斯人的问题上发生了分歧：雅典人主张在海上与波斯人进行战斗，而斯巴达人则主张在中希腊和南希腊之间的地峡上筑一道高墙，以阻挡波斯大军，波斯军队长驱直入中希腊，中希腊的部分城邦倒向了波斯，部分被波斯军队攻占。阿提卡亦被波军占领。波斯人劫掠并烧毁了雅典。薛西斯命令从雅典运走了迦尔莫狄乌斯和阿里斯托基托的青铜雕像，它们被运到了苏撒，后来亚历山大又将其运回到了雅典，因为他们曾杀死了僭主。

夺取雅典是薛西斯远征的主要目标之一，从远征军出发渡海用了一个月的时间，渡海后到达阿提卡并占领雅典用了三个月的时间。在夺取了雅典之后，薛西斯派人去苏撒报告了这个胜利的消息。

以雅典海军为主的希腊海军，退至萨拉米海湾。波斯海军也追至这里，于是发生了著名的萨拉米海战。萨拉米海湾是一个长五公里，宽 1.5 公里的一个不大的海湾。参加海战的希腊船只有 400 艘左右，而波斯人则有 650 艘左右，但只有一半参加了战斗。战斗发生于公元前 480 年的 9 月 28 日。由于波斯人的船只较大，行动不便，在狭窄的海湾里难以掉头和展开队形，而希腊人的船只较小，转动灵活，因此，海战以波斯人的失败而告终，大部分波斯舰队被消灭。普鲁塔克在阿里斯提德传中说，薛西斯的三个侄子和许多波斯贵族在普西塔尼亚岛被俘，作为牺牲而奉献给了狄奥尼索斯。

在萨拉米海战中的失败，使波斯损失了大量舰船，从此失去了海上优势。大流士的一个儿子、海军统帅阿里阿比格涅斯也死了。残存的波斯舰船逃到了法列尔，那时波斯的陆军也集中在那里。

战斗发生时，薛西斯坐在附近岸上的一座山上观战，在看到波斯军队遭到失败后，他就赶快率领大部分军队从北希腊经博斯普鲁斯海峡回到了亚洲，因为他害怕浮桥被希腊人毁掉。雅典的泰米斯托克利曾提出追击波斯舰队并破坏博斯普鲁斯浮桥的计划，但未被采纳。

在薛西斯的大军返回亚洲的途中，由于缺粮，他们几乎是靠抢劫来维持生计的。在没有什么可抢的地方，则靠吃青草和啃树皮为生。他们走了差不多有一个半月才回到亚洲。在萨尔迪斯，薛西斯让参加远征的埃及人回家去了，也让腓尼基水手回了家，因为他们被薛西斯指责在萨拉米海战时胆小，因而受到了惩罚，这使他们差一点儿叛乱。

在薛西斯离开希腊之前，马尔多尼乌斯说，海战的失败是由于埃及人、腓尼基人、塞浦路斯人等的胆小，而波斯人可以用陆军打败希腊人，在伯罗奔尼撒的战争的命运将由勇敢的波斯步兵来决定。他请求留下一支陆军在希腊，由他领导，以征服希腊。因此，薛西斯留下了一支陆军给他，这支军队包括不死队，以及波斯人、米底人、沙克人、巴克特里亚人和印度人的骑兵和步兵人员。希罗多德说，这支留下的部队有三十万人，但现代学者认为，它最多不过四五万人。

普拉提亚战役

公元前 479 年在普拉提亚进行的战斗是波斯远征军在大陆希腊进行的最后一次战斗。

薛西斯率大军撤走后，马尔多尼乌斯的军队从雅典撤退到色撒利，在那里过冬。在薛西斯撤退后，弗拉吉亚的卡尔息迪爆发了起义，波斯统帅阿尔塔巴兹前去镇压，虽防止了事态的扩大，但夺取波提第阿城的努力遭到失败。在经过三个月的包围后不得不放弃攻城。阿尔塔巴兹同所率军队一起也来到色撒利，同马尔多尼乌斯会合在了一起。

马尔多尼乌斯曾派臣服于波斯的马其顿国王亚历山大带着媾和的条款去雅典，企图同雅典单独媾和，答应给雅典人以某种程度的自治，赔偿战争的全部损失，恢复雅典城里被破坏的神庙和房屋。亚历山大对雅典人说，希腊人不可能战胜波斯人，因为波斯人的军队太强大了。但马尔多尼乌斯的和平攻势未能得逞，斯巴达人说服了雅典人，使他们拒绝了波斯人的诱降。他们让亚历山大转告波斯人，说他们将继续同波斯人战斗。

诱降未成，马尔多尼乌斯立刻率领他的军队向雅典进军，并在沿途扩大军队人数，"他不拘到什么地方，都把当地的人加到他的军队里来"。由于斯巴达人未派兵支援雅典，所以雅典人再度撤退到萨拉米，而雅典城也再度被波斯军队占领。在占领雅典城后，马尔多尼乌斯又向雅典人诱降，提出和平。一个名叫吕奇达斯的雅典人认为最好是接受波斯人的和平建议。这遭到雅典人的强烈反对，他当场被人们用石头砸死，他的妻子儿女也被妇女们砸死。

雅典人再次向斯巴达求援，斯巴达人犹豫再三后，终于派出了五千名重装步兵（他们每人配备了七个希洛特），而后又派出五千轻装步兵，再加上伯罗奔尼撒半岛上其他一些城邦的军队，共约17000人前去援助雅典。由于阿提卡地区不方便骑兵的展开，所以，当马尔多尼乌斯得知斯巴达人来援的消息后，将雅典付之一炬，并彻底地破坏了它，而后便率军前往底比斯。同波斯人站在一边的还有色萨利和比奥提亚等城邦。反波斯的希腊各邦也在比奥提亚的艾利弗尔集中了兵力五万人，其中有三万重装步兵。双方在此进行了一次残酷的战斗，波斯的一个司令官马西斯提亚被打死。而后，双方又来到比奥提亚的普拉提亚进行了会战。

据现代学者推算，在普拉提亚，大约有波斯军六七万人，其中骑兵不超过一万。希罗多德说，当时在这里有希腊军队 110000 人。而现代学者则认为，希腊各邦的军队中，重装步兵为 38700 人，轻装步兵为 34500 人，共计七万多人，不过各家看法不一。马尔多尼乌斯提出，由波斯人去对付斯巴达人，米底人去对付科林斯人，波斯人的希腊同盟者，如比奥提亚人、洛科拉人、色撒利人、弗西斯人及马其顿人等则去同雅典人等作战。

普拉提亚战斗开始后不久，马尔多尼乌斯及其贴身警卫被打死，而且由于波斯人没有重装步兵，骑兵又不能很好地展开，在战术上也不如希腊人灵活，因此，普拉提亚战役也以波斯人的失败而告终。希罗多德说，在普拉提亚战役中，只有波斯人、沙克人和比奥提亚人的骑兵战斗得勇敢，其余的波斯军队的外籍士兵在肉搏战开始前就从战场上逃走了。

从普拉提亚战场败逃出来的残余波斯军队，被雅典人消灭了；一队由阿尔塔巴兹率领的波斯军队先期撤退到了拜占庭，他们在路上同弗拉基亚人的战斗中损失不少，其残部从拜占庭乘船渡海回到了亚洲。自此，波斯人在军事上退出了希腊大陆。

米卡尔·海角之战

公元前 479 年 8 月，在小亚西海岸的米卡尔海角（该地在以弗所和米利都之间），发生了一次海战，即米卡尔海战，由斯巴达国王勒俄提克达斯（Leotychidas）和雅典人爱克山提普斯（Xantippus）指挥的希腊海军攻击了集合在米卡尔海角的波斯残余海军，使波斯海军遭到重创。当时，在米卡尔海角集中了约六万波斯军队，由提格兰统率，舰船被拖上岸进行维修。在战斗中，小亚希腊人没有积极战斗，并且背叛了波斯人，当波斯军队撤退至米卡尔的山上时，米利都人杀死了他们。开奥斯岛、列斯堡岛和萨摩斯岛都转到了希腊人方面去，很多波斯驻防军被杀。所以，波斯人实际上处于孤军奋战的状态。在米卡尔遭到失败的波斯军队退到了撒尔迪斯。

提洛同盟和希波战争的结束

米卡尔海战的结束，标志着波斯人的军事力量再也不能在爱琴海称霸，希腊人进入黑海的通道也被打通（例如，公元前473年，雅典海军在伯利克里的率领下远征黑海就是一个例子）。以后，以雅典为首的希腊一些城邦结成海上军事同盟，对抗波斯，这就是提洛同盟。

公元前466年，在旁菲利亚发生的攸利密顿河之役中，雅典人及其同盟者在海上和陆上同波斯人进行了会战，雅典人在密迪阿迪斯（米泰雅德）的儿子西蒙的领导下打败了波斯人，他们俘虏或毁坏了包括200条三列桨战舰的腓尼基舰队。

公元前460年，在埃及发生了伊纳尔起义。起义者在对波斯人的斗争中取得了若干胜利后，去求助雅典人，而雅典人也乐于去帮助起义者，因为他们需要从埃及获得必需的粮食。所以，在公元前459年，雅典人派出了由200艘舰只组成的舰队，经过塞浦路斯到达埃及，在尼罗河消灭了波斯人的舰队，此后又夺取了孟菲斯。但在公元前458年，斯巴达人与波斯人联合对付雅典，波斯人麦伽比兹带了大量黄金到斯巴达，鼓动斯巴达人直接攻击阿提卡，虽然没能取得什么成果，但威胁到了雅典人的后方。与此同时，在公元前454年，波斯国王阿塔薛西斯一世又派遣了强大的陆军和腓尼基舰队到埃及去，使埃及起义者和雅典人遭到失败，大多数起义者和雅典人都战死了，少数投降了波斯人。伊纳尔和部分雅典人逃亡到了毕布罗斯，还有少量雅典人逃跑到了昔勒尼。一支雅典人的舰队前来支援，却不知道起义者已经失败，到了埃及后，也被波斯人消灭了，这对雅典人是一个巨大的打击。

公元前449年，希波双方进行了和谈，雅典的伯里克利派了卡里阿斯作为谈判代表。当时，雅典人准备把地中海让给波斯人，归还塞浦路斯，并答应放弃对埃及事务的干涉。为此，雅典人要求波斯人承认雅典人在小亚的势力范围，并拒绝波斯人对小亚希腊城市的控制权，因为其一部分现在实际上已经处于雅典人的控制下。然而，波斯人不可能正式放弃自己的领地并承认叛乱臣民的自由，因为这有损于自己的威信。但波斯人这时需要和平，因为，这时，埃及的阿米尔提起义还在继续，再加上雅典人提出把塞浦路斯交还给波斯，因此，经过谈判，在双方都做了让步的情况下，订立了和约。

和约以雅典的代表卡里阿斯（Callias）的名字命名，称卡里阿斯和约。其内容大致是，小亚希腊城市名义上还留在波斯国王的最高统治下，但其征税权却在雅典人之手，其征税的数额应当和在波斯人统治时一样。此外，普鲁塔克说，这些城市由雅典人来管理。但实际上，波斯人从未放弃过对小亚希腊城市的最高统治权。希罗多德和修昔底德也认为，这些地区向来都是波斯人的；波斯人的军队不应走近爱琴海海岸到马的一天行走的距离；波斯军舰不应出现在南边的赫里东和北边的基安尼诸岛屿之间，即从黑海的巴斯波尔入口到地中海东部的地区；根据和约，希腊城市可以自愿地回到国王的统治之下，而雅典人不应当提出异议。先前加入提洛同盟的某些沿海地区，应当像先前一样留在波斯人的统治之下。

由于这个和约对雅典人来说并不是很有利，所以雅典人对和约并不满意，他们指责这个和约的签订者卡里阿斯被波斯人收买了，德谟斯提尼说，雅典人差一点判处卡里阿斯死刑。公元前447年，卡里阿斯被判处罚金50塔兰特，因为据说当卡里阿斯在波斯时，波斯国王给了他那么多的钱。关于卡里阿斯和约，没有正式的文本保留下来，只是在克拉提尔编辑的《人民决议汇集》中和普鲁塔克的《西蒙传》中保存了它的内容。

因此，一些人认为此和约是雅典人捏造的，不是真实的。其理由之一是，在修昔底德的著作中没有提到这个和约。但希罗多德在《历史》一书中说到过卡里阿斯到过苏撒（见该书第7卷151），在此和约签订后过了70年，即在公元前380年，在雅典的著名演说家伊索格拉底的一次演说中提到过它。不过，可能像有的学者所说的那样，卡里阿斯和约只是一个口头的协议，而没有举行正式的签字仪式，因此，在雅典就没有正式的和约文本。普鲁塔克在《西蒙传》中也说，波斯人没有正式签订这个和约，但执行了这个和约的条款。例如，它避免在爱琴海上与希腊的船只相遇等。后来，在公元前 4 世纪的阿塔薛西斯二世统治时期，雅典人和波斯人签订的协议中，把小亚让给了波斯人，此时雅典人大概才想起来，卡里阿斯和约应当算是不错的了，因此开始赞扬卡里阿斯和约。

小居鲁士叛乱

公元前 401 年，波斯帝国内部发生了对波斯帝国有着严重后果的小居鲁士叛乱。小居鲁士是大流士二世和王后帕莉萨蒂丝的儿子。大流士二世国王和王后有两个儿子，一个是阿塔薛西斯（原名是阿尔沙克）；另一个就是小居鲁士（原名就是居鲁士，但因为波斯帝国的创立者叫居鲁士，所以就把大流士二世的这个小儿子叫作小居鲁士）。据说，小居鲁士大约生于公元前 423 年。他是在大流士二世当上国王以后出生的（大流士二世是在公元前 423 年登上王位的）。在他叛乱前，他已经是波斯帝国驻小亚地区的几个行省的总督和驻军的司令，既有行政权又有军权（公元前 407 年担任吕底亚、大弗吉尼亚和卡帕多细亚的总督兼全部小亚细亚西部的军事司令官），当时他年仅十七八岁。他还得到他的母后的宠爱。他本以为可以依靠母后的宠爱而成为国王，但大流士二世早已任命了大儿子阿塔薛西斯二世为王位继承人，而且也没有改变这个决定的意思。不过，王后可能是希望让小儿子当国王的。

小居鲁士发动的反对阿塔薛西斯二世的战争是在公元前 401 年。他之所以发动叛乱，主要原因有以下几点：一，波斯帝国的王子们有争夺王权的传统（这从波斯帝国的第二代起就开始了，这就是冈比西斯的兄弟巴尔迪亚之争，冈比西斯担心巴尔迪亚会篡夺自己的王位，因而把他杀了。以后，几乎帝国内每次王位更迭都会发生争夺王位的战争或篡权阴谋）；二，母后帕莉萨蒂丝的宠爱与支持；三，他在拥有几个行省总督的行政权和军权后野心膨胀；四，公元前 404 年，国王大流士二世生命垂危。在他生命垂危时，他把自己的两个儿子都召到自己面前，当时，大儿子阿克沙尔，即后来当了国王的阿塔薛西斯二世就在国王身边，小居鲁士是从小亚赶去的。国王在不久后（公元前404年的3月）就死了。国王的长子阿尔沙克登上了王位，改名字叫阿塔薛西斯二世，他与梯萨弗尼斯的女儿结了婚。小居鲁士回苏撒参加父王的葬礼并参加新国王的登基典礼。前来参加这些活动的卡里亚的总督蒂萨弗尼斯（也就是新国王的岳父）在参加新国王的加冕礼时向登上了王位的阿塔薛西斯二世告密，说小居鲁士蓄谋造反，想进行叛乱，反对阿塔薛西斯二世。他之所以向新国王告密有一个原因，就是小居鲁士现在统辖的几个省原来是在蒂萨弗尼斯的统辖之下的，即，那些行省是小居鲁士从蒂萨弗尼斯那里抢夺来的，他现在只剩下了一个卡里亚省，他的告密显然有报复的嫌疑。阿塔薛西斯二世相信了这一诬告，于是逮捕了小居鲁士，并准备处死他。但母后帕莉萨蒂丝偏袒小儿子，出面为小居鲁士说情，力保小居鲁士，才使小居鲁士免于一死，并于公元前403年的夏天释放了小居鲁士。而后小居鲁士回到了小亚，并恢复了职务。但小居鲁士愤怒至极。

小居鲁士回去之后，便开始盘算不再受其兄长阿塔薛西斯的节制，并在时机成熟时准备起兵谋反，取其兄长的王位而代之。

为了与自己的兄长争夺王位，小居鲁士做了很多的准备，特别是在军事方面。他利用自己的特殊条件（远离帝国中心和得到母后的宠爱），在小亚不断扩充自己的实力。包括广纳人才、收买人心、扩充军队（表面上说是为了同蒂萨弗尼斯进行斗争并将庇西狄亚人全部赶出境）。

他在斯巴达人的支持下，秘密地募集了一支以希腊雇佣兵为主的军队（约1.7万人）。色诺芬说："他是这样征集他的部队的：首先，他下令给所有各城守备将官各自精选尽多上好的伯罗奔尼撒士兵，扬言蒂萨弗尼斯谋攻其城。事实上这些爱奥尼亚城原本是由国王赐予蒂萨弗尼斯的，但那时除了米里图（即米利都）之外全都叛归了小居鲁士。米里图人也计划同样去归附小居鲁士，但被蒂萨弗尼斯及时发觉，便把一些人处死，而将其他一些人予以流放。这又为小居鲁士提供了一个征集军队的借口。把这些流放的人收归部下加以保护，征集成军，从陆、海两路围攻米里图，力图使这些流放者复归原城。同时他又派人去见国王，以兄弟关系的理由要求将这些爱奥尼亚城池归他管辖，不再由蒂萨弗尼斯继续统治。这事也得到他母后的协助。结果，国王没有觉察出他的阴谋，而认为居鲁士花钱扩军是为了和蒂萨弗尼斯交战。当时阿塔薛西斯二世并不反对他们双方交战，特别是因为小居鲁士还经常把他管辖原属蒂萨弗尼斯的城市的进贡品解送给自己，这就使他更不在意了。"

小居鲁士在阿卑多斯对面的刻尔索尼斯地方，还利用克利尔库斯为他募集另外的一支军队。此人是一名斯巴达流亡者，小居鲁士认识了他，对他很赏识，并给了他一万大流克金币。克利尔库斯拿到这些钱后便用它募集了一支军队，并以刻尔索尼斯为行动基地去攻打居住在赫勒斯滂那边的色雷斯人，从而帮助了希腊人。结果这些赫勒斯滂城市主动自愿向克利尔库斯捐献款项来支持他的部队。这样一来便又为居鲁士秘密地保持了这支军队。

同时，塞萨利人阿里司提鲁斯是小居鲁士的朋友。因为他正受境内政敌攻击甚迫，便来找小居鲁士求借两千名雇佣军的三个月饷钱，以使他能压倒对方。小居鲁士当即给了他四千人的六个月的军饷，并要求他在未跟他商议之前不要同对方言和。这样一来，在塞萨利的这支军队便又成为他的一支秘密武装力量。

另外，小居鲁士指使他的朋友彼奥提亚人普罗克西努斯带领尽可能多的兵来见他，声言他要征讨庇西狄人，因为他们正在进行捣乱。他还指使另外的朋友司腾法利亚的索菲涅图斯和阿加亚的苏格拉底带领尽可能多的兵前来，扬言他要借助米里图流亡者攻打蒂萨弗尼斯。这些人都分头遵嘱行事。

在得知小居鲁士聚集了如此大量的军队的消息后，蒂萨弗尼斯又向阿塔薛西斯二世做了报告，于是，新国王也开始准备进行战斗。

小居鲁士反对阿塔薛西斯二世的叛乱开始于公元前401年的早春时节。那时，小居鲁士率领他的部分军队从小亚的萨尔迪斯（原来的吕底亚的首都，也是小居鲁士总督府的所在地）出发，当时在萨尔迪斯的军队人数是9600名希腊重装兵、2100名轻装兵，200名克里特的弓箭手以及为数不少的波斯军队（他的其余军队在他向东行进时不断与之会合）。后来，据色诺芬说，在小居鲁士和阿塔薛西斯二世交战前，双方的军力对比是：小居鲁士有11万多人（包括希腊雇佣军1.04万重甲步兵，2500轻盾，居鲁士的波军1万人，并有约20辆滚刀战车）；而阿塔薛西斯的军队人数为120万人，200辆滚刀战车，还有国王本人统率的6000名骑兵等。有学者认为，这双方军队的数字都是夸大了的。

叛军从萨尔迪斯出发后，来到弗里吉亚，小居鲁士在这里得到了部分雇佣军与之会合，后来又得到基里基亚国王斯维涅西亚的妻子（她成了小居鲁士的情妇）在资金上的支助，她给了他很多的钱，使小居鲁士能够支付雇佣军4个月的工资（她的丈夫却采取了两面政策，据戴奥多拉说，他一方面派了自己的一个儿子到国王那里去报告了小居鲁士的打算；又派另一个儿子到小居鲁士那里去，给了他一些军队和金钱）。而后，叛军沿着险峻的、没有设防的道路进入了基里基亚。直到此时，小居鲁士还未向他的军队说明自己进军的真实目的——反对阿塔薛西斯二世，只说是去攻打与小居鲁士有矛盾的当时在幼发拉底河边的叙利亚的总督阿布罗科姆。但有些雇佣兵已经怀疑小居鲁士是去与国王作战。一直到小居鲁士的军队到达了叙利亚的塔普沙克城时，小居鲁士才召集他的希腊雇佣军的将领们宣布说，他是要带领他们去攻打国王阿塔薛西斯二世，命令他们转告他们的士兵们。小居鲁士还答应给每个雇佣军士兵每月5明那白银。

叛军在富饶的叙利亚补充了粮食等。但小居鲁士在行军沿途开始遇到麻烦，特别是开始有人要背叛他。例如一个名叫奥隆特的波斯贵族向小居鲁士说他要带领一千骑兵去攻打在小居鲁士的行军前方进行破坏的阿塔薛西斯二世的军队。小居鲁士同意了。但这个波斯贵族却写信给阿塔薛西斯二世，说他将率领自己的军队转到他那一方面去。但信却落入到小居鲁士手中，奥隆特被逮捕，并被处死。

叛军到达巴比伦尼亚后，小居鲁士检阅了自己的军队，对军队做了动员，他答应在他取得胜利后给他们巨大的报酬。他说：

诸位，我父王疆土广阔，南至无法居住的热带，北至无法居住的寒带。在这两极之间都由我哥哥的友辈分省而治。如果我们获胜，我们将安排我们的人去管这些省份。因此，成功之后，恐怕不是我将无物足以给予诸友，而是怕没有足够多的友人来分享。至于你们希腊士兵，我将格外给你们每人一套金花冠。

小居鲁士的军队和国王阿塔薛西斯的军队的会战发生于公元前401年9月3日，地点是在离巴比伦90公里处的库纳克斯村附近。指挥国王军队的是阿布罗考姆斯、蒂萨弗尼斯、戈布律亚斯和阿巴赛斯，不过，阿布罗考姆斯及其军队还未到位，还在从腓尼基到巴比伦尼亚的途中，他晚到了5天，因而实际上并未参加战斗。

开始时，阿塔薛西斯二世的军队没有和小居鲁士的军队交战，而是向后撤。小居鲁士认为这是国王不敢打，"已放弃战意"，因此小居鲁士就大意起来。

第三天进军，他坐在战车上，只带了一小队人马在他面前列开，而大部队伍都散乱行进，并且好多士兵的武器和装具都在由车辆和驮马运载着。

希腊雇佣军配置在小居鲁士军队的左右两翼。在其右翼的是由克列阿尔赫指挥的几千骑兵；在左翼的是小居鲁士的主助手阿利亚率领的部分波斯军。小居鲁士自己带着600名骑兵居中。他的这些骑兵均佩戴着胸甲、护胫和铜盔，并用希腊剑武装了起来。但小居鲁士本人却未戴头盔，说明他有些轻视其兄，没有看到当时的危险性。阿塔薛西斯二世的军队的左翼是蒂萨弗尼斯指挥的着白甲的骑兵；在他们旁边的是轻装部队和埃及重装步兵。在他们的军队的前面是滚刀车。阿塔薛西斯二世处于中央，他把军队展开成半圆形。

战斗开始后，小居鲁士带着自己的600名骑兵向国王阿塔薛西斯二世冲去，使掩护国王的骑兵部队逃跑，并杀死了指挥这支部队的阿尔塔格拉。但在追击时，小居鲁士的随从散开了，他没有了保护。当小居鲁士看到阿塔薛西斯二世以后，便一面叫着"看见他了！"一面向国王冲了过去，并刺穿了国王的护胸，使国王受了伤，但并没有能杀死国王。相反，他自己和他的几个最亲近的波斯贵族却被国王的人杀死了。小居鲁士是因为头部受到矛的重击而死亡的。国王的部下割下了小居鲁士的头和右手，送到了国王的面前。阿塔薛西斯二世抓住他的头发，确认是小居鲁士。

小居鲁士死了，他的波斯人的部下一见便逃跑了。但他的希腊雇佣兵在当时却还不知道，还在继续战斗，直到第二天才得到小居鲁士死亡的消息。

小居鲁士一死，他的叛乱也就失败了。他的希腊雇佣军的一些将领被蒂萨弗尼斯诱杀了，其余的由色诺芬率领，在经过长途跋涉后退到了小亚西部，并很快回到希腊去了。

在取得了对小居鲁士叛乱的胜利以后，阿塔薛西斯二世惩罚了一些背叛者，奖励了一些有功者。但这些有功者却遭到了母后帕莉萨蒂丝的严厉报复以致死得非常惨。例如，使小居鲁士受到致命伤害的一个卡里亚人（国王并不说是他杀死了小居鲁士，而只是说是他把小居鲁士死亡的消息报告给他），但这个卡里亚人却四处张扬，说他因杀死了小居鲁士而受到了奖赏。阿塔薛西斯二世在知道了这个消息后，命令杀了他，但王后帕莉萨蒂丝却说不能这么轻易地就让他死了，她命令刽子手先拷打他 10 天，然后再挖去他的双眼并把熔化的铜灌入他的咽喉。还有一个名叫米特拉达特的波斯贵族，据说他是第一个使小居鲁士受伤的人，为此，阿塔薛西斯二世曾把小居鲁士带装饰的鞍褥赏给了他。一次，他在出席宫廷酒宴时，喝醉了酒的米特拉达特大声叫嚷说，正是他用矛打击了小居鲁士的鬓角。这些话传到了国王阿塔薛西斯二世的耳朵里，他命令严刑拷打米特拉达特。他被放置在一个槽里，上面盖上一个槽，他的头和手放在外面，同时把槽放在太阳下，眼睛被弄瞎。而后喂他东西，在他拒绝时，便强制着把食物（有奶和蜜的混合物）塞入他的嘴里，又把这些混合物涂到他的脸上，许多蜜蜂飞到他的脸上，脸上长上了蛆，它们渐渐地吃掉了他的身体。过了 17 天后，才将其判处死刑。在小居鲁士的死的问题上有功的太监马沙巴特被王后剥了皮。

小居鲁士的叛乱虽然有母后的支持，他也准备了多年，但仍然失败了，而且失败得很快，很惨。这是为什么呢？

小居鲁士的叛乱之所以失败，有它的必然性和偶然性。所谓必然性，一是说他的力量太弱小。毕竟小居鲁士的力量比起阿塔薛西斯二世来要小得多，因为，小居鲁士最多是一个地方的势力，虽然有希腊雇佣兵，也还是势单力薄，而阿塔薛西斯二世却是举波斯帝国一国之力，两相对比，谁强谁弱，不言而喻。在双方决战时，阿塔薛西斯二世还没有使用自己的全部力量，而小居鲁士却已经是倾其所有了。二是说他心虚，因为虽然有母后帕莉萨蒂丝在背后支持他，那也是名不正言不顺，因此，他不得不对自己积聚军事力量一事遮遮掩掩，不能明白地宣布自己的进军目的，一会儿说是为了打击比西狄人；一会儿又说是反对某个地方总督，而不敢从一开始就说是去推翻阿塔薛西斯二世的王权。这虽然也可以说是一种策略，但有可能说明他心虚。在进军途中他说明了自己的真正目的后，他的军心实际上就已经开始有一些动摇，特别是他军队中的波斯人。他不得不用高官厚禄来收买部下。他的那些雇佣军无论如何都是为了自己的利益而绝对不是为了他小居鲁士的利益去进行战斗的，这是雇佣军的本性使然。所以，在战斗中他们极力保存自己的实力，不完全听从小居鲁士的号令。例如，他命令克列阿尔赫带领他手下的希腊雇佣兵去冲击阿塔薛西斯二世所在的敌阵中央，可是，克列阿尔赫却害怕优势敌人力量的包围而没有按照小居鲁士的命令，没有去执行自己的主要任务——摧毁敌人的中心。

说他的失败也有某种偶然性，是说，由于小居鲁士的突然死去，使得叛乱失去了主要人物，因而叛军的活动失去了目标，很快便作鸟兽散。而小居鲁士的死既有必然性，也有偶然性。他如果不死，叛乱可能会延长一些时间，但若说能赢得胜利却未必。因为在还没有和阿塔薛西斯二世的军队交战时，他已经感受到经济上的拮据，战争再拖延下去，经济上的问题必将更加难以解决。

小居鲁士叛乱给波斯帝国带来的后果是非常严重的：它不仅再次暴露了波斯帝国王室内部的尖锐矛盾，也为以后行省总督的叛乱开了个头。在公元前4世纪时，即在小居鲁士叛乱后，在波斯帝国内部发生了一系列的行省总督的叛乱，而这给波斯帝国的最后瓦解创造了条件。

在小居鲁士死后，他手下的希腊雇佣军在色诺芬的带领下，从两河流域的巴比伦附近向西撤退，直到黑海的希腊城市，显示了波斯帝国内部的空虚。正如色诺芬的《长征记》的英译本序言所说：

> 万人希腊大军从萨尔迪斯进军到巴比伦门户，再由此回师到攸克星海（即黑海）的希腊沿岸……轻而易举地击败比他们多好几倍的波斯军，尽管阿塔薛西斯极力阻截，他们仍得以安全回师。这向所有的人表明，这个煊赫一时、颇为人所畏惧的波斯大帝国是全然软弱无力的。希腊政治家和军事要员很快便得到启发。正如弗朗西斯·培根所说："这位年轻的学者、哲学家［色诺芬］，在所有的首领于谈判中被背信弃义地杀害之后，率领这支陆上大军穿过广阔王土心脏地带，安全地从巴比伦回到希腊。此事震惊了世界，并鼓舞了后来希腊人入侵波斯王土。正如以后塞萨利人约森所拟议，斯巴达的阿基西罗斯所企图的，马其顿的亚历山大所完成的大业，所有这些都是在这位年轻学者的行动感召下尽心的。"

埃及的起义和暂时独立

埃及差不多是最后进入波斯帝国的一个重要地区（虽然，在埃及之后还有别的地区，例如东方的印度和欧洲的色雷斯地区，但印度距离波斯的中心地区太远，而色雷斯地区在波斯人统治下的时间很短，在希波战争后就不再属于波斯帝国了，而且在波斯帝国中的作用和影响也很有限），也是离帝国中心较远的一个地区。但它对波斯帝国来说，却是一个非常重要的地区，它的古老的文明，它的富庶，它的人力资源等，在波斯帝国中都占有非常重要的地位，有非常重要的影响。

在波斯人统治埃及的一百多年的时期里，埃及人曾多次起义进行反抗。其原因在于包括赋税和徭役在内的沉重的负担。例如，除了上面提到的冈比西斯和大流士统治初期的起义以外，在公元前486年，在大流士因马拉松战役中的失败，准备对希腊进行报复的战争时，埃及发生了骚动。据埃及官吏赫努麦马赫特从埃列芳提那送给波斯帝国驻埃及总督费伦达特的信中提供的信息，一个名叫奥索尔康的人命令赫努麦马赫特带上埃列芳提那岛上的犹太驻防军的波斯司令官阿尔塔邦前往埃塞俄比亚，以便从那里用船运输谷物。但运来的谷物卸在河岸后，却被起义者抢走。因此，奥索尔康要求费伦达特命令阿尔塔邦对船队进行监护，把卸在岸上的谷物尽数运到埃烈芳提那的西耶恩城（即今天的阿斯旺）。

当年 10 月，骚动转变成起义。11 月，大流士死了。据出自科普托斯的一段铭文，继承了王位的薛西斯在公元前 484 年镇压了起义，并对起义者进行了残酷的报复。希罗多德也说，薛西斯在大流士死后第二年，就向背叛者进军了，他征服了埃及人并使埃及人受到比在大流士的时代要苦得多的奴役，他把统治权交给了大流士的一个儿子，他的亲兄弟阿凯美涅斯（或译为阿赫明纳），即让他担任了埃及总督，以代替费伦达特。从很多神庙的财产被没收以及神庙祭司把薛西斯称作恶魔等情况看，可能，一些神庙的祭司也卷入了这次起义。

公元前 460—前 455 年，在埃及发生了新的起义。关于起义的情况，在希罗多德、修昔底德、克特西乌斯和戴奥多洛斯等人的著作中都或多或少有所反映。在这次起义中，总督阿赫明纳被杀，据希罗多德说："在阿赫明纳担任总督的时候，他却被一个利比亚人普萨美提科斯的儿子伊那罗斯杀死了。"关于这次起义，修昔底德报道说：

"埃及边界上的利比亚国王普萨美提卡斯的儿子伊那罗斯在腓罗斯岛之南一个市镇美里亚，发动了几乎波及整个埃及的暴动，脱离波斯国王阿塔薛西斯而独立。"起义者还寻求雅典的支援，这时候"正碰着雅典人率领他们自己的和同盟国的船舰二百艘，准备远征塞浦路斯岛；他们放弃了这个远征，来到埃及，由海道入口，溯尼罗河而上。他们控制了尼罗河和孟菲斯城的三分之二，于是他们企图攻下其余的三分之一，那个地方叫白塞，那些逃走了的波斯人和米底人以及没有参加暴动的埃及人都住在那里。"

起义者的领袖是伊那罗斯和阿米尔提。起义者赶走了波斯的贡赋征收人，控制了三角洲地区，并向河谷地区推进。总督阿赫明纳调动了一支相当大的军队来镇压起义。但在公元前 460 年的一次大会战中却遭到惨重的失败。阿赫明纳就是在这次会战中被杀的。在雅典人的帮助下，起义者对孟菲斯围攻了一年多，雅典人遭到重大损失，但始终未能攻下该城。后来，波斯国王阿塔薛西斯一世派河外省的总督麦加比兹前去镇压起义，伊那罗斯同自己的部分起义者、雅典人一起逃到了三角洲西部的普罗索比提岛上。在那里，在公元前454年，他们被波斯人包围。半年后，伊那罗斯同部分支持者，还有部分雅典人投降；部分雅典人突围到了昔勒尼。赶来援助起义者的一支雅典舰队被波斯人消灭。只有阿米尔提率领的一支起义者队伍在三角洲西部的沼泽地带隐蔽了下来，未被消灭，并坚持了战斗，但影响已不很大。波斯人巩固了自己在埃及的统治。大流士之孙阿尔沙马被任命为埃及总督。

公元前4世纪末，对波斯帝国来说，是一个多事的时期。本来，希腊的伯罗奔尼撒战争（公元前431—前404年）给了波斯人一个很好的发展机会：可以加强对希腊的影响；可以加强对帝国内各被征服民族的控制。但是，在此时执掌政权的大流士二世和波斯统治集团却未能把握好这个机会。这时，波斯的宫廷倾轧和阴谋接连不断。这严重削弱了帝国的实力，转移了波斯统治集团的注意力，特别是那时正是埃及发生阿米尔提二世起义的时期，波斯人内部的矛盾和内耗，对起义的发展是很有利的。

阿米尔提二世大概是前述阿米尔提的孙子，起义发生于哪一年还不能确定，可能是在公元前405年。在起义发生前，在埃及南部的埃烈芳提那已发生骚动，摧毁了犹太军事殖民者的神庙。在公元前404年时，起义者已占领了下埃及；到公元前400年时又把上埃及控制到了自己手中。据阿拉美亚纸草文献（AP35），这时候在埃及的犹太殖民者也转到了起义者一边。阿布洛科姆率领的波斯驻守叙利亚的军队准备去镇压起义，但小亚发生的小居鲁士叛乱打乱了他们的计划，阿布洛科姆不得不去帮助国王对付小居鲁士。这给了埃及的起义者以很好的机会发展自己。他们甚至将军事行动扩展到了叙利亚。波斯人在埃及的统治暂时中断了。阿米尔提建立了第二十八王朝，首都舍易斯。

据曼涅托（Manetho）提供的资料，第二十八王朝只有阿米尔提一个国王，他统治了6年（公元前404—前399年）后被推翻，取代他的统治的是出自中部三角洲的门德斯城的涅菲利特。他试图同斯巴达结盟，公元前 395 年，他曾派了一支舰队到在罗多斯岛的斯巴达舰队那里去，但却落入雅典人手中。过了两年，即到公元前 393 年，涅菲利特之子阿荷利斯即位为王。他一方面在国内注意发展经济，加强军事力量（主要是利用希腊雇佣军）；另一方面，在国外，同雅典、塞浦路斯岛上的艾瓦尔戈、小亚的比西狄人和部分阿拉伯人等结成同盟，反对波斯的统治；支持腓尼基和小亚的基里基亚反对波斯人的斗争。公元前 385—前 383 年，波斯人对阿荷利斯发动了大规模的军事进攻，但遭到失败。阿荷利斯一直统治到公元前 382 年。他死后，他的儿子普撒姆提克只统治了一年。而后上台的涅菲利特二世也只统治了几个月，又被出自三角洲的舍百尼塔地方的涅克塔涅布夺取了政权，他建立了第三十王朝。公元前 373 年，波斯军队在法尔纳巴兹的率领下，向埃及发动进攻，他的舰队在尼罗河口登陆后，大肆进行抢劫，并对居民进行屠杀或将他们卖为奴隶。此后，又向孟菲斯推进，但这次波斯人又遭失败。后来，埃及内部发生内讧，严重地削弱了自己的实力。公元前 343 年，波斯人终于重新占领埃及，建立了第三十一王朝。直到公元前 332 年，马其顿亚历山大远征，占领埃及，波斯人对埃及的占领终结。

亚历山大的东征和波斯帝国的灭亡

公元前 4 世纪的东部地中海地区是一个混乱的地区：古典时代的希腊已成过去，由于城邦危机，雅典和斯巴达这两个古典时代的霸主因彼此之间的争夺而两败俱伤，而且各城邦之间也混战不已，希腊地区的社会经济遭到严重破坏，已大不如前。与此同时，在希腊的北部，原来被希腊人认为是蛮夷之地的马其顿，却在公元前 4 世纪中叶以后经过腓力二世统治时期采取的若干措施（包括借鉴希腊的文化、发展经济、改革军事等）而强盛起来。在公元前 338 年的喀罗尼亚战役中，腓力二世率领的马其顿军队打败了除斯巴达以外的希腊联军，并在次年（公元前 337 年）的科林斯会议上迫使希腊承认其为霸主。会上还提出以腓力二世为总司令东征波斯帝国，为希腊报仇（其口号是"把战争带给东方，把财富带回希腊"）。这在一定程度上符合了陷入困境中的希腊奴隶主的愿望：一方面可以转移人们的视线；另一方面可以借战争掠夺到奴隶和财富，以缓解希腊奴隶制的危机。而马其顿也可以借此转移视线，使希腊人不再把马其顿看作自己的敌人，达到其称霸希腊的目的。

当马其顿希腊正咄咄逼人要东侵时，地中海东部的另一个强国波斯帝国此时却早已走过了自己的巅峰时代，当年居鲁士、冈比西斯、大流士所向披靡的时代已经不再。在公元前5世纪的希波战争中，波斯受到严重挫折（虽然在这次战争中波斯究竟是战败了还是战胜了看法不一，但在此次战争后波斯人已经没有了先前的那股锐气则是很明显的），而且它内部的各种矛盾重重叠叠，严重削弱了它的实力（民族矛盾、统治阶级和被统治阶级的矛盾、统治阶级内部的矛盾——王权和总督的矛盾、王室内部的矛盾等）。特别是公元前4世纪末的小居鲁士叛乱后，波斯帝国的腐朽已暴露在希腊人的面前。公元前4世纪中叶以后，当希腊马其顿对其虎视眈眈时，帝国内部的矛盾更加严重，完全无视自己所面临的威胁，没有采取措施加强自己的实力，以应对即将到来的危险。因而，当亚历山大的东征军打来时，波斯帝国毫无还手之力，很快就被打败而灭亡了。

但就在东征开始前，在公元前336年，腓力二世被刺身亡，其子亚历山大登上王位，并成为东征波斯帝国的联军统帅。

亚历山大，国王腓力二世和王后奥林皮亚达之子，生于公元前356年，公元前336年即位时才二十岁。腓力二世死后，希腊各邦中的反马其顿派纷纷起兵反抗马其顿，亚历山大镇压了这些反马其顿的势力以及马其顿国内反对自己继承王位的人，巩固了自己的统治之后，在公元前334年春率领希腊马其顿联军开始东征。

关于东征的原因，亚历山大曾在致大流士三世的一封信中说：

虽然我国从来都未曾侵略过你们的祖先，但你的祖先却侵略过马其顿和希腊其他地区，对我危害极大。我已经正式被任命为全希腊总司令，并已率军进入亚洲，目的是攻打波斯，报仇雪耻。但坏事还是你们先挑起来的。你曾帮助坡任萨斯作恶，危害我父亲；欧卡斯曾派兵侵入属于我们主权范围的色雷斯；你还曾指使阴谋家刺杀我父亲，这件事你们竟然还在信件中向全世界公开吹嘘；你们还曾借助巴果斯之手暗杀阿西斯，以不正当的手段篡夺王位。按照波斯法律，这是非法的，对波斯国民也是莫大的侮辱。你还给希腊人写黑信，教唆他们向我宣战。你还向拉栖第梦人以及其他某些希腊人送大批钱，除拉栖第梦人外，其他城邦都未接受你的贿赂。最后你竟然派使者收买并腐蚀我的朋友，妄想破坏我在全希腊促成的和平局面。这时，我才忍无可忍，拿起武器来对付你。挑起争端的是你。现在，既然我已经在战场上先把你的众将领和督办征服，这回又把你自己和你的部队击溃，从而占领了这一带的土地，这是天意。既然我打胜了，我就应当对你那些未战死沙场而投奔到我这里来的所有官员负责，确实，他们投奔到我这里完全是出于自愿，而且还自愿在我部队服役。因此，你应当尊我为亚洲霸主，前来拜谒。如果你担心来到之后我会对你无礼，那你就可以先派你的亲信前来接受适当的保证，等你前来拜谒时，提出请求，就可以领回你的母亲、妻子和孩子以及你希望得到的其他东西。只要我认为你提的要求合理，就都可以给你。将来，不论你派人来还是送信来，都要承认我是亚洲的最高霸主。不论你向我提出什么要求，都不能以平等地位相称，要承认我是你的一切的主宰。不然，我就会把你当作一个行为不正的人对待。如果你想要回你的国土，那你就应当据守阵地，为你的国土而战，不能逃跑。因为，不论你逃到哪里，我总是要追的。

他统率的远征军的数量在古代就有不同的说法，从三万多人到五万人不等。不过，这当然只是战斗部队，而不包括从事后勤的部队和随军人员。

格拉尼库斯河之战

1934 年春，亚历山大率领远征军离开希腊马其顿开始东征。阿里安说，他带去的步兵有轻装部队和弓箭手，总共三万多人；还有骑兵五千多人。远征军在塞斯塔斯比较顺利地渡过了赫勒斯滂海峡，到达小亚的阿布达斯。这些部队用了

160 艘战船和一大批货船。据说亚历山大是从埃雷昂乘船到阿卡安港，曾亲自在旗舰上掌舵，还传说他是远征军中第一个登上亚洲大陆的。按说，波斯人应当在海峡处布置兵力，阻挡亚历山大的军队渡过海峡，因为，亚历山大没有海军，波斯海军完全可以在海峡处袭击渡海的敌方军队，但波斯人却没有在此布防，让亚历山大的军队毫无阻挡地渡过了海峡。

远征军和波斯军队的第一次交锋是在小亚的格拉尼库斯河。交战之前，亚历山大派了一支由阿明塔斯率领的侦察部队，侦察波斯部队的情况，知道波斯军队正沿格拉尼库斯河对岸集结，于是，远征军便赶赴此河，两军在河的两岸对峙。当时，波斯军队中的希腊雇佣军将领迈浓建议不要和马其顿军队打仗，因为他们的步兵比波斯人的强得多，他劝波斯的将领最好把部队转移；用骑兵践踏粮草，全部毁掉；放火焚烧地里的庄稼，甚至连城市也别留下。这样到处没有粮草，亚历山大就无法在这一带立足。但波斯将领不同意，其中一个名叫阿西提斯的说，他绝不允许自己人的房子有一间被烧。出席会议的人支持他的意见，因为他们怀疑迈浓是为了保住国王封给他的官位才有意拖延战争（据阿里安说，迈浓被大流士三世任命为海军和沿海军区总司令）。

开战前，亚历山大把骑兵部署在两翼，并加强了步兵方阵。波斯方面有大约两万骑兵以及稍小于此数的步兵和外籍雇佣兵。他们的部署是：骑兵沿河列队，形成一个拉长了的方阵；步兵在后，河岸以上的地势很高，形成居高临下之势。双方在河岸上先是展开了一场骑兵大混战。希腊人拼命要登上对岸，而波斯军则千方百计地阻止。波斯军的标枪铺天盖地，马其顿人的长矛左刺右扎。由于马其顿军队所处的地势极为不利，所以首批与波斯军交锋的马其顿军队几乎全部牺牲。但亚历山大率军冲了上去，很快，马其顿军队一队一队相继过河，双方一场激战，亚历山大的长矛也被折断，在换了一根长矛后，发现大流士三世的女婿米色瑞达提斯带着骑兵过来，便用长矛扎到了他的脸并将其甩到地上，但亚历山大的头盔却被一个波斯将领罗西帕斯砍掉一块。最后波斯军队没有能够挡住亚历山大军队的冲击而溃败了。

这一仗的失败，使波斯帝国丧失了大片土地，亚历山大任命卡拉斯为新占领区的总督，命令当地居民按原来的额度交税。据阿里安提供的资料，在这次战斗中希腊人一共牺牲115人，其中有25人是地方部队的，亚历山大命令为他们铸铜像。对牺牲的60个骑兵和30个步兵，亚历山大命令豁免了战死者的父母子女的地方税、财产税和一切劳役。

亚历山大雕像

然后，亚历山大率军沿地中海东岸前进，一路顺利。例如当他们到达吕底亚的首都萨尔迪斯时，该城的军队自动投降；当亚历山大的军队还没有到达埃菲萨斯时，当地的雇佣军就逃跑了；就在此同时，马格尼西亚和特拉利斯两地也派代表向亚历山大献城；马其顿军比较顺利地占领了小亚的内陆地区福瑞吉亚；沿海岸线一路向东占领了西里西亚，夺取了塔萨斯城和伊苏斯城等，波斯的海军虽然企图沿途骚扰，也有一些地区对马其顿军进行过抵抗，企图阻止亚历山大军队的进军，但未造成多大的困难，马斯顿军便占领了几乎整个小亚地区。亚历山大禁止当地人滥杀无辜以防止公报私仇、谋财害命的事情发生。可能一方面由于财政困难，另一方面亚历山大认为自己的海军力量太弱，无力和波斯人对抗，因此他下令解散了自己的海军，说要从陆上打败波斯的海军。

伊苏斯会战

在亚历山大占领了小亚以后，波斯帝国皇帝大流士三世认为，亚历山大的目的只不过是要占领小亚西海岸的希腊人的城邦，为希腊人报仇，所以并未在意亚历山大在小亚的军事上的胜利；他曾任命希腊人迈浓担任小亚细亚沿岸军区总司令，率领所部和全部海军进入爱琴海，想去攻打空虚的马其顿和希腊各邦，突袭亚历山大的总后方。但迈浓很快死了，大流士三世的这一计划遭到了破产。后来，马其顿的军队不仅占据了小亚西海岸各地，更进而占领了西里西亚和整个小亚。这时大流士三世开始紧张了起来，他调集了大批军队到达了古代亚述境内的索契。当时，亚历山大的军队驻在米瑞安德拉斯，而大流士三世在一些人的怂恿下穿过了阿曼尼亚关口，从希腊人手中夺回了伊苏斯城，亚历山大闻听此消息后，立即回军伊苏斯，和大流士三世进行了一次对决。当时大流士拥有号称六十万人的一支大军，他先派了三万骑兵去品那斯河，配以两万轻装步兵；又从希腊雇佣兵中抽出三万人部署在前方，面对马其顿方阵，然后在两翼各部署六万卡达克部队（都是重装部队）；又在面对亚历山大右翼的地方部署了两万兵力，这些部队实际上已经延伸到了亚历山大部队的后方。

亚历山大则把他的被称为"战友"的部队，色萨利部队和马其顿部队都调来，部署在右翼，由他自己指挥；所有的伯罗奔尼撒部队和其他联军部队都派往左翼，归帕曼纽指挥。大流士三世将大部分骑兵调至帕曼纽的对面，因为那里便于骑兵展开。大流士本人则像以往波斯人排兵布阵一样，自己位居中央。这时候亚历山大看到几乎波斯的所有骑兵都集中在他的比较弱的左翼，于是他暗自将色萨利骑兵调到左翼，以加强他们，又做了其他一些调动。

战斗开始以后，亚历山大就率领自己随身的部队从右翼快速前进，以雷霆万钧之势恫吓波军。交战一开始，波军左翼就顶不住压力而后撤。但波军中的希腊雇佣军却赶到马其顿方阵出现空缺的地方，竭力要把敌人赶到河里去，以便把波军正在退却的一翼稳住。希军有不少丧亡，但大流士本人看到自己军队中的左翼被亚历山大的军队猛扑，又看到他们和其他部队的联系被切断，吓破了胆，马上驱车逃跑了。正在奋战的波军看到大流士逃跑了，也就无心恋战，于是开始了大溃退。在逃跑中，只要能找到平地，大流士三世就驱车跑，遇到峡谷和崎岖的山路就弃车逃奔，把盾牌和斗篷也扔掉了。幸而夜幕降临，才没有当上俘虏。他一直逃到幼发拉底河，一路上纠集了一些波军和雇佣军约四千残兵败将，企图尽快形成和亚历山大隔河对峙的局面。马其顿军攻破大流士三世的营地时捉住了大流士的母亲、妻子（同时也是他的姐妹）和婴儿、他的两个女儿等。希军还在营地发现了大约三千塔连特的现金。亚历山大决定保留大流士三世家眷们的皇家地位和一切皇家特有的东西以及皇亲公主等头衔。

阿里安说，这次战役中波斯军队中有十万人被杀，其中有骑兵一万多人。波军失败的直接原因显然与大流士三世临阵脱逃有关，而他的军队中虽然也有一些是在顽强战斗的，但总体上说是没有斗志的，一有风吹草动就溃不成军。大流士三世的这种表现和波斯帝国早期的国王们的精神状态是完全不一样的，倒是和希波战争中薛西斯的表现差不多。

占领腓尼基和埃及

在伊苏斯战役后，亚历山大面临着是去追击逃跑的大流士三世，还是去占领腓尼基和埃及，以解除自己的后顾之忧这样一个两难的选择。因为当时波斯帝国的海军还相当强大，如果去攻击希腊，会引起对亚历山大不满的希腊人的起义，从而使亚历山大的后院起火；或攻击空虚的马其顿，这也是亚历山大十分担心的。因为这并非空穴来风，在不久前，迈浓曾经企图这么做过。当时迈浓奉大流士三世之命率领迈浓自己的雇佣军和波斯的全部海军，去攻击希腊和马其顿。只是因为迈浓死了，才使亚历山大免去这一劫。但这并未完全消除亚历山大的担忧。因此，亚历山大决定先去夺取腓尼基和埃及，以消除自己的后顾之忧。

亚历山大从马拉萨斯出发，一直南下，一开始很顺利。他接受了腓尼基的毕不罗斯和西顿的归降。据说，西顿是自动迎接亚历山大进城的，因为那里的人们"极其厌恶波斯人和大流士"。但在推罗，亚历山大却遭到了坚决的抵抗。虽然，当亚历山大向推罗进军时，推罗人也曾派了代表在半道上去迎接亚历山大。这些代表说，推罗全体市民已决定接受亚历山大的治理。亚历山大也称赞推罗这座城市和他们的代表，要这些代表回去告诉推罗的市民，说他打算到推罗去向赫丘力士神献祭。推罗的代表们回去把亚历山大的话向市民宣布后，推罗的市民说，他们"接受亚历山大的一切命令，但绝不能允许任何波斯人或马其顿人进城"。推罗人认为，他们的这个决定在当时是最妥善的。但亚历山大听到这个话以后却大冒肝火，他召集他的"伙友"们、部队的司令以及其他军官开会，鼓动他们攻打推罗。

推罗是腓尼基地区的一个重要城邦。在历史上，腓尼基地区没有形成一个统一的国家，而是形成了若干个独立的城邦：毕布罗斯、西顿、推罗等。因此，这里成为周围强国侵略和入侵的对象。推罗这个城市"位于一个海岛上，四周筑有高耸的城墙，使它更加难攻；而且，在附近的海面进行的任何军事活动都只会对推罗人有利，因为波斯军队仍然掌握着制海权，推罗人也还保有大批战船"。亚历山大决定由陆地修一条堤通往推罗。这一带海峡很浅，附近又有大批石头和木头，因此，在泥里打桩应该是很方便的。开始时筑堤工程进展很顺利。但当他们推进到接近推罗城时，水也越来越深，推罗人从高高的城墙上射来的箭使他们很难办，而且推罗人还掌握制海权。但后来亚历山大从西顿等地调来海军，并用擂石器抛掷石头。推罗人进行了英勇的抵抗。不过，他们虽然在与亚历山大军队的对峙中取得过一些胜利，但终于被亚历山大的军队攻破了城池。远征军对推罗人进行了血腥的屠杀。阿里安说：

由于围城太久，马其顿人的火气早已按捺不住了；更因为推罗人曾活捉了从西顿坐船来的一些马其顿人，把这些俘虏拖到城墙上，故意叫在营地的希腊人都能看见，就这样在众目睽睽之下把他们砍死并扔到海里。这更激起了马其顿人的万丈怒火，因此，他们不论看到什么人都狠命砍杀。有八千推罗人被砍倒在血泊里。

马其顿人"在整个围城战役中，总共大约有四百人牺牲"。有一些推罗人逃到赫丘力士庙里，他们都是推罗的要人，其中包括国王阿则米卡斯，还有一些迦太基来客，被亚历山大赦免。其他人则都被当奴隶出卖了，一共有三万人被卖为奴隶。

在攻占了推罗后，巴勒斯坦的大部分都投到了亚历山大一边，只有一个加沙城例外。加沙城很大，建在高岗上，四周的城墙很牢固，是从腓尼基通往埃及路上在沙漠边缘上的最后一座城市。当时有一个名叫巴提斯的宦官占据着加沙城，有一支由阿拉伯人组成的雇佣军，而且储备了大量的粮草，打算长期死守。在这里，亚历山大又遇到了顽强的抵抗，他本人也被射伤。该城被攻破后，"加沙市民还是抱成一团顽抗。每个人都在自己的岗位上战斗到底，结果全部被歼。亚历山大把他们的妇孺都贩卖为奴"。

在占领了加沙之后，亚历山大便率领远征军前往埃及。第七天到达埃及境内的白露西亚。他的舰队从腓尼基出发，沿岸和陆上的部队齐头并进，也已到达白露西亚。当地的波斯官吏马扎西斯拱手让亚历山大进了城。亚历山大一边派兵驻守白露西亚；一边命令海军沿尼罗河上溯直到孟菲斯。他自己则率部到赫拉奥波利斯。然后，他又乘船沿尼罗河顺流而下，到达后来以他的名字命名的地方上岸，觉得在这里修一座城市非常理想，于是，在他的命令下，建造了一座亚历山大里亚城。

据说亚历山大打算把城墙的具体位置在地面上勾画出来，留给筑城的人按线修建，但找不到画线的材料。后来有一个准备参加筑城的人异想天开，出了一个好主意：把士兵们随身用容器盛着做口粮用的粗粉收集起来，国王在前面走，后边跟的人就往地上撒，走到哪撒到哪。就这样，亚历山大设计的围绕市区的那道城墙的具体位置就算划出来了。

在埃及期间，亚历山大曾去拜访过利比亚沙漠中的阿蒙神庙，

一个原因是他打算去问卜，因为阿蒙的神谕被确认为总是千真万确的……另一个原因是……想对他自己了解得更准确一些，至少他事后可以说他对自己了解得更清楚了。

据阿里安说：

阿蒙庙所在地区极目四望，一片荒凉，茫茫沙漠，滴水难得。但庙宇周围小小的中心地带（最宽的地方约有四十斯台地），却是绿树成荫，有橄榄、棕榈等树。在所有这一带地方，只有这一处能有露水。还有一股泉水从地下涌出。这口泉和一般从地下冒出来的泉水大不相同。它冒出来的水一到中午，喝起来就非常清凉，用

手一摸更觉得凉爽，简直凉到不能再凉了。但一到傍晚太阳落的时候，水就开始暖起来，越晚越暖，到半夜最暖。半夜以后就又慢慢变凉，天亮时就已经凉了，到中午时最凉。一年到头，每天都是这样循规变化。这一带还产天然食盐，是从地里采掘出来的……亚历山大视察了这个绿洲，赞不绝口。他还祈求神示，据他自己说是得到了他梦寐以求的那种回答，然后就回埃及了。

去绿洲中的阿蒙神庙，亚历山大是沿着海岸一直走到帕拉托尼亚，然后转入内陆，向阿蒙神庙走去，路上一片荒凉，大部分是沙漠，无河水。途中，军队迷了路，连向导都不知道往哪儿走。据托勒密记载，是两条蛇指引了路；而阿瑞斯托布拉斯记载说是由于一只鸟引的路才使亚历山大走出了困境。至于从绿洲回来，阿瑞斯托布拉斯说他是由原路回去的，但托勒密却说他走的是另一条直奔孟菲斯的路。

在孟菲斯，他接见了从希腊来的一些代表团，补充了军队，整顿了埃及的政务。他把全埃及分为两个省，分别任命埃及人多劳斯皮斯和坡提西斯为省长，但坡提西斯不愿就任，于是就叫多劳斯皮斯统辖全境。此外还任命了由希腊人担任的驻军司令等。

公元前331年春，亚历山大率领远征军离开埃及继续他同波斯人的战争。他途经尼罗河三角洲、西奈半岛、巴勒斯坦和叙利亚，到达两河流域，穿过幼发拉底河和底格里斯河，来到两河流域北部地区。在这里的高加美拉，在公元前331年的9月，远征军和波斯军队进行了最后一场大战——高加美拉之战。

高加美拉之战

高加美拉在古亚述首都阿淑尔附近，大流士三世在这里集结了号称百万大军（实际上不过八万左右，其中包括两百辆配备有弯刀以对付方阵的战车和十八头大象），准备和亚历山大再次进行会战。为了自己的战车和骑兵能发挥威力，大流士三世命令把高低不平的地方铲平。据阿里安的记载，会战时双方军队的部署情况如下：

大流士的军队左翼是巴克特里亚骑兵，和他们在一起的有达海人、阿拉科提亚人。和他们并排的部队是波斯骑兵混编部队。波斯人后面是苏西亚人，最后是卡杜西人……右翼是叙利亚、美索不达米亚部队，还有米底人。在他们后面是帕提亚人、塞种部落，然后是塔普里亚人、赫卡里亚人，再往后是阿尔巴尼亚人、塞克西尼亚人……在大流士国王全军中央，有亲王、波斯人、'苹果手'（按：波斯国王的侍从，因其长矛尾部刻有苹果状物而得名）、印度人、号称'移民'的卡里亚人、马尔吉安那弓箭兵。攸可西亚人、巴比伦人、红海各部族人及西塔刻尼亚人组成军队的纵深。在左翼之前，正对着亚历山大右翼的地方部署有西徐亚骑兵、约1000名巴克特里亚人和100辆刀轮战车。在大流士王家中队旁边还部署了象队和50辆战车。右翼的前方部署了亚美尼亚、卡帕多细亚骑兵及50辆刀轮战车。希腊雇佣兵部署在大流士身边的波斯人两侧，他们部署在马其顿方阵对面，他们是唯一能够对付这个方阵的部队。亚历山大军队部署如下：右翼是重装骑兵团。左翼马其顿军队有亚历山大之子克拉特拉团，他同时又是左翼所有步兵的指挥官。和该团并排的有拉里卡斯之子埃里吉亚指挥的盟军骑兵。左翼和他们并排的还有迈尼劳斯之子菲利普指挥的帖撒利亚骑兵。整个左翼由菲罗塔斯之子帕纽曼指挥。他身边有帖撒利亚骑兵，他们是帖撒利亚骑兵的精华和多数。

在亚历山大军队的第一线后面还布置了第二道防线。这样他就有了双重防线。而且，他的指挥官得到命令，一旦对方的阵形发生变化，他们也要进行相应的变化，以应对敌人的变化。

大流士三世的军队非常紧张，他们全副武装，一夜没睡地等待着，以为敌人会偷袭。所以，到战役开始时已经十分疲惫。而亚历山大的军队却安安稳稳地休息了一夜，精力充沛地迎接战斗。两军渐渐接近。亚历山大带领自己的右翼往右移动，波斯人左翼也做了相应的移动。他们的左翼远远伸到亚历山大方阵右翼之后。但亚历山大仍然继续向右移动。大流士深恐马其顿人开到崎岖不平的地方，使他的战车失去作用，便下令自己的左翼前沿的骑兵包抄亚历山大的右翼。对此，亚历山大下

世界传世藏书

世界历史通览

文明的滥觞

令自己的米尼达斯率领雇佣军骑兵冲击他们，双方战斗非常激烈。亚历山大军队遭到很大伤亡，但却经受住了波军的进攻，而且打乱了敌人的队形。波军的刀轮战车向敌军冲去，亚历山大军早有防备因而未起到任何作用，战车被敌人俘获。企图包抄马其顿军右翼的波军骑兵也被马其顿军的骑兵击溃。亚历山大高呼口号冲向大流士本人。方阵举起长矛冲向波军时，大流士三世再一次临阵脱逃。当时马其顿军的左翼阵线被突破。部分印度人和波军骑兵通过这个缺口冲到了马其顿辎重队旁边，在这里发生了一场激烈的战斗。但最后被马其顿军队击退，而且死伤了许多人。波军的右翼这时候还不知道大流士已经逃跑，因而他们的骑兵还去包抄了希军的左翼。亚历山大得知这一消息，立即停止了对大流士三世的追击。他带着精锐的重装骑兵攻向波军右翼。开始了整个战斗中最残酷的骑兵会战。在这里，亚历山大又取得了胜利。于是，亚历山大又回兵追击大流士三世，一直到天黑为止。高加美拉战役以亚历山大的胜利而告结束。此次战役共进行了两天，波军伤亡人数当在六七万，而希军伤亡至少也在一万多人。不过没有准确的统计数字。

高加美拉战役以后，大流士三世就一路狂奔直至逃到巴克特里亚，被其部下所杀。波斯帝国实际上已经灭亡。此后亚历山大的东征还进行了三年多，但那只是同波斯帝国境内的地方部族的战争。最后，亚历山大的远征军一直到了印度河流域。由于该地居民的激烈抵抗，远征军又极不适应当地的气候，以及远征军的士兵和一些军官不想再打下去，所以亚历山大只好停止继续战争，而兵分两路回到巴比伦，从而结束了东征。亚历山大东征仅用了十年的时间。东征的结果一是摧毁了一个波斯帝国，二是形成了一个亚历山大帝国，三是远征军掠夺到了大批财富。据斯特拉波的《地理志》说：

据说不算巴比伦的库藏，也不算那些在营地中得到的库藏，仅苏萨和波斯行省库藏价值总计就有四万塔兰特。有些人说值五万塔兰特。还有人说，从各地运入埃克巴塔那的全部库藏就值十八万塔兰特。大流士从米底出逃时，随身所带库藏总计八千塔兰特，但它被背信弃义的凶杀犯们抢劫一空。

在这次远征中缴获的财富，亚历山大将其一部分分给了他的部下，作为对他们的奖赏，供他们养家。但大量的财富并没有带回希腊，而是留在了东方，因为亚历山大把他的帝国都城放在了东方，放在了巴比伦。

波斯帝国之所以会在如此之短的时间内就被亚历山大带领的不过 5 万人的远征军所摧毁，一是因为波斯统治集团的腐朽，统治集团内部长期的争权夺利的斗争严重地削弱了自己的实力，没有看到自己所面临的危险，从而认真准备去对付外敌的入侵；二是帝国内部尖锐的民族矛盾（埃及曾在公元前 5 世纪末至公元前 4 世纪后期摆脱波斯统治而独立，直到亚历山大东征前不久才重新被波斯人征服，表明了在波斯帝国境内民族矛盾的尖锐性），使得波斯帝国虽然地大物博，人口众多，资源丰富，但却形不成一股强大的力量，更不能发动群众来组织起有效的抵抗，不能在遇到挫折后顽强地坚持下去，而是一遇挫折便即崩溃，特别是大流士三世两次从战场上带头逃跑，使得他的军队士气大受影响。

波斯帝国的灭亡与西亚北非古代文明的终结

公元前 1000 年代中叶，当地中海东部古老的北非和西亚文明正处于极盛而衰，地中海北部的希腊罗马文明才刚刚兴起之时，在伊朗高原兴起的波斯帝国（公元前 6 世纪中叶至公元前 4 世纪末叶），在古代近东文明史上占有重要的地位，在古代地中海地区的文明史上起过承前启后的作用。它是近东地区的古代文明从小国寡民阶段到一个地区的若干小国逐步统一为领土国家，到跨地区的帝国这一发展过程的最高阶段。它是古代世界第一个地跨亚非欧三大洲的大帝国。在它之后的希腊马其顿亚历山大帝国继之而起，建立起了一个也是地跨亚非欧三大洲的大帝国。而后，罗马人又在征服希腊化各国的基础上形成了地跨三大洲的大帝国。

众所周知，早在公元前 4000 年代中叶（即公元前 3500 年左右），在西亚的两河流域南部的苏美尔地区和北非的尼罗河流域的埃及，就已进入了文明时代（两河流域南部的苏美尔时代和埃及的前王朝时代后期的涅伽达文化 II 时期），在这两个地区形成了若干个小国寡民的国家（埃及人称之为斯帕特）。虽然，这两个地区中的各小国之间有很多的交往和联系（包括政治的、经济的、军事的和文化的联系），但在当时，在这两个地区之间的联系却是很少的，几乎是彼此孤立地发展的（至少就目前拥有的确实可靠的资料而言是如此）。这些文明的出现，是各地区新石器文化、金石并用文化发展，从而引起社会大分工、阶级分化的结果，而不是外部影响、外部入侵的结果。

到公元前3000年代，最早在埃及（早王朝时期及其以后），而后又在两河流域南部（在阿卡德王国时期和以后）形成了统一国家。与此同时，在这两个地区还逐步地形成了君主专制的统治形式。统一无疑是当地社会经济发展的必然结果和要求；同时，也是统治阶级企图不断地扩大其剥削和统治范围的反映。在统一过程中充满了小国之间的战争和争霸战争，充满了屠杀和掠夺，这使统一打上了剥削阶级的烙印：无数财富被掠夺，无数人民被杀戮或变成奴隶。随着统一国家的形成，国家的版图扩大了，人口增多了，阶级关系也更复杂了，阶级矛盾十分尖锐，原来在一个小国范围内展开的阶级斗争扩大到了一个更大的舞台上来，阶级斗争的规模也更加扩大。因此，统治阶级已经不可能依靠原来小国寡民时代薄弱的国家机器来维持他们的统治了，国家机器需要强化。而在统一战争中取得胜利的那些小国的国王，他们的威望极大地提高了，权力极大地加强了，甚至被神化，似乎他们是不可战胜的，似乎他们的胜利是神保佑的结果。正是在这样的形势下，君主专制形成了。统一和君主专制的形成在当时的历史条件下是有利于社会经济的发展的，是有利于巩固刚刚出现的新的社会经济制度——奴隶制度（虽然这是一个极其残忍的剥削制度）的。

到公元前2000年代后期，埃及通过征服率先形成了跨地区的帝国（包括埃及本土、叙利亚、巴勒斯坦地区和努比亚地区）。此后，到公元前1000年代的前期，在西亚也形成了亚述帝国，其版图曾一度包括两河流域至尼罗河流域的埃及的广大地区，第一次将两大文明地区统一在一个帝国的版图之内。

从诺姆国家（即小国寡民的国家）到地域国家（即地区的统一领土国家），到帝国，这不仅是量的增加或扩大（即不仅是版图的扩大和人口的增多），而且在政治内涵上也有巨大的变化。

公元前1000年代中叶兴起的波斯帝国，不仅占有了整个伊朗高原，而且占有了中亚的若干地区、整个两河流域、小亚、叙利亚和巴勒斯坦、埃及、印度河流域以及巴尔干半岛的部分地区，即统治了三个古老的文明地区，接近了第四个文明地区——希腊的边缘地带（包括色雷斯地区）。它发动的希波战争，企图整个占领希腊，但遭失败。不过它并不甘心，此后，它长期插手希腊事务，在斯巴达和雅典之间游走，拉一方打一方，搅得希腊世界不得安宁，直到亚历山大东征。

波斯帝国不仅在规模上比埃及新王国和亚述帝国的人口要多得多，版图上要比它们大得多，而且在内涵上要丰富和深刻得多。埃及和亚述帝国的形成更多地表现为军事征服（虽然在某种程度上也是这些地区经济、政治、文化和军事长期发展、交流的产物），因而维持的时间都不很长，统治也极不稳固。当时的经济、政治、军事发展水平也不允许它们有更大的发展。波斯帝国则不仅征服了这广大的地区，而且将这广大的地区作为一个国家维系和统治了200年左右。除了高墨塔事件曾几乎使刚刚形成的波斯帝国土崩瓦解以外，后来各地的其他起义，均未对帝国造成过严重的威胁。

由于波斯帝国统治的地区比诸它以前的埃及和亚述帝国大得多，而且在政治、经济、文化等方面也复杂得多，它所统治的个各个地区之间的政治、经济发展极不平衡：埃及和两河流域等地的文明已发展了近三千年，而中亚的若干地区才接近于文明时代，或刚刚进入文明时代。因此，波斯帝国用以巩固其统治的许多政策和措施，既继承和发展了埃及的和亚述的，也有不少是它自己独创的。形势迫使它不得不采取一些更有效、更系统、更完善的政策和措施，如行省制度、赋税制度、驿道、军事组织、对被征服地区的统治阶级的政策等。

古代世界第一个地跨亚非欧三大洲的波斯帝国在公元前4世纪末叶灭亡以后，

西亚和北非的古代文明也就灭亡了，这一地区历史独立发展的进程被打断了，但代之而起的亚历山大帝国及以后的罗马帝国无疑从波斯帝国的传统中吸取了不少的东西。因此，波斯帝国既为西亚北非的古代文明做了总结，也为后来的希腊罗马文明提供了借鉴，它起了承先启后的作用。

六、古代埃及

约公元前 2900—前 332 年

　　古代埃及文明发源于北非沙漠中由尼罗河冲积而成的肥沃的河谷地带。由于其地理位置相对独立，所以埃及的发展与近东其他地区不同，在有些方面甚至有着显著差异。虽然埃及也受到外界的影响，但是在漫长的历史长河中，其文化的主要特征保持了同一性。其历史的鲜明特点是王朝更替频繁。

尼罗河文明

　　尼罗河自古就是埃及文明的源头，不但给埃及带来了充沛的水源和肥沃的土地，也带来了生命和繁荣。尼罗河三角洲是人类文明的最早发源地之一，四大文明古国之一的古埃及便诞生在这里。过去，尼罗河每年定期泛滥，给三角洲带来肥沃的冲积土壤，埃及人世世代代在这里繁衍生息，并创造出了无比灿烂的尼罗河文明。

　　传说中，古埃及人非常崇拜农业与水流之神奥西里斯，可是这位造福人类的天神却不幸被他的弟弟杀害。奥西里斯的妻子雨神伊西斯为此悲痛欲绝，终日哭泣。结果她的眼泪流成了一条河，这条河后来被命名为尼罗河。

　　几千年来，尼罗河每年 6—10 月定期泛滥。8 月份河水上涨最高时，淹没了河

尼罗河是古埃及文明的源头，它给埃及带来了充沛的
水源和肥沃的土地，也带来了生命和繁荣。

岸两旁的大片田野，之后人们纷纷迁往高处暂住。10月以后，洪水消退，带来了尼罗河肥沃的土壤。尽管当时的生产工具和生产技术相当落后，埃及人依然在这片肥沃的土地上获得了良好的收成。尼罗河对古埃及人来说是如此的重要，以至于公元前5世纪曾经到过埃及的古希腊历史学家希罗多德发出了这样的感慨——"埃及是尼罗河的礼物"。

古埃及人把尼罗河视为神明，大量关于尼罗河的神话故事和颂诗就是埃及人回报给尼罗河的礼物，而各式各样的祭祀活动也表达了古埃及人对尼罗河的敬重。他们还将一年分为三季：7—8月为泛滥季；11月到次年2月为耕种季；3—6月为收获节。

然而，当尼罗河赐予埃及丰厚礼物的同时，也将一些灾难带给了古埃及人。尼罗河季节性的洪水泛滥非常难以掌控，而且往往淹没所有的土地。当时的居民想要在一个地方长久地生存下去，就必须依靠众人之力修筑一个巨大的土丘，然后在土丘上修建房屋。完成这项巨大的工程，必然需要许多人的通力合作。于是，早期的居民为了生存，不得不聚集在一个村落中，他们一起劳动，在协作下共同生活。另外，古埃及人为了将尼罗河的水患变为水利，就必须想方设法地治理洪水，兴修各种人工灌溉系统，埃及人为此进行了长期不懈的努力，也取得了相当大的成果。

涅伽达文化后期的陶器

早在旧石器时代，埃及就有人类繁衍活动。从人骨化石和流传下来的一些远古图画来看，古埃及人的体格非常强壮，脑袋较长，皮肤黝黑，头发乌黑而有光泽。埃及人在尼罗河两岸过渡到新石器时代的农耕生活后，又进而创造了铜石并用的文化。到公元前4000年左右，埃及开始进入文明社会，这一时期被称为前王朝时代，由许多称为"诺姆"的小国组成，那时候埃及约有四十多个诺姆。

前王朝文明典型的文化包括巴达里文化、涅伽达文化Ⅰ和涅伽达文化Ⅱ。

巴达里文化时已经有了固定的居住地，因此，他们必定形成了氏族公社。从后世考古发掘的墓葬来看，巴达里人处于母系氏族公社时代。巴达里文化的基本生产工具是石器工具。他们的石器工业是粗糙的和贫乏的，除石器外，巴达里文化的最高成就是铜器的使用，并因此把它划入到了铜石并用时代。铜器主要是出土了一些铜念珠和单个的小工具，或许是扣针。武器、工具很少，仅仅发现了有翼的或叶状的箭头，使人联想到弓箭的使用。此外，还出土了某些木质的棍棒。从居住地和出土的遗物来看，巴达里人身着兽皮或亚麻制的衣服。

涅伽达文化是因为埃及南部的涅伽达遗址而得名。分为两大阶段，涅伽达文化处于埃及由原始社会向阶级社会过渡的时期，前段属原始社会末期，后段已建立若干奴隶制小国。涅伽达文化 I 时期也被称为阿姆拉文化，这一时期除了生产技术取得较大的发展外，最重要的变化就是城市的出现。涅伽达文化 II 时期也称格尔塞文化，埃及象形文字的发明、人工冶炼铜技术的发展以及人工灌溉水平的提高是这一时期所取得的几个比较重大的成就。通过研究，我们可以知道，涅伽达文化已经与两河流域有较多的接触，这无疑表明了这两处人类文明摇篮在文明开始时期就已经紧密地联系起来。

奴隶制城邦

古代埃及从涅伽达文化 II 后期，出现了最早的奴隶制国家——"诺姆"，又称为"州"，它是以村落或城市为中心聚集起来的以地域为基础的城市小国，又称城邦。这时期各州之间为了争霸而相互战争或结盟，直到第二王朝时期，埃及才逐渐走向统一，迎来了城邦时代的结束。

古代埃及社会历史发展到涅伽达文化 I 时代，即阿姆拉文化时代，在埃及中部的经济中心涅伽达附近已经有了称为"南城"的城堡建筑；坟墓规模也有了大小之别，反映了居民贫富分化和社会地位的高低。大约从公元前 3500 年开始，古代埃及社会历史进入涅伽达文化 II 时期（约公元前 3500—公元前 3100 年），即格尔塞文化时期。这时古代埃及开始迈入阶级社会，埃及历史上最早的国家——州从此产生。当时的国家都是小邦，不论是最早出现的涅伽达，还是最重要的希拉康波里，都是小国寡民。这些城邦——州是为适应水利灌溉事业的需要而在沿尼罗河两岸首先由一些地域性的农村公社以城市为中心结合而成的。"诺姆"在发展过程中都有一定的土地面积，有自己的州名、政权和军队，并有自己的方言和宗教信仰。原来的氏族图腾都变成了州的保护神，例如鹰神、狼神、公牛神和鳄鱼神等。

州首先产生于上埃及，到了涅伽达文化后期，上、下埃及都有了很多州，分布在尼罗河沿岸和三角洲。各个州之间地位都是平等的，为了争夺土地、水源、奴隶

该陶土人物属于前王朝时期的涅伽达文化。所塑造的人物
是一位女性鸟神或舞蹈者，双臂高举，给人一种流动的美感。

和财富，州与州之间经常发生战争。在战争中，州与州之间经常彼此结成联盟，与其他州联盟进行对抗，争夺霸权。

涅伽达文化 II 时期，在州的形成及各州之间的联盟与争霸过程中，阶级矛盾与斗争也非常明显。在州的内部，由国王（州长）为首的上层分子构成特权阶级，其中，国王完全拥有行政、军事、司法、祭祀等大权；由平民和奴隶构成下层贫困阶级，他们处于无权地位。

早王朝时代还未形成真正统一全埃及的中央集权王国，但它却是古代埃及由分立逐渐走向统一王国的时期。在这一时期里，州与州之间的争霸与联盟仍然存在，但已有了统一的趋势。

到第一王朝第五王登统治时，埃及统一趋势进一步加强。登是一个有雄心壮志也很有能力的国王，他大力发展经济和国家行政机构，在位时间约有五六十年，是早王朝时期统治时间最长的一位国王。登王同样继承其先辈们实现埃及统一的事业，他是第一个采用双冠的国王。双冠意为"两个权力的合一"，虽然当时的埃及实际上仍未真正统一，权力的争斗还一直存在，但是，登王第一次采用双冠却显然可以说明，第一王朝经过一代代国王的征服扩张，到登王时已实力雄厚，称霸四方。他统治时间足够长，也在无形中表明他的政权稳定，埃及有了进一步统一的趋势。到第二王朝末的哈谢海姆威时代，埃及才终于得以最后统一。

第二王朝的第一王是海特普塞海姆威，意为"两个权力在和平状态中"，可能表示埃及两个中心的斗争暂时停息，上、下埃及又由分而合，暂时实现了国内和平与南北统一。直到最后一王哈谢海姆威时，才声称荷鲁斯和塞特两主在他统治时和睦共处，采用了荷鲁斯与塞特的双重头衔，最终结束了南北对立的局面，至此，宣告了历经九百多年历史的城邦时代的终结和南北各州隶属于中央政权过程的完成，实现了埃及真正完全的统一，结束了从州到帝国的过渡。哈谢海姆威之后，早王朝时代即告结束，从第三王朝开始，埃及进入了古王国时代中央集权统治下统一帝国的新时期。

美尼斯王的传说

在埃及历史上，第一位将古埃及统一起来的国王被认为是公元前3100年左右的美尼斯。此外，他还被视作古埃及第一王朝和古埃及历史的创建者。这位很有建树的法老，曾经东征西战，开拓了庞大的疆域，取得了很高的声望。根据曼涅托记载，美尼斯在位共62年。最后他是被一头河马杀死的。

曼涅托的《埃及史》认为，古埃及历史经历了神的王朝、神人和亡灵的王朝以

耶拉孔波利斯是涅伽达文化衰落后南部埃及的一个大城市。从 1897 年起，这里发现了大量的最早埃及文字和反映王权活动的文物。这些文物表明了埃及最早的王权萌芽。下图为耶拉孔波利斯一王室墓葬中的壁画。

及人的王朝这样一个演变过程，其中人王朝中的第一位统治者就是美尼斯。阿拜多斯王名表及都灵王名表中都记载了一个叫"美尼"的埃及王，他与公元前 3 世纪的埃及历史学家曼涅托所说的"美尼斯"，以及希腊历史学家希罗多德所认为第一位埃及法老"米恩"，应该是指同一人，即埃及的第一位法老。

1898 年，考古学家在上埃及的耶拉孔波利斯发掘的埃及文明发祥时期的文物中，最有价值的一块叫作"纳尔迈小石板"，它雕刻着埃及历史上从未提过的一位国王。这位国王戴着上埃及的白色王冠和下埃及的红色王冠，这代表是他统一了这两个王国。

一些学者认为，纳尔迈就是美尼斯，另一些人则认为纳尔迈是美尼斯的直接前任，但是为什么他的名字没有列在帝王世系表中，其原因不得而知。

美尼斯家族位于上埃及最南端，在与南方一些民族的作战过程中，他们逐渐成为一个骁勇善战的家族。据史料记载，大约在公元前 3100 年，美尼斯征服了埃及，完成了埃及最初的统一大业，这无疑是美尼斯一生中最伟大的功绩。

美尼斯统一了上、下埃及之后，为稳固统治，他采取了较灵活的统治策略。由于下埃及较为富裕，下埃及的人民对于美尼斯的征服并非是没有怨言的，所以美尼斯做出了一些让步，以巩固国家的长治久安。在王国统一前，上埃及的统治者头戴白冠，以鹰为保护神，以白百合花为国家象征；下埃及的统治者则戴红冠，以蛇为保护神，以蜜蜂为国家象征。两个地区的这一差别使得美尼斯在实现统一后分别在上埃及、下埃及加冕，他宣称自己是"上下埃及之王"。自此，继任的国王在十余年间都沿用此王号，同时必须具有双重身份，经过两次加冕，举行两种不同的典礼。另外，美尼斯针对上埃及、下埃及地区不同的经济发展状况，在上述两个地区分别设立了国库，实行各自独立的财政管理。同时，在美尼斯统治时期，上埃及、下埃及分别保留着自己的宗教中心，设立圣城。

镌刻有纳尔迈王名的狒狒神雪花石膏雕像

美尼斯还是一位杰出的统治者，他采取了一些措施来加强对下埃及的控制，最重要的就是在下埃及建立新都，将国家的政治、军事中心放在下埃及，以达到由上制下的目的。于是在尼罗河三角洲（今开罗附近）他创建了新都城——白城，后来白城改称为孟斐斯。孟斐斯又被称为吉加普特，其义为"普塔神之宫"，埃及的希腊文名称"埃及普托司"由此而来，这也是埃及国家名称的来源。

由美尼斯开创的埃及第一王朝，共有 8 个王，历时 250 年之久。其中至第五任国王时，埃及进入专制统治时期，社会发展到了全盛阶段。这一时期的国王把土地视为自己的财产，把人民视为自己的奴仆，一切行政、军事、司法权力集于自身。国王自称是太阳神的儿子，被视为神圣不可侵犯的对象。后来，埃及国王渐渐被称为法老。

美尼斯是一个伟大的国王，他不但完成了如此重大的对外征服，更加保持和巩固这种征服。美尼斯无疑是那个时代最有影响的人物之一。他的影响时至今日仍以

"纳尔迈小石板"正反两面

金字塔、狮身人面像等古埃及法老威严的象征而继续存在。

早王朝时期

在公元前 3100 年左右，上下埃及的统一标志着古埃及早王朝时期的开始。早王朝时期包括了第一王朝与第二王朝，时间由前王朝时期直至公元前 2686 年。在前王国或早王朝时代，埃及逐步形成皇权统治，都城提尼斯。

古埃及祭祀和编年史家曼涅托，将第一王朝至波斯征服埃及之前的这一段埃及史划分为 26 个王朝，加上波斯统治时期的 5 个王朝总计 31 个王朝。近代史学家通常将这 31 个王朝的历史又划分为早王朝、古王国、中王国和新王国等阶段。早王朝时期包括第一、第二王朝，历时约 4 个世纪。

公元前 3100 年左右，上埃及的提尼斯州逐渐强大起来，在美尼斯的率领下，

埃及前王朝时期的盘子

提尼斯的军队逐渐征服了下埃及，建立起古埃及的第一个王朝。因为该王朝的首都在提尼斯，故名提尼斯王朝。这个王朝并没有真正的统一埃及。当时各州之间仍然频繁地爆发战争。大约在早王朝第二个王朝最后一个王哈谢海姆威统治期间，才完成了上、下埃及的统一。在此之后，埃及才进入统一的中央集权时期。

第一王朝的第一位国王是美尼斯，以下还有八位国王。时间大约是公元前 3100 年—公元前 2890 年。第二王朝有九个国王。时间约是公元前 2890 年—公元前 2686 年。早王朝时期是埃及统一的奴隶制国家形成的时期。

第一王朝出土的文物，有一些是表现上埃及征服下埃及的场面。历史学家一般认为，纳尔迈和美尼斯是同一个人。美尼斯之后，诸王不断向外扩张，最后把第一王朝的势力逐步扩大到努比亚和三角洲一带。考古学家在尼罗河第二瀑布附近的布亨地方，发现了第一王朝第三个国王哲尔的岩刻，其上描绘哲尔攻陷两座城，打死敌人，抓获俘虏的场面。从这幅岩刻上，我们可以看出，第一王朝初期已经开始对努比亚进行军事侵略活动。第一王朝第五个国王登统治时期，曾有过两次对外军事活动：一次是打击居住在尼罗河与红海之间以及西奈半岛的部落，另一次是率领船队，击败乌鲁卡居民。登王朝时代突出的活动是他第一次采用双重王冠（红白冠）和双重王衔（树蜂衔），双冠的意思是两个权力的合一。但是这并不意味着登王已经统一了上下埃及，因为得不到同时期其他材料的证明，只能说明登王在位时确立了霸权，埃及统一的趋势进一步加快了。

刻有哲尔荷鲁斯名的石碑

　　登王之后，上下埃及之间的战事依然不断。希拉康波里出土的第二王朝最后一个国王哈谢海姆威时得到两个雕像，描绘了数以万计被杀死的下埃及人，并分别计有被杀的人数（一个是 47202 人，另一个是 48205 人）。

　　哈谢海姆威对下埃及的大屠杀反映了上埃及对下埃及的大规模军事征服，以及下埃及人民对征服者的激烈反抗斗争。在这样大规模血腥屠杀斗争中，结束了各州长期分立的历史，最后形成了埃及统一的国家。

　　早王朝时代，在埃及统一的过程中，奴隶主阶级的统治机构逐渐完备，国王以下设有各级官吏，还出现了常备军。从第一王朝开始，国王每两年派遣官员清查土地、人口、牲畜和黄金，然后根据清查的结果来确定税租数额，这种清查制度在当时成为十分重要的大事，第一、二王朝都以它作为纪年的名称。为了发展水利灌溉事业，早王朝时期还设专人对尼罗河的水位进行观测和记录。相传，美尼斯的一个突出功绩就是修建了一道堤坝把孟斐斯和尼罗河隔开，并在孟斐斯的北部和西部引出河水，建成水库。可见，在早王朝时期，埃及人就注意加强管理灌溉系统，充分利用尼罗河的便利条件，发展农业生产。

随着埃及统一国家的逐渐形成，阶级关系也更加复杂。早王朝时期出现的王墓和贵族墓，明显地反映了君权的扩大以及国家财富的日益集中于以国王为首的统治阶级手中。

古王国时代

经过早王朝到古王国时代，埃及发展成为统一的、强大的中央集权的专制主义国家。古王国时期（公元前2686年—公元前2181年）埃及文化经过一定程度的融合达到历史上的第一个巅峰，它与后来的中王国时期和新王国时期标志着尼罗河谷文化的兴盛。

古王国时期跨越了4个王朝：从第三王朝到第六王朝。古王国时期埃及的首都是孟斐斯城，左塞尔王曾在这儿建造了他的宫殿。第三王朝最著名的法老左塞尔建造了第一座金字塔——阶梯式金字塔，它位于萨卡拉，有6层，由伊姆霍特普监督而成。这个时期的埃及人笃信法老能够确保一年一度尼罗河的泛滥可以使农作物丰收，他们相信法老是上天为他们选定的王者。

第四王朝的王权统治达到了一个鼎盛时期，第一位法老斯尼弗鲁王建造了3座金字塔，第一座位于麦杜门，是以阶梯金字塔演变而成的角锥体金字塔。第二座是位于达淑尔的菱形金字塔，第三座则是真正的角锥体金字塔。古王国的政治以和平安宁的政策为本。这一时期，法老会直接统率一支相对强大的军队，各个州的地方民兵皆由文官统辖，其服役一般是致力于公共工程的劳动。古王国的埃及人大部分满足于自得其所，国家政局尚属安定，并拥有肥沃的土地。

古王国时期最著名的产物就是为数众多的金字塔。因此，古王国时期亦被称为"金字塔时期"。上图为左塞尔王金字塔。

第四王朝是古埃及实力最雄厚的时期。这一时期的金字塔建筑不仅数量众多，而且雄伟壮观。著名的胡夫金字塔也在这一时期建成。上图为第四王朝第一代法老斯尼弗鲁修建的弯曲金字塔。

古王国时期的埃及社会是属于奴隶制社会。奴隶的主要来源是战争俘虏。第四王朝的第一个法老斯尼弗鲁，在一次战争中就俘获了7000名努比亚人，另一次战争俘获了 1100 名利比亚人。这些被俘者在铭文中是和牲畜并列计算的。奴隶也有其他来源，如用买卖的方式购得。总的说来奴隶多为国家所有，用于采石场、灌溉工程以及建筑方面，也用于王庄或官营的手工作坊。有些战俘奴隶，法老常赐给神庙和权贵阶层，补充他们农庄中的劳力。奴隶除了从事生产，有一部分也用做家庭奴婢。奴隶遭受奴隶主极重的剥削和压迫。

法老是中央集权国家的君主，具有绝对权力，他的意志就是法律。法老之下设宰相，宰相辅佐法老统摄财政、司法、军事、祭祀和水利事业等中央部门，这一职位常由太子或皇亲贵戚充任。地方上仍由州长统治，但这时的州长已由法老任命并对法老负责，他担负收税、征役和管理当地水利工程等项责任。一切高官厚爵多由王室成员和贵族们把持，只有中下级官吏才任用平民。

古王国时期，特别注意水利事业，许多大臣把遵照王命开凿河渠的事迹载入碑铭，夸耀自己在这方面的功绩。法老政府对尼罗河的涨落极为重视，有专人观测水位。水位记录一方面可供国家水利措施的参考，一方面也为财政官员提供计算产量和厘定税额依据。

古王国时期，王室、神庙和官僚贵族土地上的主要劳动者是"麦尔特"。麦尔特是丧失了生产资料的人，他们的社会地位很低。麦尔特或者到奴隶主的工地上去劳动，以领取口粮和衣物等，或者租种奴隶主的土地，交租纳税。在培比一世的敕令和伊比的铭文中，他们同大小牲畜一起被提到。至于麦尔特的身份问题和起源问题，则至今尚无定论。

总之，古王国时期，奴隶制的埃及社会不断地向前发展，出现了前所未有的繁荣局面，成为埃及历史中辉煌的一页。

左塞尔

左塞尔是埃及第三王朝最为著名的法老，他的统治时期大概为公元前 2635 年—公元前 2610 年之间。在统治期间，左塞尔战胜了西奈半岛上的游牧民，并征服了努比亚的一部分。他还在尼罗河第一瀑布以南修建工事。而埃及第一座典型的金字塔——开罗以南的萨卡拉阶梯状金字塔，便是左塞尔命令他的宰相伊姆霍特普为其修建而成的。

在埃及文献中，左塞尔被称为尼特杰里赫特，意为"诸神的躯体"。学者则通过后期的文献确认了尼特杰里赫特即为左塞尔。在曼涅托王表中，第三王朝的首位法老被称为纳克罗弗；而在都灵王表中，这位法老则被称为尼布卡。现今的许多埃及学学者相信左塞尔即是第三王朝的第一位法老，他们指出韦斯特卡纸莎草中所记载的胡夫之前的几位法老的王位顺序表明尼布卡应该位列左塞尔之后。更为重要的是，英国埃及学学者托比·威尔金森证明在卡塞凯姆威位于阿拜多斯的陵墓入口发现的陵墓密鉴是属于左塞尔的，这说明是左塞尔主持了卡塞凯姆威的入葬仪式，并直接继承了卡塞凯姆威的王位。

左塞尔石灰石雕像

威尔金森所复原的石碑记载中有一段话提出：左塞尔统治了埃及"28整年，或者接近28年"。在他统治期间，左塞尔对西奈半岛发起了多次的远征行动，并征服了当地的土著居民；他还派出人员前往此处开采绿松石和铜等矿产。这一情况记载于西奈半岛沙漠中所发现的碑文中；在这些碑文中，还同时出现了赛特和荷鲁斯的标志——这种情况在卡塞凯姆威时期相当普遍。作为尼罗河流域和亚洲地区的缓冲地带，西奈半岛也具有十分重要的战略价值。

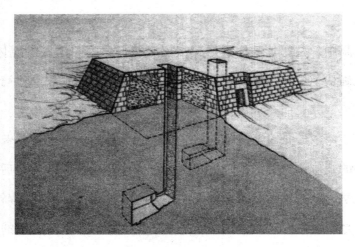

马斯塔巴是金字塔出现前埃及法老及贵族的主要墓葬形式。它的外形像长凳，通常用泥砖或石头建造而成。下面是深入地下的墓室，人必须通过狭长的垂直通道才能进入墓室。上图为"马斯塔巴"墓式解剖图。

左塞尔遗留下来最为著名的纪念物莫过于左塞尔金字塔。这座金字塔是由数个大小不同的马斯塔巴结构堆叠而成。该建筑结构最终演化为古王国后期标准的金字塔。数个世纪之后，曼涅托记载了这一时期建筑的发展，其中提及了当时"它索特罗"发明了使用毛石修建建筑的方法，曼涅托认为它索特罗即是希腊神话中的阿斯克勒庇俄斯；他还认为它索特罗改进了这一时期埃及的书写系统。现代学者认为曼涅托原意是想称颂伊姆特斯——后被希腊人和罗马人神话为阿斯克勒庇俄斯，而此人对应的正是历史中的伊姆霍特普——左塞尔统治期间的著名大臣，他设计了左塞尔金字塔的建筑结构。

在赫利波利斯和格贝莱因出土的零星文献中提及了左塞尔的名字，并称其建造了这两地的建筑。在其统治期内，他可能已经稳固了王国位于第一瀑布的南部边界。一份声称出自左塞尔时期，但可能是托勒密王朝时期制作的被称为"饥荒石碑"的文献中记载了左塞尔在第一瀑布附近重建了库努姆神庙，就此结束了埃及长达 7 年的饥荒。有些人认为这块石碑是依据其制作时期的一则传说杜撰的。但是无论如何，这块石碑显示出在其身后两千多年，埃及人仍然保留了对左塞尔的深刻记忆。尽管左塞尔似乎还曾在上埃及的阿拜多斯地区开工修建了一座未完工的陵墓，但是他最终还是埋葬于下埃及萨卡拉地区著名的左塞尔金字塔中。由于第二王朝的卡塞凯姆威是最后一个埋葬于阿拜多斯的法老，所以一些埃及学学者猜测在左塞尔统治期间，一座新的都城在埃及北部已经悄然兴建。

在一个卡塞凯姆威时期的陶罐密印上，卡塞凯姆威的妻子、皇后尼玛厄萨普被冠以"王子之母"的头衔，一些学者就此认为她是左塞尔的母亲，而卡塞凯姆威则是他的父亲。而另一个左塞尔时期的陶罐密印上也将尼玛厄萨普称为"两地之王的母亲"。在左塞尔金字塔所在地出土的诸多界碑以及在赫尔莫波利斯的一座建筑中发现的铭文残片上，都提到了左塞尔的一位皇后赫特弗内布缇。而伊内特卡伊丝是现今所知的左塞尔和赫特弗内布缇的唯一一女儿。不过，现今还不知道左塞尔和其继承人塞汉赫特是何种关系，其死亡日期也仍未被确定。

图特摩斯三世

图特摩斯三世是很多人钟爱的法老，他具备了一个伟大统治者应拥有的所有品质，在他的伟大业绩中，他从未在战争中失手；在行政管理上，他也超越了前人，是一位卓越的政治家。在对他的记载中，我们能感受到，他是一位诚挚、公正的皇帝。

图特摩斯三世的出生年代已经很难考证，我们只知道，他的父亲是图特摩斯二世，母亲为王妃伊西斯。相传他年少时期，曾经在卡纳克阿蒙神庙做僧侣，约在公元前 1504 年继承了王位，成为法老，但王后，即图特摩斯三世的后母哈特舍普苏掌握了实权。图特摩斯三世自幼习武，精于骑射，是一个真正的战士。

大约在公元前 1482 年，哈特舍普苏死后，图特摩斯三世独自统治了一段时间，后来立其子阿蒙霍特普二世为共同执政者。从公元前 1458 年起，图特摩斯三世进

哈特舍普苏，古埃及第十八王朝的第
三住法老，她也是埃及首住女法老。

行连续不断的战争，由于图特摩斯三世的赫赫战功，一些历史学家称他为古埃及的
拿破仑。

　　图特摩斯三世执政期间对外扩张的重点是西亚叙利亚的诸城邦。在首战告捷之
后，图特摩斯又花了近20年的时间反复多次征讨，才最终确立了对叙利亚的统治。
而他对叙利亚的征服严重刺痛了西亚大国米坦尼，强强相碰终不能免。米坦尼王国
的悲哀在于它的对手是如日中天的埃及第十八王朝杰出军事家图特摩斯三世。数次
大战埃及都取得了压倒性优势，其中公元前1472年图特摩斯还一度渡过幼发拉底
河追击对手。最后米坦尼屈服，并成为埃及的盟友，这使整个西亚地区大为震动，

亚述和巴比伦尼亚都同埃及修好，巴比伦尼亚还将一位公主送给图特摩斯为妃。两个历史最久远的文明中心第一次以联姻的形式相结合。

卡纳克神庙墙壁上描绘的图特摩斯三世打击敌人的刻画

随着图特摩斯的威名渐行渐远，越来越多的地方首领向他称臣纳贡。他的舰队同样所向无敌，东地中海成了他的势力范围，爱琴海诸岛、克里特岛、塞浦路斯岛都在他的海上帝国之中。向北扩张是他的战略重点，但图特摩斯也没有忘记埃及以南的热土，尽管这些地区的文明程度稍逊一筹。

为了巩固新征服地区的统治，图特摩斯三世在西亚驻扎精悍的军队，并派驻总督进行治理，同时也善于利用当地土著王公进行管理。晚年的图特摩斯逐渐倾心于享受富贵荣华。图特摩斯三世去世之后，他的前三个继承者继续保持了埃及军事上的强势，但只限于巩固祖先留下来的成果，而很少有扩张。或许图特摩斯三世所征服的地盘，在他那个时代的生产力和交通状况下已是极限。图特摩斯三世因他的征服而被誉为"第一个曾经建立了一个具有任何真正意义的帝国的人，也是第一位世界英雄"。先进的中东诸文明第一次被如此紧密地联系在一起。

图特摩斯三世共发动了 15 次战役。在图特摩斯三世的最后一次战役中，在卡迭石与叙利亚联军作战。此战之后，喜克索斯人的权力遗迹彻底消失了。

图特摩斯三世所开创的埃及帝国的版图在埃及历史上是空前的。他不但自诩为"胜利之王"，还将掠夺来的大批奴隶、战利品和土地赠予阿蒙神庙，分给其他的贵

文明的滥觞

族和将领。他在底比斯大兴土木，不但修建了辉煌的王宫，还在卡纳克神庙的墙壁上铭刻了《图特摩斯三世年表》，夸耀自己的武功。

公元前 1450 年，共在位 54 年的图特摩斯三世逝世。他葬在帝王谷，遗体现在还保存在开罗的博物馆。

埃赫那顿改革

埃赫那顿是古埃及第十八王朝的国王，原名阿蒙霍特普四世，是埃及国王阿蒙霍特普三世的小儿子。他不顾一切地发动宗教改革，将都城从底比斯迁至阿尔马那，并将埃及传统的多神教改为一神教，摒弃阿蒙，信仰太阳神阿顿。但这一不顾一切改革最终使埃及国内陷入严重的经济与信仰危机，赫梯帝国乘机兴起，导致三国争霸。

埃赫那顿从小博览群书，满腹经纶，性格十分倔强。由于他体质羸弱，从小便不受阿蒙霍特普三世的宠爱。因此，在他的兄弟姐妹进入神庙祈福之时，埃赫那顿只能一个人独自承受着寂寞。

在埃赫那顿成为法老之前，就对阿蒙神庙祭司集团的许多做法不满，因此便决心削减阿蒙神庙的僧侣势力。埃赫那顿即位后，被称为阿蒙霍特普四世。当时，埃及帝国面临严重的危机。由于底比斯阿蒙神庙祭司集团的权势日益膨胀，使得当时底比斯阿蒙神庙的祭祀与王室分庭抗礼，他们不仅假借神谕插手王位的继承问题，甚至直接到宫廷中去担任宰相等高级世俗职权。

刚一即位的阿蒙霍特普四世便决心要改变这一现状。他首先从宗教改革方面下手。可是刚开始的改革相当温和，只是提出在埃及，除了信仰"上埃及"的传统太阳神阿蒙之外，还可以信仰"下埃及"的传统太阳神拉神。上、下埃及的两位太阳神均可自由崇拜。可是没想到的是，这样温和的宗教改革都被底比斯阿蒙神庙祭司集团所不容。他们不断挑战法老的权威，这就激起阿蒙霍特普四世进行大刀阔斧的改革的决心。这位法老决定将阿蒙神改为阿顿神，规定人们只可以信仰阿顿神，不

埃赫那顿雕像

准再拜阿蒙神。他还将过去对于阿蒙神的一切崇拜全部废除，并没收阿蒙神庙的庙产，铲掉刻有阿蒙神名字的一切。另外，阿蒙霍特普四世还将自己名字前面两个字去掉，改名为埃赫那顿。在完成这些工作后，法老为了表示彻底地和底比斯阿蒙神庙的祭司们决裂，将首都从底比斯迁到了今泰勒阿尔马那，取名为"阿克塔顿"，意为"阿顿的地平线"。为了颂扬阿顿神的威力和功德，他还创作了一首闻名古今的《阿顿颂诗》。

但埃赫那顿的施政手段过于强硬，因此引起众人的不满，而其宗教改革也推行得十分失败。事实上，埃赫那顿的改革带给埃及空前的信仰危机，并使国内政治、经济、军事均陷入混乱。公元前 1362 年，埃赫那顿在众叛亲离中去世。他死之后，宗教改革宣告彻底失败，继承者图坦卡蒙在阿伊与霍伦希布将军的扶持下登上王位，将都城迁至底比斯，恢复旧的信仰。

埃赫那顿改革实际上是一场在宗教的外衣下统治集团内部的政治斗争，它沉重

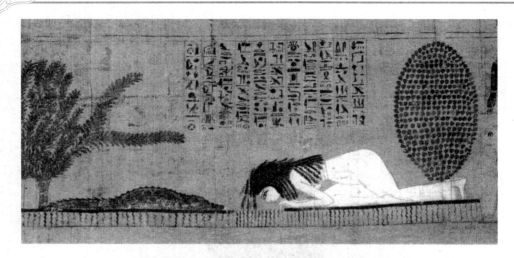

底比斯主神阿蒙的女祭司在阴间向代表水神的鳄鱼朝拜

打击了阿蒙祭司集团和地方世袭贵族的势力，提高了自由民的地位，在一定程度上加强了中央集权。这次改革在人类历史上第一次提出了一神教的思想。在埃赫那顿改革时期，造型艺术与绘画冲破了传统模式，追求现实主义或自然主义。在文学上，创作了歌颂阿顿和埃赫那顿的不朽诗篇如《阿顿颂诗》等。

这场改革无疑是短命的，总结失败的原因，可以归纳为几点：以阿蒙神祭司集团为首的旧势力贵族十分强大而且根深蒂固；改革内部分裂、埃赫那顿的某些策略失误，使原本支持改革的军队和官僚奴隶主离开了改革，从而削弱了改革阵营的力量；人民群众没有从中得到好处，相反，他们的负担加重，因而也对改革失去热情；埃赫那顿的接班人过于软弱，背弃了改革等。

纳芙提提

在古埃及历史上，纳芙提提无疑是一位赫赫有名的女性，正如这个名字所代表的含义——"美人来了"一样，这位古埃及王后和她的丈夫——古埃及新王国第十八王朝法老阿蒙霍特普四世一起，携手将埃及宗教改革的事业推进到一个新的高度。而他们两人之间的爱情故事亦广为世人所乐道。

关于纳芙提提的出身，一直以来流传着这样的说法：一说她是亚洲米坦尼王国的一位公主，另一说她是埃及一个贵族的女儿。其实，不管纳芙提提出身到底如何，我们还是可以确定一点，这位王后是一位不折不扣的绝代佳人。

埃赫那顿与纳芙提提及他们的子女在一起的壁画

埃赫那顿在进行改革时，始终有一个坚定的支持者，那就是王后纳芙提提。这位女性是一位热心的宗教改革者，据说是她让丈夫相信了新神，才使埃赫那顿下决心进行宗教改革，并让太阳神阿顿成为全埃及唯一的神。所以，在《阿顿颂诗》中，王后纳芙提提与埃赫那顿并列而提，成为永恒性的证词。现在的埃及开罗博物馆二楼展厅里陈列着一块高 105 厘米的石碑，碑上刻着"向阿顿神膜拜的法老一家"浮雕。它是对当时纳芙提提王后一家人崇拜阿顿神情景的绝佳描述，十分真实地反映了宗教改革之家的宗教热忱。画面中的埃赫那顿法老、王后纳芙提提以及他们的女儿正十分虔诚地向阿顿神顶礼膜拜。

据说王后纳芙提提和丈夫在新首都幸福地生活了 6 年，他们一共生育了 6 个女儿。当时的壁画上这样描述这对恩爱的夫妻：法老和王后对膝而坐，埃赫那顿还把他们的女儿抱在膝上，逗她们玩笑，法老当众亲吻妻子纳芙提提；法老一家人吃饭，气氛十分温馨。

然而好景不长，6 年之后，留在旧都底比斯的王太后泰伊突然来到埃赫那顿。王太后的到来，对于纳芙提提来说，是一种极大的不幸。从此，这个和谐的家庭开始陷入到了困境当中，最终致使纳芙提提的后半生充满了阴影和孤零。

由于纳芙提提没有儿子，王太后从底比斯王宫来时特地带了两名年轻的王子——斯门卡尔和图坦卡蒙，希望安排这两个王室男子来继承王位，另外由于婆媳在宗教和政治方面的不合，两人之间的矛盾愈来愈尖锐。

事实上，泰伊王太后到新都来的目的就是要说服儿子和儿媳放弃对新教的热忱，希望他们与底比斯的大祭司妥协。太后的劝说，在儿子方面似乎很顺利，但在儿媳这边却遇到了阻力。随着王太后泰伊和纳芙提提王后的反目，埃赫那顿与他的妻子也发生了分歧，他们不断地争吵，最后感情破裂。纳芙提提在心灰意冷之下，独自搬到了城北。然而，这样的凄凉景象依然不足以让法老怜惜，他竟然还下令把王后纳芙提提的名字从宫殿的装饰上全部抹掉。泰伊王太后在达到了目的后，便离开了埃赫那顿，回到了底比斯，可是她却故意留下斯门卡尔和图坦卡蒙两位王子，让他们继续留在埃赫那顿宫廷中。

在纳芙提提和埃赫那顿生育的 6 个女儿中，年长的 3 个女儿在史上均有记载。其中第二个女儿很早便夭折了，埃赫那顿把她安葬在原为自己准备的坟墓里。埃赫那顿和妻子分居后，将大女儿嫁给了斯门卡尔，并任命大女婿为他的共同摄政王，他还派大女儿和女婿一同到底比斯去和阿蒙神庙的大祭司们和解。另一方面，埃赫那顿又开始疯狂地思念妻子。然而，几年以后突然从底比斯传来大女儿和大女婿双双死亡的消息，而一代宗教大改革家埃赫那顿也在不久之后离开了人世。

至于王后娜芙提提具体死于什么时候，史料上什么都没有记载。因为自从她和丈夫分居后，她便在所有的史迹中消失了。

图坦卡蒙

古埃及的少年法老图坦卡蒙几乎早已被人遗忘，他的秘密陵墓更是无人知晓。图坦卡蒙是古埃及十八王朝的法老，他九岁继位，十九岁去世。他是一个政绩平

埃赫那顿与纳芙提提雕像

平、无所作为的少年国王，关于他的生平，史料中少有记载。然而，这位年轻的法老却在历史上相当著名，而他出名的原因便是其无与伦比的法老陵墓。

英国考古学家卡特一直在寻找图坦卡蒙的陵墓，他的合伙人卡诺冯是一位英国贵族，为资助卡特已花掉巨额资金。

1922年，图坦卡蒙墓葬的发现轰动了全世界，成百名记者云集埃及卢克索附近的发掘现场，大批旅游观光客蜂拥而来。直到现在，图坦卡蒙国王的陵墓依然是最吸引游人的地方。

当卡特把手电筒伸进墓室时，他的手颤抖了。过了片刻，卡诺冯用他那因激动而嘶哑的嗓音对卡特说："你看见什么了？"

卡特转过身来，两眼发直，结结巴巴地说："我看到了一些绝妙的东西，全都是稀世珍宝！"卡特又把洞口弄大了些，这样，两个人就可以同时向墓内张望。手电筒的光亮照到哪里，哪里就出现珍宝器物：身穿金制短裙、手执仪仗、与真人一样高的乌木雕像，饰有巨大镀金狮子和怪兽的卧榻，金碧辉煌的国王宝座，金光闪闪的双轮马车，美丽的珠宝首饰盒，精致的雪花石膏花瓶，更有数不清的箱笼和匣子……

卡特在图坦卡蒙墓发掘现场

古老神秘的图坦卡蒙之墓终于重见天日。这是 20 世纪最伟大的考古发现，它使人们了解了公元前 14 世纪埃及法老生活和殡葬的真实情况。在这里总共发现了三千多件珍贵文物。仅把这些宝物登记造册，并转移到开罗博物馆，就用了 10 年时间。众多的宝物中，最引人注目的是法老的包金宝座、用黄金珍宝装饰的法老黄金面具，以及彩绘的木箱等。这些都是古埃及艺术的瑰宝。

图坦卡蒙的陵墓由四个墓室组成，基本上没有受到过破坏。虽然有迹象表明，在图坦卡蒙下葬后不久，曾有盗墓贼进入过前面的两个墓室。不过，从散落在地上的零散珠宝来看，他们没有偷窃到手就受惊逃跑了。从那以后墓就再次被封死了。

后面的两个墓室没有被人动过，由两个武士雕像守卫着。里面放着至高无上的宝物——四口棺椁，分别是一口水晶棺和三口包金木棺。水晶棺角上刻着一个女神的雕像，她伸展着手和翅膀，包围了水晶棺，仿佛在保护它不受侵犯。打开沉重的水晶棺盖后，里面是依次相套的3层包金木棺，木棺做成人体的形状，棺盖是图坦卡蒙法老的脸。眉毛、眼皮由深蓝色的玻璃做成，眼白用石膏制作，瞳仁用火山玻璃制作，手中的权杖和鞭子是用镶了蓝玻璃的金子制作而成的。

移去3层木棺后，人们惊奇地发现里面还有一个纯金棺材，重达一百多千克。在这口黄金棺材里，安放着图坦卡蒙的木乃伊。图坦卡蒙的脸上戴着一个表情悲哀但又宁静的金制面具。他的颈上套着用珠子穿成的项链，一个用鲜花扎成的花环放在胸前。人们可以清晰地分辨出是矢车菊、百合花和荷花，这些花虽然都已枯萎，却还保持着若有若无的颜色。

墓室内的一面墙上有一幅壁画，画的是国王站在两个神之间，这两个神正在接收他进入死者的世界。在这幅画中，国王戴着黑色的假发和镶满珠宝的圆项圈，穿着上等亚麻布制的短裙，显得既年轻又威严。

图坦卡蒙的宝座，是木制的扶手靠背椅。扶手处是戴着王冠的双翼神蛇，上面还有法老的铭文。椅子腿的上部是黄金做的狮首，下部是狮子的身子，椅脚是狮爪，充分显示了法老的威严。椅背上的浮雕是皇宫庭院的一角，法老和王后盛装相对，左右是饰有花纹的圆柱，椅背顶部是光芒四射的太阳圆盘，象征太阳神赋予法老生命。

图坦卡蒙墓内还有一件珍贵的文物，就是彩绘木箱。绘画的主题是法老猎狮图。站在马车上的法老在画面中央，左面是法老的随从，右边是狮子群，法老的两匹骏马装饰豪华，而受伤的狮群姿态各异，整个画面线条流畅生动。

图坦卡蒙的黄金面具

拉美西斯二世

　　古埃及历史上最著名的法老是一位强大的国王，一位战无不胜的将军，一位和蔼可亲的父亲，一位不知疲倦的建设者。头顶着这些光环的拉美西斯二世在位 67 年（统治时间为公元前 1304 年—公元前 1237 年），直至今日，他依然享有这些盛誉。

　　拉美西斯二世——古埃及第十九王朝法老，其执政时期是埃及新王国最后的强盛年代。拉美西斯二世进行了一系列的远征，以恢复埃及对巴勒斯坦的统治。关于拉美西斯二世我们只大致知道他出生于孟斐斯。他很小的时候就开始在"法老学校"学习。10 岁时在军中任职，15 岁时父亲带他参战，以保证他将来成为一位智勇双全的国王。拉美西斯二世没有花费太长时间就学会了很多东西，特别是作为国王所必需的如何以军事手段征服敌方的技能。除了在战争方面取得了一系列胜利，他在建筑方面也取得了成功。

拉美西斯二世半胸像

　　父亲去世时，拉美西斯二世的年龄大概是 25 岁，但他已经拥有足够的雄心和顽强的自我意识，他要让自己的壮举超越所有的前辈。"进行宣传是他最好的武器，这在宣扬自己的王国和使命当中发挥了重要的作用。"意大利比萨大学的埃及学教授埃达·布莱西亚尼叙述道："大量的雕像和碑文向人们讲述了这位国王的壮举与魄力，并使他的形象流传千古，而且仍能经受时间的考验。"他的家庭生活也同样见诸文字之中：两位皇后，一群数量难以考证的妃妾和一百多个儿女。拉美西斯不得不多次挑选王位继承人，因为他活到了九十多岁，当时人们的平均寿命大约只有 40 岁，他的许多儿女都在他之前死去。继承他王位的莫尼普塔，位列王位继承人名单中的第 13 位，到了 60 岁时才得以登基。对于臣民们来说，拉美西斯二世已经成为一个传奇。但这位伟大的法老未曾预料到，不仅有关他人生的史诗已经名垂青史，就连那些有关他死亡的史诗也同样流芳百世。

阿布·辛拜勒神庙

　　拉美西斯二世最值得称颂的壮举就是针对赫梯的卡迭石战役。当这位年轻法老的自负几乎使自己溃败时，命运女神却眷顾了他。撰写有关拉美西斯专著的弗朗克·齐米诺解释说："在古代，还没有哪一次战争拥有如此多的史料。"拉美西斯战胜归来之后，在他王宫的墙壁上，在阿布·辛拜勒神庙、卡纳克神庙的卢克索神庙里刻下了描绘战争的场景。这些巨型的艺术品分别展示了士兵、埃及人安营扎寨、战斗的场面以及被俘的士兵。当然，其中占突出地位的还是拉美西斯，在画面中，他只身一人击溃敌军。

　　拉美西斯二世于公元前1237年辞世，70天后他那被制成木乃伊的遗体以一个伟大法老所能享用的最隆重方式下葬。当时王位继承人，他的儿子莫尼普塔乘坐皇舟率领一支庞大的船队沿尼罗河将父亲的遗体送至底比斯。一路上臣民百姓无不洒泪相送，向这位伟大法老致敬。船队到达底比斯城后，送葬的队伍又朝开凿于帝王谷的陵墓进发，在王陵内安放的除了拉美西斯二世的棺椁之外，还有让拉美西斯二世在冥界也能过上富贵生活的无尽宝藏，最后陵墓的大门被封上，以便让法老能平安地长眠。由于盗墓活动的猖獗，大约在公元前1000年，拉美西斯和其他几位法老的木乃伊被藏到了底比斯附近的小城代尔巴哈里的哈特舍普苏神庙内。1881年被法国埃及学家加斯顿·马斯佩罗发现并最终安放在埃及国家博物馆内。

库施王国

　　库施王国（公元前 11 世纪—公元前 350 年）是非洲东部古代王国，又名麦罗埃王国。约公元前 11 世纪摆脱埃及统治独立。其统治地域包括南起今苏丹共和国首都喀土穆、北至埃及尼罗河第一瀑布间的大片地区，历史最强盛时期曾经统治过埃及。

　　库施文明是非洲大陆仅次于埃及文明的古代文明，距今已有 4000 年的历史。古埃及人称北起尼罗河第一瀑布，南至青尼罗河与白尼罗河交汇处的地带（即东苏丹地区）为库施，古希腊人称为努比亚。古埃及人和古希腊人都把库施人叫作埃塞俄比亚人（"埃塞俄比亚"源于古希腊文，意为"晒黑了的脸"）。

库施弓箭手

　　早在埃及古王国之前，库施人就已定居在尼罗河第一瀑布以南的广大瀑布地区。自埃及第二王朝时期起，埃及与库施便发生了密切的联系。在埃及的直接影响下，库施的政治、经济和文化逐渐发展起来。古王国的法老们不断进犯库施人部落，征集库施人当兵，并派人深入库施腹地，掠夺黑檀木、象牙、乳香等。中王国时期，埃及法老谢努塞特三世曾 4 次出兵侵略库施，占领了尼罗河第一和第二瀑布之间的广大地区，建立起商站，开采金矿、铜矿，采伐木材等。新王国的时期，埃及法老图特摩斯一世亲率大军侵略库施，一直打到尼罗河第四瀑布以南地区。

约公元前760—公元前751年是库施第一位国王卡施塔在位时期。此时的库施已是一个统一的大国，其疆域北起尼罗河第一瀑布，南至尼罗河第六瀑布的广大地区，首都设在第三与第四瀑布之间的纳巴达。此时正值埃及的弱小王朝——第二十四王朝的统治时期，对库施的发展十分有利。卡施塔国王不断对埃及用兵，占领了埃及南部的部分领土。

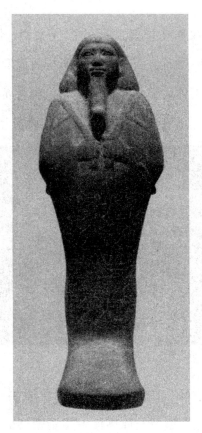

古埃及第二十五王朝法老塔哈卡的沙伯替（一种木乃伊造型的小型人俑）

卡施塔的儿子佩耶在位期间（约公元前751—公元前716年），埃及第二十四王朝的法老与底比斯阿蒙神庙的祭司不和，于是向佩耶发出邀请。早已想染指埃及的佩耶挥师北上，迅速攻占了底比斯。但是，在围攻赫尔摩波利斯城时遭到了顽强抵抗，久攻不下。佩耶最后下令在城外修筑高塔，弓箭手从高塔上向城中放箭，埃及军队死伤惨重，被迫投降。佩耶继续北进，势如破竹，攻占孟斐斯古城，在普塔神庙被宣布为上、下埃及之王，建立了埃及历史上的第二十五王朝（约公元前730—公元前656年），又叫埃塞俄比亚王朝，即埃及历史上著名的黑人王朝。

佩耶占领埃及后不久便回到纳巴达，埃及第二十四王朝复辟。佩耶死后，沙巴卡继位，再次进军埃及，消灭了第二十四王朝复辟势力，恢复对埃及的统治。此后库施进入极盛时期，对外界产生巨大影响，连强大的亚述帝国也希望同库施友好。沙巴卡死后由其弟塔哈卡继位。塔哈卡英勇善战，应耶路撒冷犹太王希西家的请求，挥师远征，击败了强大的亚述军队，名扬西亚、北非。他的名字被载入犹太人的《圣经》之中。库施还向南扩张，直到今散纳尔，成为古代世界的一大强国。

塔哈卡死后，由其兄长沙巴卡之子坦韦特阿美尼继位。不久，他便挥师北上，与此前侵入埃及的亚述军队作战，底比斯祭司们热烈欢迎。坦韦特阿美尼迅速夺回了孟斐斯，镇压了忠于亚述人的埃及小王公。

但是，公元前663年，亚述展开反攻。他们兵种齐全，装备精良，攻势十分强势，库施军队节节败退。坦韦特阿美尼不得不退回纳巴达，库施人在埃及建立的第二十五王朝到此结束。公元前6世纪移都麦罗埃，所以也称"麦罗埃王国"。

麦罗埃时期，库施文化走上了独自发展的道路。公元前2世纪时，库施的碑文已全部是一种新文字——麦罗埃文。遗憾的是，麦罗埃文至今还未被人们释读，还不能借助这些文献材料对麦罗埃时期的政治、经济和文化做更深入的研究。

阿克苏姆

阿克苏姆是古代非洲东北部的一个古老的王国，约兴起于公元前1世纪下半叶或者公元初期，地点大约位于今天的埃塞俄比亚境内，全盛时期的版图曾经囊括了红海沿岸的大片土地。阿克苏姆王国的首都为阿克苏姆城，也就是今天埃塞俄比亚的提格雷省。公元7世纪以后，阿拉伯人入侵到此地，阿克苏姆在其强大的进攻下逐渐衰弱，10 世纪时灭亡。

　　阿克苏姆的兴起，同古代东西方海上交通与贸易的发展有紧密的联系。公元前16 世纪后，古代地中海地区同印度之间通过红海进行的贸易渐趋繁荣，这一因素促进了阿克苏姆王国的崛起。公元初年，阿克苏姆成为独立国家，约在公元 2 世纪前后统一北方后，又向埃塞俄比亚高原中部扩张。公元 1 世纪时期，有一位古希腊商人写的《红海环航记》里第一个提到了阿克苏姆王国。我们也从这份资料中得知，公元 4 世纪的国王埃扎纳在位时，国势极盛，不但征服了埃塞俄比亚高原、麦罗埃和阿拉伯半岛也门地区，更是与罗马帝国皇帝君士坦丁缔结同盟条约，埃扎纳有"众王之王"之称。除此之外，这位国王还皈依了基督教，并将其定为国教，以统一各部落的信仰。在宗教改革的同时，埃扎纳还进行文字改革，在自己的统治区域内推行新拼音文字，创制了一直沿用至今的埃塞俄比亚文字。埃扎纳的改革，最终使阿克苏姆成为世界上第一个以基督教为国教的国家。

阿克苏姆建筑遗迹

　　到公元 525 年，国王加列布出兵征服也门地区，进一步巩固和扩大了对阿拉伯半岛南端的控制。由于国势强盛，阿克苏姆在古代国际政治中起着重要的作用。东罗马帝国为了对抗波斯，曾与阿克苏姆结好。东罗马皇帝查士丁尼一世不仅积极支持加列布征服也门，而且两次遣使前往阿克苏姆，要求阿克苏姆商人尽多收购从中国运到印度的生丝，转卖给东罗马帝国，以打击控制生丝贸易的波斯。公元 570年，波斯占领也门，并夺占阿克苏姆的部分海岸属地和通商城市。阿克苏姆被赶出阿拉伯地区。7 世纪阿拉伯帝国兴起后，垄断从印度到地中海的商路，阿克苏姆与海外联系全被隔绝，国家趋于衰落，并导致最后灭亡。

　　阿克苏姆的王权比较发达，埃扎纳之后的国王均称为"万王之王"，阿克苏姆本土及其附庸王国都向阿克苏姆王纳贡。国王拥有强大的军队，加列布东征也门时，曾动员数万大军和二百多艘船只。此外，国家还制定有法令。

阿克苏姆方尖碑

　　阿克苏姆有比较发达的农业和手工业。手工业有酿酒、陶瓷、造船等行业。著名的阿克苏姆方尖碑，反映了其建筑艺术的成就。阿克苏姆已使用金属铸币。铸币正反两面分别刻有国王手持宝剑和棕榈叶的图案，象征王权的威严与仁德。铸币的发行不仅反映了经济生活的发达，而且对巩固国家统一、扩大王权影响有着重要意义。阿克苏姆王国存在着奴隶制，奴隶主要是从邻近部落中掠夺来的。

　　阿克苏姆的商业发达，国内外贸易相当活跃，对外贸易的主要港口为阿都利斯。据记载，阿克苏姆对外贸易的输出品有象牙、犀角等，输入品则有来自埃及、波斯、印度等地的各种货物。

　　对阿克苏姆的研究，原来只靠一些零星的文献记载，19世纪后开始结合石碑铭文及考古材料进行研究。19世纪的旅行家们已开始记载尚存的遗址、建筑物和铭文，曾发表各种研究成果。通过调查和发掘，人们对阿克苏姆王国的居民分布、城市布局、文化特征、经济状况等都有了较多的了解。同时还对阿克苏姆以前时期的文化有了一些认识，这有助于说明阿克苏姆文明的发源和发展的独特性。但目前，发掘和研究工作做得尚少，有关阿克苏姆王国的政治机构及行政管理体制等了解得也不多，这些都有待于今后的进一步研究。

卡纳克神庙

卡纳克神庙是埃及中王国及新王国时期首都底比斯的一部分，太阳神阿蒙神的崇拜中心，古埃及最大的神庙所在地，在开罗以南700千米处的尼罗河东岸，遗址占据当时底比斯东城的北半部。由于中王国和新王国各朝都是从底比斯起家而统治全国的，底比斯的地方神阿蒙神被当作王权的保护神，成为埃及众神中最重要的一位。

卡蚋克神庙多柱厅

卡纳克的阿蒙神庙始建于中王国时期。新王国第十八王朝时大加扩建，第十九、二十王朝又有所增修。到新王国末期，它已拥有10座门楼（古埃及一般庙宇仅有1座门楼），各座门楼又有相应的柱厅或庭院。全庙平面略呈梯形，主殿按东西轴向布置，先后重叠门楼6座，又从中心向南分支，另列门楼4座。除主殿供奉阿蒙神外，还另建供奉阿蒙之子孔斯神和阿蒙之妻穆特神的庙宇。

在众多柱厅中，最大的一座由第十九王朝拉美西斯一世、谢提一世和拉美西斯二世三代法老鼎力修造，共有 134 根圆形巨柱，中央 12 根最大，高 23 米，直径 5 米，柱顶呈莲花状，是古代建筑中最高大的石柱。在门楼和柱厅圆柱上有丰富的浮雕和彩画，既表现宗教内容，又歌颂国王业绩，并附有铭文。这座神庙是研究中王国和新王国历史、文化的重要考古遗迹。

阿蒙神约在第十八王朝起，成为埃及主神。卡纳克的阿蒙神庙由许多部分组成，其中最主要的就是大柱厅。该厅长 366 米，宽 110 米，面积约 4 万平方米，有 6 道大厅。站在大厅中央，四面森林一般的巨大石柱，处处遮挡着人们的视线，给人造成一种神秘而又幽深的感觉。虽然由于年代的久远，致使神庙已破败不堪，然而，透过那残存的部分，人们依然能够感受和想象到卡纳克神庙当年的宏伟壮丽。

卡纳克神庙

作为埃及最大的神庙，卡纳克神庙给人的感觉非常夸张，塔门巨大而厚重，雕像高大而挺拔。最神奇的要数哈特舍普苏女王的方尖碑，高 24 米，重 160 吨，也不知它是怎么从阿斯旺的山体上分离出来，又如何在卡纳克神庙竖起的。卡纳克神庙之所以如此著名，不仅因为它的壮丽，而且因为它的建筑元素，例如大圆柱和轴线式设计，先后影响了希腊建筑和世界建筑。新王朝的每一代法老都要为卡纳克神庙添砖加瓦，唯恐讨好神灵不够虔诚。

尽管卡纳克神庙入口现在残留的遗迹不到当年的 1/10，但是在东南西北的神道上，依然可以辨清不同时期建筑的脉络。沿着东西中轴线，可以直达圣坛，那是古时候只有祭司和法老才能进入的地方。

当对诸神的敬畏和信仰在埃及衰落，这些石刻的圣物就成了"废物"，被搬走拆散。直到人们发现原来卡纳克神庙是世界上最大、最雄伟的神殿，可以用它来研究古埃及历史，可以用它来赚外汇……修复工程才开始缓慢地进行。

历经沧桑的卡纳克神庙最让人着迷的是刻在柱上、墙上、神像基座上优美的图案和象形文字。有战争的惨烈，有田园生活的幸福，有神灵与法老的亲密……这是石刻的历史，连环画似的告诉你一个遥远而辉煌的过去。

金字塔

埃及有句古话："一切都怕时间，时间却怕金字塔。"埃及金字塔是古代世界的建筑奇迹。站在开罗的高处向西远望，就可以看见，在远处的沙漠边缘，几座巨大的锥形建筑物，傲对碧空，巍然屹立，这就是著名的金字塔。金字塔是古代埃及国王的陵墓。因为其底座是四方形，四边都形似汉字的"金"字，中文就称它为金字塔。

埃及人自古就有灵魂不灭的观念。他们认为，人死后，必须保护好尸体。在另一个世界里，灵魂将进入尸体，使死者复活。自然，法老也认为，他生前是国王，死后也会复活，在阴间继续享有人间的一切荣耀。

当时，流传着这样一个神话：在很久以前，有一个名叫奥西里斯的国王，教会人们种地、酿酒、做面包，因此人民很崇敬他。但是，他的弟弟塞特想篡夺王权，阴谋杀害他。一天，塞特请奥西里斯赴宴。塞特事先按哥哥的身材做了一个非常漂亮的箱子。进餐时，塞特指着箱子对作陪的人们说："谁能躺进这个箱子，就把它送给谁!"别的客人躺下去，都不合适。轮到奥西里斯，他刚躺进去，塞特就关上箱子，锁紧后把箱子扔进了尼罗河。

奥西里斯的妻子伊西丝焦急万分，四处寻找，最终找到了丈夫的尸体。但是塞特仍不罢休，他在半夜里偷走了尸体，并残忍地将哥哥的尸体剁成块，扔到埃及各地。伊西丝历经艰辛，又将这些碎块找了回来，含泪埋葬了。

迄今为止，埃及已发现大大小小的金字塔 110 座。孟卡尔、哈夫拉、胡夫金字塔是埃及最大、保存最完好的 3 座金字塔。

奥西里斯的儿子自幼勇敢好强，他长大成人以后打败了塞特，为父亲报了仇。他又同母亲一起把奥西里斯的尸体碎块挖出来，缝合在一起，做成了干尸"木乃伊"。借助神的力量，父亲又在阴间复活了，做了阴间的法老，专门审判死人。

奥西里斯的神话让古埃及人深信不疑。在这种观念的支配下，把尸体制成"木乃伊"的风气在古埃及十分盛行。

每一个古代埃及法老去世后，都要把奥西里斯的神话重演一次。首先，是寻尸仪式。因为奥西里斯的尸体是寻找才得到的，所以每个国王死后，也都要装模作样地寻找一次。而在"找到"之后，还需要由王后和王子装作"验明无误"。第二步，清身仪式，即解剖尸体，取出内脏和脑髓，再用香料填进去，然后按原样缝好；再把尸体浸在一种防腐液里，就做成了干尸"木乃伊"。70 天后，把尸体取出，裹上麻布，再在外面涂上一层树胶，以免尸体接触空气。这样"木乃伊"就制成了。第三步，是复活仪式，就是一边念诵咒语，一边为"木乃伊"开眼、开鼻、开口，将食物塞进它的嘴里。古埃及人相信，这样"木乃伊"就复活了，一样呼吸、说话、吃东西。最后，是安葬仪式，"木乃伊"被庄严地装入棺材，送进金字塔墓室。据说，如此一来，死去的国王就会像奥西里斯一样，复活成为阴间的统治者，并且永远庇护着他的子孙。金字塔就是死而复活的国王永远的宫殿。

放置木乃伊的棺椁

最初，国王死后葬在用泥砖砌成的长方形坟墓里，叫作"马斯塔巴"，意为石凳。后来，在第三王朝时，有一个名叫伊姆霍特普的建筑师，他发明了一种新的建筑法：他用石块先建成一个巨大的"马斯塔巴"，再在上面加上5个一层比一层小的"马斯塔巴"，建成一个高达60米的梯形金字塔。这就是我们现在看到的金字塔的雏形了。

以后，历代法老争相效仿，都给自己筑金字塔，并且越造越雄伟。

第四王朝的法老斯尼弗鲁，下令为自己修建了高达 100 米的金字塔。斯尼弗鲁的儿子胡夫决心要给自己造一个无与伦比的金字塔，因此花费了巨大的人力物力。据历史学家希罗多德记载，胡夫强迫每 10 万埃及人组成一组，每组服役 3 个月，轮流替换。这些埃及人在尼罗河右岸的山里开出巨大的石块。石块采下以后经过修整，用沙子加水磨光，然后用船把石材送过尼罗河，再用木橇运到开罗西郊的吉萨。最后，建立了埃及最大的金字塔。

七、灿烂的东方文明

约公元前 7000—前 221 年

　　古印度人创造了光辉灿烂的古代文明，作为最悠久的文明古国之一，印度具有绚丽的多样性和丰富的文化遗产，这种多样性是多次迁入印度次大陆的移民浪潮影响的结果。雅利安人的迁入带来了他们的神祇、种姓制度和政治秩序，从而深刻地影响了这里。而中国也走过了五千年的文明历程，在公元前3000 年，第一个具有高度文明的社会开始兴起。大约从公元前 17 世纪起，商朝和周朝统治者建立起中央集权，并在一段时期内推动了大量的技术革新。

印度文明的建立与衰落

　　这里要谈的印度，不是指今天的印度，而是指整个南亚次大陆。印度的北部是喜马拉雅山，东、南、西三面环海，成为一个独特的地区，古代印度文明即在这种条件下诞生。

　　公元前 2500 年左右，来自遥远的西方并带有先进技术的农民们迁移到肥沃的印度河流域。他们为了分散河水和防洪而修建了运河，水渠使作物的收获量增加。沿河的部落不久都发展成了城市，哈拉巴、摩亨佐·达罗和罗塔尔都是这样发展起来的。其中，哈拉巴最强盛，其他城市在某种程度上都受它的支配。哈拉巴和摩亨佐·达罗的面积都在两平方千米以上，而且都用土和砖垒起数米高的城堡，城堡中有集中供暖式的公共浴场、集会场所和谷物仓等。城市进行有规划的建设，大路走向平行分布，路两侧排列着带平台屋顶的房屋。大多数房子都是用砖盖的 2 层小楼，为了防潮，墙壁和屋顶都涂有防水剂。大户人家甚至有水井用于饮用和洗澡，排水设备也很完备。但是在公元前 1800 年左右，不断受到地震、洪水、河流改道等重大冲击，在公元前 1750 年左右，来自西北部的雅利安人又侵入此地，城市迅速衰败。

哈拉巴文化

存 20 世纪 20 年代之前，人们一直认为印度的古文明是在雅利安人入侵之后才发展起来的。然而 1922 年考古学家在印度河流域发现了一处文化遗址，这一重大发现推翻了上面错误的观点，把印度的历史向前推进了 1000 多年。经过数十年的努力，考古工作者把一个面积巨大的文化遗址区呈现在人们的面前，这便是"哈拉巴文化"。

哈拉巴文化有两个中心：一个是印度河下游的摩亨佐·达罗，一个是印度河上游的哈拉巴。二者相距 500 多千米，南北对峙。哈拉巴文化的年代范围约为公元前 2500—前 1750 年，它虽然在年代上晚于埃及的古文明和苏美尔的古文明，但却同样是远古时代伟大的文明。

哈拉巴文化已进入文明时期，已经有文字，但文字至今无人破译成功。哈拉巴文化的主要经济部门是农业，种植的农作物种类已经相当丰富；在生产工具上，是铜石并用；在手工业方面，各种金属的手工艺品显示了当时工匠们的技艺水平已经较高，纺织和制陶是重要的部门；在贸易方面，哈拉巴文化已经和两河流域有商业往来。

哈拉巴文化的城市已经很繁荣，不论大城小城，一律由卫城和下城组成。众多城市中较大的只有几处，最大的则为哈拉巴和摩亨佐·达罗。

摩亨佐·达罗古城遗址，有几处是令人感到惊讶的。城呈长方形，周长约 5000 米。卫城是政治中心，筑有高墙和塔楼，内有议事厅，有可供百人同时使用的"大浴池"。下城是居民区，有宽阔的街道，有完备的下水道设施，并有路灯照明。有的民居有浴室和排水设备，有的则只是简单的住房，可见当时贫富分化已很严重。学者们根据公共建筑和粮仓以及遗址的规模对当时的城市人口进行估计，推算出当时哈拉巴和摩亨佐·达罗各有 3 万人口。这在远古时代显然已是繁华的都市了。

哈拉巴文化的创造者显然只能是当时印度的土著，而不可能是雅利安人。但由于哈拉巴文化的文字至今尚未被解读，所以大多数论断都只能是推测。哈拉巴文化延续约六七百年，到公元前 1750 年左右便突然消亡了。关于消亡的原因，学者们众说纷纭，莫衷一是。有人认为哈拉巴文化的衰亡是地震、泥石流等自然灾害的结果：有人认为是外族入侵使哈拉巴文化归于毁灭；还有人认为是生态环境的恶化导致了哈拉巴文化的衰落。

哈拉巴文化的消失之谜还有待人们破解。

吠陀时代

哈拉巴文化消亡以后，印度进入了"吠陀时代"。之所以称为"吠陀时代"，是因为这一时期丰富的传说资料都收集在"吠陀"文献中，因此得名。"吠陀"的意思是"知识"，是长期积累下来的大量文献汇编，共分四部：《梨俱吠陀》《沙摩吠陀》《耶柔吠陀》《阿闼婆吠陀》。其中《梨俱吠陀》出现时期最早，因此它所反映的时期被称为"早期吠陀"（约公元前 14 世纪—前 900 年），相应地，其余三部反映的时期称"后期吠陀"（约公元前 900—前 600 年）。

"吠陀"的编纂者们自称"雅利安"，意为"高贵的人"。雅利安人所说的梵文是属于印欧语系的，雅利安人在公元前 1750—前 1200 年间，逐渐侵入到印度，征服了当地的居民，此后便在那里定居。

正如《荷马史诗》是古希腊人的史诗一样，"吠陀"也是印度雅利安人的史诗。从"吠陀"中，我们能够了解到当时的社会经济状况。雅利安人定居印度后，最初还保留着氏族公社的制度。后来，随着社会经济的发展和私有财产的积累，国家产生了，原先的军事首领现在摇身变为世袭君主。王权与神权结合起来，实行统治。不过，后期吠陀时代的国王还远远不是专制君主。吠陀时代，随着奴隶制的发展和社会的分化，印度逐渐形成了两种具有民族特色的体制，即种姓制度和婆罗门教。种姓制度，简言之，就是把人分为四个等级，即婆罗门、刹帝利、吠舍和首陀罗，不同等级的人有不同的权利和义务，绝不平等。婆罗门主管宗教祭祀，也可从政，享有极大的政治权力。刹帝利是武士阶层，掌握军事权力。吠舍是平民，从事农牧业和商业，没有政治权力。首陀罗是地位低下受苦难的人，从事农、牧、渔、猎等"贱业"，与前三个等级不同，他们连参加宗教仪式的权利也没有，属于"非再生族"。种姓制度产生前，一家人可以从事不同的职业，人的身份可上可下；种姓制度确立之后，一个人的社会地位完全取决于家庭出身，子子孙孙，世代不变，各等级之间原则上禁止通婚；在法律面前，不同等级的人绝不平等。种姓制度在后来变本加厉地发展，成为套在印度人民身上沉重的枷锁。

在早期吠陀时代，雅利安人的宗教基本上还是一种简单的自然崇拜，祭祀也比较简单，不存在比较抽象的宗教哲理。到了后期吠陀时代，这种简单的宗教逐渐发展成为有完整体系的婆罗门教。婆罗门教的最高信仰为梵天，梵天是世界精神、最高主宰、宇宙创造者，世界万物皆为梵天所创。婆罗门教还创造出灵魂投胎的"业力轮回"说，宣称人生的痛苦与欢乐，都是因前世的功或业决定的：积善者，必有善报，来世有享不尽的荣华富贵；作恶者，必有恶报，来世有受不完的艰难困苦。这种说教对麻痹人民是很有作用的，使人安于现状，把幸福的希望寄托于来世，从而不要反抗。

婆罗门教和种姓制度合在一起，成为束缚印度人民的两条绳索。后来婆罗门教日趋神秘，对印度的历史产生了深远的影响。

公元前 600 年左右，印度告别吠陀时代，进入列国时代。

种姓制度

种姓一词在梵文中叫"瓦尔那",意为"颜色、品质",故而种姓制度又叫瓦尔那制度。这种制度起源于入侵的蛮族雅利安人实行种族隔离的企图。之所以这样做,是因为当地人在数量上和文明程度上都远远超过他们。

婆罗门种姓为祭司贵族,属于第一等级。掌握神权,传授圣书,地位最高。刹帝利种姓为军事贵族,或称武士阶级,包括国王和各级官吏,属于第二等级。刹帝利意为"权力",把持国家的军事和行政大权。吠舍种姓为一般平民大众,包括农民、牧民、手工业者和商人等,属于第三等级。他们是没有任何特权的普通公民,必须按规定缴纳赋税。属于第四等级的首陀罗种姓,包括被征服的土著居民和雅利安人中的贫穷破产者,地位最低下。他们从事各种繁重、卑贱的劳动,其中许多人沦为雇工或奴隶。

在种姓制度下,人的社会地位是由其家庭出身决定的,职业世袭不变,种姓之间严禁通婚。不同种姓的男女结合,所生子女被排斥于种姓之外,称为"旃陀罗",即"贱民"。他们被认为是"不可接触者",最受鄙视,其社会地位比首陀罗还要低。

印度的种姓制度自形成后,沿袭了许多世代,而且越来越复杂,在四种姓之外,又演变出了数以千计的亚种姓。

东南亚地区村落公社

公元前5000年之前的某一时候,几支从事狩猎和采集的丛林部落建立起了小型的村落公社,这种村落公社遍布整个东南亚地区。有些部落沿海岸居住,在那里捕鱼捞蟹,采摘椰子,烧制陶器。还有一些部落则迁入高地森林中的石灰岩洞穴里居住。丰富的野生动物和大量可食用的植物,为东南亚地区的居民提供了稳定多样的食物。他们还嚼食槟榔，这使他们的牙齿变黑，但同时也培养了他们喜食酸涩辛辣的口味。早在公元前7000年，东南亚地区的居民就已开始种植他们自己的农作物。"灵窟"中贮藏的豆类是经过培育的品种，水稻也是如此。从今缅甸三角洲向东远至中国长江流域都有野生形态的水稻生长。

华夏民族的起源

大约在距今4500多年以前，在中国黄河上游的陕西岐山一带，居住着一支具有先进农业生产技术的氏族部落，其首领为炎帝，姓姜。相传炎帝教导人们种植五谷，在他的领导下，人们不断总结生产经验，改进生产工具，粮食连年丰收，因而他深受人们的爱戴，被尊为"神农"，故炎帝又有"神农氏"之称。炎帝部落逐步顺黄河向东迁移，最后定居在中原地区，与以黄帝为首领的氏族部落发生冲突。在阪泉之战中，炎帝被黄帝战胜，炎帝部落与黄帝部落合并，组成华夏族。从此，中原各民族得到进一步的融合。

夏朝

中国是世界文明古国之一，旧石器时代和新百器时代的文化在中国广袤的领土上，都有广泛的分布，在世界上也占有重要的地位。在新石器文化的基础上，中国的黄河流域率先进入文明时期。

但中国的文明史究竟应该从何时写起，长期以来存在争议。有人写中国史，从黄帝开始；有人认为应从商代开始，因为商代历史已有考古资料和甲骨文资料作为证明。但更多的人认为中国文明史的起点应在夏朝开始建立的公元前21世纪左右，这种见解比较有说服力，也正在得到考古学方面越来越多的证明。中国传统文献中，夏和商、周一直是相提并论的。孔子明确表示：商代沿袭了夏代的礼，但作了一些变革；周代沿袭了商代的礼，也做了一些变革。中国于1996年启动了夏、商、周断代工程，经历史学、考古学、天文学等学科 200 多位科学工作者长达 5 年的联合攻关，终于有了比较清晰的认识。

夏朝的奠基人是治水英雄大禹。公元前 21 世纪，黄河中下游地区洪水泛滥成灾，夏部落的首领尧曾任命禹的父亲鲧治水，但没有成功。舜继承尧位之后，又任命禹率领中原各部人民辛勤劳动 13 年，终于疏通了河道，排除了水患，安定了民生。禹又曾奉舜之命，率领华夏族各部落打败了三苗族各部落，把他们驱往边远地区，从而稳固了华夏族各部落在中原的地位。舜死后，禹受禅继位，曾会诸侯（原先的各部落首领）于涂山，据说与会者有"万国"。又会诸侯于会稽（今浙江绍兴），并处死了迟到的诸侯。禹命令各地诸侯进贡方物和铜，用铜铸成九鼎，鼎上刻画着各州应贡的方物。这些都表示夏王是位于诸侯之上的"天子"。

禹死后，其子启在诸侯拥护下继位，将传统的氏族民主制的"禅让"改变成为世袭制，这是一个具有重大历史意义的事件。后来，夏朝曾经历了"太康失国"，又经历了"少康中兴"。少康是夏代第六个王，又传了七个王之后，孔甲继位，夏朝开始衰落，诸侯逐渐不服夏王。又经两个王之后，桀继位为王，他暴虐无道，作琼宫瑶台，耗尽百姓资财，又对内镇压人民，对外用兵。诸侯纷纷叛夏，转而支持商国的诸侯汤，最后汤率各诸侯灭夏，开始了商朝。根据大量的考古发现和科学研究，科学家们认定夏朝自公元前 2070 年建国至公元前 1600 年被商灭亡。

夏朝的活动范围，大约西起今山西南部和河南西部，东到河南、河北、山东三省交界处，南接湖北，北抵河北。夏朝的主要经济部门是农业，相传大禹治水，伯益凿井，可见当时已有水利灌溉。手工业方面，除了传统的石器制作之外，已有了铜器和陶器制作，并成为独立的生产部门。并且，从商朝后来已经拥有比较成熟的甲骨文来看，文字在夏朝已经有相当长期的发展。

商朝

夏朝末年，居住在黄河下游的商族，其势力发展到黄河中游，渗入夏的统治地区。公元前 1600 年，汤灭夏建立了商朝。商朝是中国早期国家的一个重要发展阶段。大量的考古资料，特别是甲骨文的发现，为研究商代历史提供了宝贵资料。在商代，国家机器不断强化，经济和文化取得了巨大成就，活动地域的影响远远超过夏代，为中国古代文明的进一步发展奠定了基础，在世界古代文明史上占有重要地位。公元前 14 世纪，盘庚迁都殷。到公元前 1046 年，商纣王被周武王所灭。商代创造了光辉灿烂的青铜文化，是中国古代青铜文化的繁荣时期。商代出现的用高岭土制作的青釉器，已经具备了瓷器的基本特点。一些商代青铜器的表面，常黏附有丝织物的痕迹，其中菱形纹的暗花绸，表明当时已有了具有提花装置的织机。髹漆工艺在商代得到了较多的应用。雕刻造型生动，工艺精湛。商代的商业行为发生得比较早，车辆成为当时重要的交通工具。商代音乐已经有了半音、标准音的概念。商代的甲骨文已经具备了汉字结构的基本形式，是一种发展到成熟阶段的文字。

八、美洲文明

约公元前 5000—公元 615 年

美洲文明在西方航海者发现以前，一直是以与世隔绝的姿态出现在地球上的，无论是古老的奥尔梅克，还是充满神秘色彩的玛雅文明，都为后人留下了无尽的财富。奥尔梅克的巨人雕像、玛雅人的天文历法、建筑奇葩帕伦克古城和独具风情的南美手洞等事物，都是美洲文明最好的诠释。

奥尔梅克文明

除了玛雅文化，中美洲还曾经出现过另一种神秘文化，那就是奥尔梅克文化。关于它的说法与争论层出不穷。它曾在高原上大兴土木，建造城市；它曾在这些古远的城市中创造了自己的文明……他们曾经很强盛，但到公元前 3 世纪，不知是什么原因，却突然消失在茫茫的丛林之中。

奥尔梅克文明是已知的最古老的美洲文明之一。高度发达的奥尔梅克文明对中美洲宗教、艺术、政治结构和等级社会存在着重大影响。一些观点认为奥尔梅克文明是中美洲古文化及后续所有文化的始祖。奥尔梅克文明主要分布在墨西哥南部韦拉克鲁斯州和塔瓦斯科州一带。奥尔梅克文明的影响不仅仅局限于墨西哥本地区，而且遍及整个中部美洲地区。中美洲其后出现的玛雅文明、阿兹特克文明以及其他各种文明都与奥尔梅克文明有很深的渊源，它们在社会生活、建筑艺术以及其他方面都有很多相似之处，体现出很强的一致性和历史继承性。

奥尔梅克巨石头像

奥尔梅克文明有极高的艺术造诣，它为日后的社会提供了许多文明财富：有恢弘宫殿的残骸，有奇特的陶器，有人形美洲虎图案……但最卓著的当属奥尔梅克特有的雕像，这些雕像以巨大的石头头部雕像工艺见长，大都雕刻着厚厚的嘴唇和凝视的眼睛。奥尔梅克雕像体积巨大，栩栩如生，尤其令人震撼的是这些雕像所用的石头均来自很远的地方，在当时没有先进机械设备的情况下，奥尔梅克人却把沉重的玄武岩石块从 20 千米以外的火山区拖到拉文塔，还把巨大的石头打磨成了约 2 米高的石头头像，其中的力量与智慧实在不容小视。科学家认为，这些雕像很可能是当时帝王的纪念碑。

在有据可查的美洲文明史中，奥尔梅克文明的历史最古老，其兴盛时期相当于中国的西周，早于繁荣时期的玛雅文明至少 1000 年。早期生活在这里的人们处于原始公社时期，居民生活基本上是以很小的村落为核心，人们从事农业和种植业，处于一种半游牧半农耕的原始状态。

据考证，奥尔梅克人可能是最早种植玉米的人。公元前 800 年左右，当墨西哥湾沿岸的低地盛行奥尔梅克文明，秘鲁出现查文文明之际，"形成"期的中美洲文

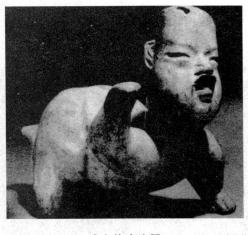

奥尔梅克陶器

化，包括制陶术和玉米种植，已经传遍了从中美洲到秘鲁在内的整个"核心美洲"。

因此，可以有把握地说，中美洲是最早种植玉米的地区，而奥尔梅克人则是玉米的最早种植者。

不仅如此，科学家发现奥尔梅克人还发明了一种橡皮球游戏，后来这种游戏在整个地区广泛流传，成为各地十分喜闻乐见的活动项目。

墨西哥民间有这样一个古老传说：远古时代的密林里生活着一个古老的民族——拉文塔族，他们住在仙境般的美丽城市里，有着高度发达的文明。在传说的神奇魅力吸引下，墨西哥考古学会于 1938 年组织了一支考古队，去探寻这个传说中的古老民族。令人意外和欣喜的是，考古队竟然比较顺利地在拉文塔族森林里发现了 11 座巨石头像，其中最重的达 20 吨。获得这一有价值的线索之后，考古学家们继续努力，最终在墨西哥湾沿海地区发现了两处遗址：一处是拉文塔；另一处是特雷斯·萨波特斯。根据碳 14 测定，两处遗址至少出现于公元前 1300 年，这是当时中美洲发现的最早文明遗址，中美洲文明的"老祖母"出场了。二十多年后，又一重要遗址——圣洛伦佐遗址被发现。这三处遗址都是古代墨西哥的奥尔梅克人居住的地方，从此奥尔梅克文明的"内幕"逐渐为世人得知。

玛雅文明

人类历史上曾经出现过这样的一个文明形式：他们的文化与四大文明古国交相辉映；他们的数学体系被称为"人类最伟大的智慧成就"；他们建造过一百多座城市和不少巍峨的金字塔、寺院……它们就是举世闻名的玛雅文明。可就是这样一个盛极一时的古代文明社会，却在公元 10 世纪后开始衰落，16 世纪时被西班牙殖民者所毁灭。

据考古发现，玛雅文明诞生于公元前 1000 年，分为前古典期、古典期和后古典期三个时期。玛雅人在这几千年间创造了辉煌的玛雅文明。

前古典期即玛雅文化形成期。在尤卡坦半岛中央佩滕盆地及其周围山谷已出现定居的农业生活，玉米和豆类是这里主要的作物；由土台、祭坛等组成的早期祭祀中心也已建立，此后出现国家萌芽，并出现象形文字。

玛雅人的"恰克莫尔"神像，它的后面是两个张着大嘴的羽蛇神。

古典期是玛雅文化的繁盛时期，各地较大规模的城市和居民点数以百计，都是据地自立的城邦小国，尚未形成统一国家。各邦使用共同的象形文字和历法，城市规划、建筑风格、生产水平也大体一致。主要遗址大多分布在中部热带雨林区，蒂卡尔、瓦哈克通、彼德拉斯内格拉斯、帕伦克、科潘、基里瓜等祭祀中心已形成规模宏大的建筑群。蒂卡尔遗址由数以百计的大小金字塔式台庙组成，气象宏伟，城区面积达50平方千米，估计居民有4万左右。此时出现大量刻纪年碑铭的石柱，一般每隔5年、10年或20年建立一座，成为独特的计时柱。公元800—900年左右，这些祭祀中心突然废弃，玛雅文明急剧衰落。11世纪以后，玛稚文明中心开始逐渐移向北部的石灰岩低地平原。

后古典期的玛雅文化有浓厚的墨西哥风格。从墨西哥南下的托尔特克人征服尤卡坦，并以奇琴伊察为都城。建筑中出现石廊柱群及以活人为祭品的"圣井"、球场，还有观察天象的天文台和目前保存最完整的高大的金字塔式台庙，崇拜羽蛇神魁扎尔科亚特尔。此后北部的玛雅潘取代奇琴伊察成为后古典期文化的中心。这一时期的陶器和雕刻艺术都较粗糙，世俗文化兴起，并带来好战之风。玛雅潘的统治者与其他城邦结成联盟，用武力建立起自己的统治。1450年，大概由于内部叛乱，玛雅潘被焚毁，此后百年中文化趋于衰落。1517年后玛雅人抵抗西班牙殖民者入侵，遭大量屠杀，经济文化被破坏，玛雅文明被彻底破坏。

玛雅人对神有种近乎狂热的崇拜，每位玛雅人都认为，为神献身是一种非常神圣的事情，因此，他们经常举行祭祀典礼，纪念信奉的太阳神、雨神、风神、玉米神、战争之神、死亡之神等。

金字塔并非埃及的专利，美洲玛雅人也为世间留下了气度非凡的金字塔。与埃及的金字塔不同的是，玛雅金字塔是宗教建筑，塔顶有庙宇。

此外，玛雅人还有一个被称为"人类最伟大的智慧成就"的数学体系。在这个体系中最先进的是"0"这个符号的使用，它的发明与使用比亚非古文明中最早使用"0"的印度还要早一些，比欧洲人大约早了800年。用这个计算系统来纪年，玛雅人可以准确无误地记下几千万年中的每一个日子。

玛雅历法

玛雅文明在世界上的影响不言而喻，而这些灿烂的文明中最令人瞩目的莫过于

太阳金字塔

玛雅历法。我们可以想象，智慧的玛雅人在几千年前便已经依靠一套复杂的历法来安排生产和生活，并取得了卓越的成就。而这套历法，却没有伴随着玛雅文明的衰落而衰落，相反地，它们经过时间的洗礼后，更是显出其特殊的魅力和光华。

玛雅人的历法和天文知识究竟精确到什么程度呢？他们有一套复杂的历法——以太阳历、太阴历和卓尔金历为基础。

首先，玛雅人认为一个月等于 20 天，一年等于 18 个月，再加上每年之中有 5 天未列在内的忌日，一年实际的天数为 365 天，每 4 年加闰 1 天。这正好与现代人对地球自转时程的认识相吻合。玛雅人精确计算出太阳年的长度为 365. 2420 日，现代人测算为 365. 2422 日，误差仅为 0. 0002 日，就是说 5000 年的误差才仅仅一天。

其次，玛雅人费了 384 年的观察期，算出 584 日的金星历年，即太阴历。现代人测算为 583. 92 日，误差每天不到 12 秒，每月只有 6 分钟。金星周期历法之所以对玛雅人格外重要，是因为玛雅人认为金星周期与战争有关，并用它来占卜战争及加冕仪式的良辰吉日，玛雅统治者会计划在金星升起时开战。玛雅人也很有可能追踪了其他如火星、水星以及木星等行星的运行。

第三，玛雅人保持着一种特殊的宗教纪年法，一年分为 13 个月，每月 20 天，

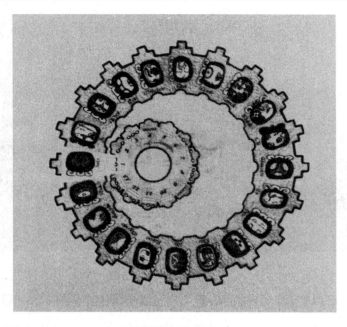

玛雅人的太阳历

称为"卓尔金年"。这种历法从何而来，实在令人不解。此外，玛雅人还准确地推演出这几种历法的神秘关系：地球年365天，金星年584天，隐藏着一个公约数：73。365除以73等于5，584除以73等于8，而卓尔金年、地球年、金星年又隐藏着一个神秘的公倍数，从而推导出有名的金星公式：卓尔金年260天×146＝37960天，地球年365天×104＝37960天，金星年584天×65＝37960天。这就是说，所有的周期在37960天之后重合。而玛雅人的神话则认为，一旦到那个时候，神将回到他们中间来。卓尔金历的起源是什么呢，到现在为止，这个问题仍然是一个谜。其中一个说法认为，卓尔金历是由以13与20为基数的数学运算而来，13与20对玛雅人来说是很重要的数字。20是玛雅数字系统的基数，来自人类手指与脚趾的总数，而13象征着神明所居住之天界中的层级数，两个数字相乘等于260。

玛雅人的数字是20进位的，每月也只有20天。在平时，他们将"卓尔金年"和"太阳历"通用这两种历法的组合已经满足了多数人计日的需求，因为同一个日期的组合在52年内并不会出现两次，这已经超过了当地人的平均寿命。两个历法分别以260天与365天为基数，所以整个系统正好组成52年循环一次的周期，这段

玛雅人的椭圆形天文台

期间被称为一个历法循环。历法循环结束前夕对玛雅人来说是动荡以及不幸的时期，他们会期盼地等着神明是否会赐予他们另一个 52 年期。

另外，还有一点非常玄妙和神奇，那就是玛雅人的天文台。那些天文台常常是一组建筑群，从中心金字塔的观测点往庙宇的东面望去，就是春分、秋分的日出方向；往东北方的庙宇望去，就是夏至的日出方向；往东南方的庙宇望去，就是冬至日出的方向等。最负盛名的天文台便是奇琴伊察天文台。奇怪的是，他们天文台的观察窗并不对准夜空中最明亮的星星，却对准肉眼根本无法看见的天王星和海王星。我们不禁要问：千百年前，玛雅人是怎么知道它们的存在的？

帕伦克古城

在墨西哥，有一座历史文化名城，那就是举世闻名的帕伦克古城。这座玛雅古国城市遗迹的历史可以追溯到公元前 1 世纪，城市发展的顶峰时期是公元 600—700 年间。迄今保存下来的古老建筑多是在这一时期修造的，素有"美洲的雅典"之称。帕伦克古城遗址上那华丽的宫殿、高雅的庙堂、精巧的石碑、神秘的铭文、壮观的金字塔以及大量的象形文字、绘画、雕塑等，为人们研究玛雅文化提供了宝贵的资料。

帕伦克的历史可以追溯到早期奥尔梅克文明时期，当时，奥尔梅克文明很可能在此建立过一个王朝。玛雅文明古典时期，帕伦克是玛雅西部地区一个大邦，现在已知的最早一位统治者名叫强·巴鲁姆一世，他于公元431年登上帕伦克的王位。而另一位在帕伦克历史上举足轻重的人物，就是于公元615年登上帕伦克国王宝座的巴加尔。这位12岁登基的少年皇帝在位时间长达68年，在其统治期间，帕伦克王国经历了从衰弱到强大的过程，并最终成为玛雅西部地区的霸主。巴加尔死后，他的两个儿子相继继位，并将帕伦克王朝的兴盛和繁荣局面又延续了四十多年，今天帕伦克遗迹中的主要建筑物基本上都是这一时期的产物。进入到9世纪以后，同古典时期玛雅文明的其他城邦一样，帕伦克城市迅速衰落，并永远地被遗弃在了丛林之中。

帕伦克古城遗迹

1952年，考古学家们在帕伦克遗址中发现了巴加尔陵墓以及巴加尔的遗骸。这座陵墓建在一座高耸的玛雅金字塔的底下，最令人惊奇的是巴加尔石棺上的图案，那些神话图案中看起来有点类似于宇宙飞船，两千多年前便出现这样匪夷所思的图案，实在令人惊讶不已。

帕伦克文明鼎盛时期建立的帕伦克古城，其主要建筑是一座宫殿和 5 座神庙，这些建筑被人们称为帕伦克宫、太阳神庙、狮子神庙、碑铭神庙等。

主体建筑帕伦克宫被建造在一个梯形土台之上，看起来就像一个八阵图。整个帕伦克宫殿内部装饰着风格华丽、技巧精湛的壁画和浮雕。宫殿里面包含了无数的庭院、门廊和房间。最令人惊奇的是，该宫殿里还建有一座 4 层的石塔。人们纷纷猜测，这个高 15 米的石塔极有可能是用来观测天文，所以它也被形象地称为"天文观测塔"。

帕伦克浮雕

碑铭神庙是帕伦克遗址最雄伟的建筑，它是一座由金字塔、庙宇和墓葬组成的建筑。这座神庙之所以称为碑铭神庙，是因为庙内藏着一块巨大的铭刻石。神庙中有一座 9 层高的金字塔，千百年来，这座金字塔都是默默地矗立在一片原始森林当中，以无比苍凉的姿态接受着风霜的洗礼。爬上神庙的最后几级阶梯，可以进入神庙的主厅。神庙后墙上还镶嵌着两块灰色的大石板，石板上整整齐齐地镌刻着 620 个玛雅象形文字，看起来就像是棋盘上的一颗颗棋子。这些文字造型奇特，形态各异，看起来奇异无比，十分引人入胜。来到象形文字碑铭左边，在那块用大石板铺成的地板上，可以发现一个楼梯口，下面架设着一道陡峭的阶梯，直通到隐藏在金字塔深处的一个巴加尔墓室。

连接碑铭神庙和巴加尔墓室的那条拱形楼梯，共有 67 级台阶，建造这座墓室的玛雅工匠，为了不让外人干扰国王的长眠，在完工之后，特意用数以吨计的沙石将其填塞。在此后一千三百多年间，从来没有人知道它的存在。

巴加尔陵墓的墓室长 9 米多，高 7 米，其拱形屋顶用石柱支撑，四周的墙壁装饰着浮雕，描绘着统治黑夜的九位玛雅神灵。墓室中央，在"九神"的俯瞰下，是一副巨大的石棺。石棺的长方形盖子是一块重达 5 吨的巨大石板，上面刻有无与伦比的浮雕。石棺中躺着一具高大的骨骸，捡上罩着用 200 块玉片镶嵌的翡翠面具，身上堆满各种珍贵的玉器，还戴着无数的护符和手镯，这就是帕伦克王国著名的统治者巴加尔的遗骸，这也是在中美洲发现的第一座类似古埃及王陵的陵墓。除此而外，在巴加尔石棺的脚下，还有两具灰泥雕塑头像。这两具灰泥塑像，集中了玛雅文化的全部优点。

公元 9 世纪以后，帕伦克古城被人发弃，一座座精美绝伦、高大宏伟的石头建筑被莽莽原始丛林淹没，变成了渺无人迹的废墟。

南美手洞

阿根廷圣克鲁斯省的平图拉斯岩洞，已经被列为世界文化遗产。这里保存了大量约完成于公元前 10000—公元 1000 年前的史前岩画艺术。因为岩洞洞壁有大量的手形图案，该岩洞即因之得名为"手之洞"。除此之外，洞壁还有许多动物形象，例如至今在当地还很常见的红褐色羡洲驼。

平图拉斯河手洞位于阿根廷圣克鲁斯省西北方，佩里托莫雷诺南方 71 千米处。平图拉斯河是德塞多河的一条支流。它切出了一段很深的峡谷，手洞就位于其中。洞穴为东北朝向，洞内两侧有巨大的侧壁。在洞壁上有大量手印，主洞有 24 米深，入口 15 米宽，10 米高。洞中的地面倾斜向上，内部不超过 2 米高。洞穴的末端比较狭小，在洞顶上绘有图案。

手洞的名字来源于洞中无数的手印。这些手印有黑色的、赭色的、紫蓝色的、黄色的和红色的，而最早画这些手印的人使用的是白色。大多数手印都画在一个 24 米长的洞里。除手印之外还有几何图形和动物。骆马的图画是最为古老的，大约画于 9000 年前，那时这区域居住着猎人。在公元前 1000 年左右，几何图案和手印被画了上去。

平图拉斯河手洞内的手印图案

在欧洲殖民者到来之前，一直繁衍生息在巴塔哥尼亚高原一隅的当地原始部落创造了这些无与伦比的岩画。这些朴拙的艺术成为南美早期人类文化的见证。

洞中的壁画图案大致可以分成 3 组：组 A 图画大约完成于公元前 7300 年，包括生动朴素的狩猎场面，显然是反映了远古猎人的生活。一幅图画表现了 40 匹骆马被 10 个猎人追赶，从图上可以看出画这幅图的人一定仔细地观察过骆马，在画结束的地方，描绘了一群骆马被圈在猎人制造的栅栏中。在这些画中，人被画出完整的脸孔，在许多猎人头上可能有羽毛的装饰。另一个画面表现了一群骆马离开峡谷的情形。在这幅图画中，绘图者用一些细线来表现投掷物划过的轨迹。这种投掷物被称之为"lostballs"，类似于流星锤和套牛绳，一条兽皮的两端系上两个重物，猎人将其抛出来缠住动物的腿或头部。骆马都画得比人大。当人在追赶猎物时，他们被画成侧面，通常没有画出手臂。画这些图案使用的颜料大致与画附近手印使用的颜料相同。颜料涂抹还有固定次序，总是从黑色开始，到紫蓝色结束。这些图案画满了洞穴的侧壁和檐。它们一定是由骆马猎人画的，这些人可能占据洞穴用作庇护所，或是在这里举行宗教仪式。还不清楚那些手印的含义。它们使用的颜料可能采自附近，红色采自赤铁矿，白色采自石灰石，黑色采自锰矿石或煤，黄色采自褐铁矿或黄赭土。

组 B 图画包括骆马和手，还有一些抽象图案。人被画出了完整的脸孔，头上有一些装饰品，有一只手，腿很短。身体往往是白色的，站在地平线上。手印更为常见，有时包括前臂，绝大多数图案都是左手，显然是惯于使用右手的人，喷颜料把自己左手的样子印上去的。骆马有时单独出现，也有时一群出现，有着长长的脖子和小小的头，通常被画成黑色和紫罗兰。有些甚至有一米长，带着它们的小骆马。

组 C 有无数白色的手印在红色的洞壁上。另外还有一些之字形、三角形的装饰和一些动物。

平图拉斯河手洞内的几何图形和动物图案

这些图案经历数千年没有被破坏。颜料似乎是使用这区域的石头混合骆马脂肪制成的。湿气、阳光或风之类都不能进入洞穴，所以壁画保存得很不错。

平图拉斯河手洞的发现早于西班牙的阿尔塔米拉洞窟壁画。在 1876 年，佩里托·弗朗西斯科·莫雷诺发表了关于手洞的报道。由于平图拉斯河地处偏远，直到 1949 年才由阿尔贝托·雷克斯·冈萨雷斯标示在地图上。

第二章　辉煌的帝国

——古代希腊、罗马

一、古希腊文明的兴起

公元前 2500 年—前 5 世纪

克里特岛文明与迈锡尼文明合称爱琴文明，历时约 800 年，它是古代希腊文明的开端。约公元前 3000 年，爱琴海地区进入青铜时代，出现了奴隶制国家。青铜器的使用使当时的克里特文明出现了宏伟的建筑物，克诺索斯王宫遗址就是当时典型的建筑。在荷马时代末期，铁器得到推广，取代了青铜器；海上贸易也重新发达，新的城邦国家纷纷建立。随着人口增长，希腊人开始向外殖民，新的希腊城邦遍及包括小亚细亚和北非在内的地中海沿岸，在诸城邦中，势力最大的是斯巴达和雅典。而在希腊城邦向地中海沿岸扩展的同时，西亚的波斯帝国也在扩张，最终导致了希波战争的爆发。

大西国文明

相传，在大西洋洋底，有一个沉没的国家——大西国。大西国，就是亚特兰蒂斯。自希腊的大哲学家柏拉图第一个提到大西国后，有关大西国富庶强大的传说流传了很多版本。

传说中的大西国，是当时全世界的文明中心之一。据说波塞冬是大西国的创始人，他娶了一位美丽的姑娘克莱托为妻。克莱托为波塞冬生了 10 个儿子。波塞冬把大西国分成十部分，由他的 10 个儿子分别掌管，长子阿特拉斯是大西国王位的继承者。10 个儿子定下盟誓，彼此互相帮扶，决不争斗。

大西国幅员辽阔，海岸绵长，是一个非常美丽的国度。人们安居乐业，生活非常安逸。他们有的依靠种地为生，有的以开采金银等贵重金属为生，有的以驯养野兽为生，有的则靠提炼香水生活。大西国的政治文化中心是个非常发达的城市，人口稠密，热闹非凡。城中遍布花园，有寺庙、圆形剧场、斗兽场、公共浴池等高大的建筑物。码头上，船来船往，许多国家的商人都同大西国进行贸易。大西国成为当时最强大的国家。后来有一年，国王决心要发动更大的战争，征服全世界。当时的大西国比利比亚和小亚细亚加在一起还要大，它的势力一直延伸到埃及和第勒尼安海。他们先后对埃及、希腊和地中海沿岸所有其他民族发动战争。对雅典发动战争时，雅典人殊死抵抗，结果，大西国被击退。

人们对大西国的想象图

然而，一场强烈的地震和随之而来的洪水，使整个大西国在一瞬间消失了。

据考古发现，克里特岛的米诺斯文化就是被海啸毁灭的。以色列本·古瑞安大学的地质学教授布鲁因斯说，在考古地质中的淤积物发掘中找到了明显的海啸特征。他说："淤积层发现的米诺斯建筑材料、杯子、动物骨骼等食物残渣和海滩的石子、贝壳以及海洋微生物混在一起。这些海里的东西只能被一种力量卷上高地，那就是海啸巨浪。"

画家根据柏拉图的描述而描绘的大西国沉没的情景

这些淤积物的发现地点高于海平面 7 米之多，一般风暴造成的海浪无法达到这个高度。因此，人们推测大西国也是因为类似的海啸而被毁灭。

大西国沉没的时间，根据柏拉图在另外一本书中所记载的说法推算，大约是 1.2 万年前。那么，就是说早在 1.2 万年前，人类就已经创造了文明。但大西国在哪里呢？人们对此一直怀有极大的兴趣。

到了 20 世纪 60 年代，在大西洋西部的百慕大海域、巴哈马群岛、佛罗里达半岛等附近海底，都接连发现过轰动全世界的奇迹。种种迹象用现代科学技术推导出来的结论，竟然同柏拉图的描述惊人的一致！这里是不是大西国沉没的地方呢？

苏联拍下来的海底古建筑遗址照片，目前也没有人可以证实它就是大西国的遗址。美国和法国的一些科学家在百慕大"魔鬼三角"海底发现的金字塔，迄今还没有一位科学家能确证它究竟是不是一座真正的人工建筑物。

唯一可以得到的正确结论是在大西洋底确实有一块沉下的陆地。如果大西国确实存在过的话，那么它们的商品，如陶器、大理石雕刻、戒指或其他装饰品，必然会随着商品贸易而散落到其他文明国家。可考古学家在许多有关地区，并没有发现过大西国的任何遗物。所以，直到今天，大西国依然是一个千古之谜。

克里特文明

克里特文明是爱琴海地区的古代文明，出现于古希腊本土，迈锡尼文明之前的青铜时代，约公元前 3000 年—公元前 1450 年存在。由于该文明的发展主要集中在克里特岛，因而得名克里特文明。克里特文明开始很早，并出现线形文字和相当规模的建筑物。然而，这个文明却神秘消失在历史的长河当中，给后人留下了一个个谜团。

希腊著名诗人荷马在史诗《奥德赛》中赞美了一个繁华的地方，那就是位于地中海中央的克里特岛。诗人的描述或许有点夸张，可是在 19 世纪，也就是大规模考古发掘前，人们对于克里特的远古历史，只知道《荷马史诗》的叙述和有关米诺斯王的传说。

克里特岛上的米诺斯王宫遗址

传说，很久以前，克里特岛的国王米诺斯许诺送给海神波塞冬一头美丽的白色公牛。因为白色的公牛是那样的珍贵，这位国王后来竟然食言了。波塞冬一怒之下，便让米诺斯的王妃爱上了这头公牛，并且生下了一个牛头人身的怪物米诺陶罗斯。米诺斯无奈之下，只能下令雅典艺术家、雕塑家及建筑师代达罗斯为这个怪物修建了一座著名的迷宫，宫中通道交错，无论谁只要一走进去，就再也找不到出口，还会被怪物吃掉。

之后每隔 7 年，雅典人都要向怪物米诺陶罗斯献上七对童男童女，作为它的食物。如此过了 14 年，到第三个 7 年时，爱琴国王阿尔戈斯的儿子忒修斯为了拯救那些被作为祭品的童男童女，主动请缨去迷宫同这个怪物作战。米诺斯的女儿因为爱慕这位勇敢的王子，便偷偷地送给了他一把利剑和一个线团。凭借着宝剑的帮助，他战胜了米诺陶罗斯，并顺着那条系在入口处的线，找到了这个迷宫的出路。忒修斯带着童男童女和公主逃出了克里特岛，起航回国。

米诺斯王宫室内复原图

长期以来，人们一直认为米诺斯迷宫的传说只是一个虚构中的故事，直到米诺斯王宫遗址的出土，这个传说所覆盖的面纱才被揭开。

1900 年，英国考古学家阿瑟·伊文思和他率领的考古队来到了地中海的克里特岛，他们想找出传说中有关迷宫的历史古迹。经过三年的艰苦发掘，他们终于在克里特岛的诺萨斯古城发现了米诺斯王宫的遗址和大量文物，找到了这座传说中的迷宫。

这座王宫规模相当宏伟，大都是三层式建筑，里面还设有供水和排水设备。发掘出来的王宫建筑中，最有名的是"御座之室"和"大阶梯"。"御座之室"位于中心庭院西面，分为前后两部分，前室面向中心庭院，内有一个长方形地穴；后室较大，里面放着一个石制的宝座。宝座高高的靠背用雪花石膏制成，放在一个正方形的基脚上，座位下有奇异的卷叶式凸雕。地板染成红色，一面墙上画着两只躺着的鹰头狮身蛇尾的怪兽。伊文思刚开始认为这是一个浴室，但没有找到排水的地方。后来他又认为这里是三千多年前米诺斯王的议事厅，最后又从其浓厚的宗教意味联想到它是"地下世界的恐怖法庭"。另一个重要的建筑是"大阶梯"，不仅是通向东面王室居所的唯一通道，而且在建筑群中起着举足轻重的作用。它与附近好几堵墙相连，墙上绘有壁画。阶梯的另一面安置有低矮的栏杆，栏杆上竖着上粗下细的柱子，支撑阶梯上的数个平台。

除了雄伟的建筑，考古学家们还在迷宫中发现了两千多块泥板，上面刻着许多由线条构成的文字，即线形文字。

米诺斯王宫的发现，表明公元前 2000 年代中叶，克里特岛已存在高度的青铜器文化和强有力的政权。

迈锡尼文明

迈锡尼文明是在 1 9 世纪末由德国考古学家海因里希·谢里曼于发掘迈锡尼（1874 年）的过程中重现天日的。谢里曼相信自己找到了《荷马史诗》中所描写的世界。在一个迈锡尼的墓穴中，他将所发现的一个金箔面具命名为"阿伽门农面具"。

迈锡尼文明是希腊青铜时代晚期的文明，它由伯罗奔尼撒半岛的迈锡尼城而得名。公元前 2000 年左右，希腊人开始在巴尔干半岛南端定居。从公元前 16 世纪上半叶起逐渐形成一些奴隶制国家，出现了迈锡尼文明。

约公元前 1000 年，铁在全爱琴海范围内获得使用，这种材料或可能是一批北方的入侵者赖以成功的手段，他们在早期定居点的废墟上建立起了自己的统治。同时，对于新石器时代之后的诺索斯时期，我们可以贯穿其中观察到一种非常鲜明的、有序而持久的陶瓷艺术的全方位的发展。从一个阶段迈向另一个阶段，装饰的组织、形式以及内容呈逐渐的发展趋势。因而直到这两千多年之久的演化末期，原初的影响仍然清晰可辨，这一涓涓细流没有丝毫被打乱的迹象。这个事实可以进一步说明整个文明一直在其基础和本质上沿承着自己的脉络。

迈锡尼城遗址

虽然在其他艺术种类的遗存中这一论断的例证不够丰富，最起码壁画艺术在晚期还是显示了同样有序的发展，而对于宗教，我们至少可以说没有突变的迹象。从统一的自然崇拜通过各个正常的阶段直至晚期发展出拟人神，没有迹象表明有传入的神祇或宗教理念。

爱琴文明是土生的文明，深深植根于这片土壤，顽强地在整个新石器时代以及青铜时代延续和成长在自己的土地上。然而有少量证据表现出一些变化，例如外来的小型部落的入侵，他们接受了文化上更占优势的被征服者的文明而融入了后者。米诺斯王宫的多次重建可能提供了可信的证据。

我们在爱琴海北部地区迈锡尼、科林斯以及特洛伊的宫殿中所发现的"正殿"布置可能说明它们是晚期的作品，因为没有一个显示出类似克里特的那种独有的设计。

晚期米诺三期为迈锡尼统治的时代。从发现的陶器来看，迈锡尼的贸易从利范特伸展到了西西里岛。赫梯文献说明了希腊人是爱琴海上强大的力量，甚至埃及都感受到了它的影响。迈锡尼巨大的蜂式陵墓（陵墓中的随葬品早已被盗），表明了迈锡尼国王阿伽门农的祖先们拥有的人力和工程技能。然而，财富带来了危险，宫殿不得不建筑防御工事。迈锡尼、科林斯、雅典依然保留着那时建筑的高大城墙。

阿伽门农面具

内部暂时安定了，希腊人就联合起来大举进攻特洛伊这个一度富有但现在较贫弱的城市。受到围城威胁的特洛伊人，存储物资，在该城被阿伽门农统率的希腊军攻陷和摧毁以前，坚持了很长时间。

我们发现公元前1400年前后，米诺斯宫殿遭到过破坏，从此以就没有完全修复，这次破坏除了来自大陆上的强国，不可能来自别的方面。因为从那时起迈锡尼人就在爱琴海上居于统治地位，并且扩展他们的海外活动遍及地中海东部，特别是以铜矿著名的塞浦路斯岛。可以推断：大陆上有宫殿遗址的地方如迈锡尼、科林斯和皮洛斯以及其他一些较小的中心，因为没有内争，所以又继续繁荣了将近200年。

而关于迈锡尼文明的毁灭，一种观点认为：迈锡尼文明毁灭是由于希腊大陆上多利安人的入侵导致的。可显而易见的是，迈锡尼文明比多利安人更先进。另一种可能是迈锡尼文明被更先进的文明所毁灭，而多利安人是乘机迁入的。因此迈锡尼文明的覆灭至今还是一个谜。

希腊城邦政治的实况

在纪元前十世纪至前九世纪的时候，即在王政的末期，平原和溪谷之间的居民渐渐离开散漫的村落而向都市聚合。在荷马的史诗之中，我们已经可以看见克里底岛上的诺萨斯城的繁荣情形以及小亚细亚也有了若干重要的都市。这些先进的都市当然影响以后希腊都市的发展，但人民之向都市集合的主要原因，则是此时居住地的地方的利害关系，已代替了前时代的血缘结合，此外，当时的社会状态十分动乱，使一般人民不得不迁到都市里来请求强有力者的保护，于是乃有城邦（city-state 或译都市国家）的出现。

城邦政治在我国是一个不曾经见的东西，所以要照我国的历史和现状去求得希腊城邦的观念，是一件困难的事。

希腊城邦之所在，必定是耕地面积广大，牧场和水利都比较优良，而且海岸稍稍湾入内地，交通便利而又不致受海贼直接袭击的地方。在这平原的中央又必有稍稍高起的丘陵或山。这山上的部分称为"卫城"（Acropolis），四周围以城墙以防外敌。"卫城"为国家最高的神圣场所，祀有市的保护神，市库亦在此处。山麓上则为一般的市，经营一切政治的和经济的生活。国王、贵族以及大地主都居于城内，市外则是奴隶、劳动者和小地主居住的地方，一旦战事发生，他们也便避居到城内来。各城邦在起初都行王政，国王以下设有元老院（Council），为国王谘商大事的机关。同时每年也有一次平民大会的召集，与平民商决国事。这便是当时城邦生活的实况。这种组织，大概是由游牧变为土著时部族之进一步的组织，所以当时各城邦的组织还是以血缘的氏族关系为基础。

然则希腊各地为什么成立这种互相独立的城邦而不能统一呢？关于这一点，最重要的有两个原因：第一是因为希腊境内地理上的分立倾向，山岭和河流把希腊划成一个个的小块，使彼此不易统一。第二是因为当时经济的活动范围狭隘，氏族还是各城邦政治组织的基础，各氏族自游牧时代以来各自有其祖先，各自有特殊的神，彼此很难一时混合融和，语言和风俗习惯的不同，也加深了他们相互间的分立倾向。因为这个缘故，所以各邦人民之间互相排斥，人民一离开城邦便丧失了公民权。

希腊城邦的数目很多，据亚里斯多德（Aristotele）的记载，有一百五十八个之多。但那些城邦所统辖的范围至为狭隘，普通其势力只及于卫城以外数十里的地方，人口多者亦不过数万，纪元前五世纪中叶雅典（Athen）极盛期，其人口亦不过二十七万而已。随着时间的推移，在平原较大的地方也出现了城邦间的征服和联盟的关系。亚尔哥（Argos）之为亚尔哥里斯（Argoris）平原各邦的盟主，斯巴达（Sparta）之制服其南面的两小半岛和迈西尼亚（Mesaenia）平原，雅典之统一亚的喀半岛，塞拜斯（Thebes）之联合皮阿希亚（Boeotia）各邦等等。这些城邦就中以雅典和斯巴达最为强盛。

希腊殖民地的扩张

希腊国民在纪元前八—前七世纪之交，其经济已发展到较高的阶段。经济发展的结果，使希腊人更不能满足希腊半岛局促的土地而须向外开拓，于是便出现了一大批大胆的探险家到西方和北方未知的海洋中去冒险，来完成开拓殖民地的任务。这些探险家的名字我们今日虽无从知道，但在希腊诗人所遗留下来的叙事诗和歌谣中，却保存着他们不朽的生命。当时希腊人所最欲占取的，是爱阿尼亚海西边的渺漠的地域，因为希腊人以为那里风土定适合他们的而且是非常丰沃的处女地。纪元前八世纪中叶以后，自塔兰屯（Tarentum）湾至西西利（Sicily）岛西端的海岸，完全为希腊的殖民都市所统制。意大利的西部海岸至勒不里（Naples）湾为止，也是这样。纪元前七世纪中叶，希腊人又占取了爱琴海北岸和塔索斯（Thasos）岛，同时在黑海（Black Sea）方面也成立了许多重要都市。

此时希腊人的殖民事业在爱阿尼亚海和黑海方面虽然都有发展，但在地中海的南岸即利比亚（Libya）海岸方面所得到的殖民地，却只有施勒尼（Cyrene）高地。再西面是叙尔地斯（Syrtis）及现在突尼斯（Tunis）的腓尼基人殖民地，东面是产生更古文化的、人口稠密的尼罗河流域。这两个地方都不容希腊人插足。后来，埃及的支配者为了自己的利益，往往利用不断扰乱非洲沿岸的希腊海贼，在纪元前六世纪六十年代的时候，撒依斯（Sais）和美斐斯（Memphis）的君侯普撒米地孤（Psammetichus），更雇用大批希腊海贼来并吞当时的许多小国家而君临之。自此以后，埃及的君主总老是雇用希腊人编成军队以为其治权的支柱，结果，埃及与希腊之间亦发生频繁的贸易关系。纪元前六百年时，希腊人获得离尼罗河支流河口不远的诺克拉替（Naukratis）都市的一部分，他们便在这个地方开设店铺并且依照本国的方法自选官宪治理。

此时希腊人也从事远西方的开拓。纪元前六百年时，他们在离罗德诺斯河（Rhodanos R.）——即今伦河（Rhone R.）——河口不远的地方建立马索利亚（Massalia）——即今日之马赛（Marseille）——市。在西班牙海岸也有许多希腊人的足迹。希腊人之向这方向开拓的目的，主要的是要攫取达台索斯（Tartessos）河——即今之瓜达区微河（Guadalquivil）——流域的银山。后来他们便定住于达台索斯河口的海岸，在离今日直布罗陀（Gebraltar）不远的地方建立梅纳开（Mainake）市，为希腊全部殖民地的最西端。

这样，至纪元前六世纪初头，希腊人已几乎占有了地中海全部，只有非洲北岸的西部依然在腓尼基人的支配之下。

伯里克利

伯里克利是古代世界最著名的政治家之一，雅典黄金时期具有重要影响的领导人。他毕生致力于经营奴隶主民主政治，扩张雅典的势力。他促进了雅典奴隶制经济、政治、军事和文化的繁荣，在历史上占有比较重要的地位。他的时代也被称为伯里克利时代，是雅典最辉煌的时代，产生了苏格拉底、柏拉图等一批知名思想家。

伯里克利是古希腊卓越政治家，雅典奴隶主民主政治的杰出代表。伯里克利出身于雅典名门，他的父亲曾经是雅典军队的统帅，他的母亲是改革家克里斯梯尼的侄女。他从小就接受了很好的教育，不管是文化知识，还是武功方面，他都非常出色。从公元前443年开始，他连续14年当选雅典的首席将军，完全掌握国家政权。才华出众的他，在还不到30岁的时候，就已经登上雅典政治舞台了。

公元前466年后，伯里克利追随埃菲阿尔特斯，成为雅典民主派的代表。

希波战争胜利后，以战神山议事会为大本营的雅典保守势力有所抬头。其代表人物客蒙在培索斯战争中接受了马其顿王的贿赂。埃菲阿尔特斯和伯里克利趁机掌握政权，进行政治改革。公元前461年，客蒙被放逐。不久，埃菲阿尔特斯遭暗杀，伯里克利便成为雅典的民主派和国家政权的重要领导人。

在伯里克利的领导下，雅典的奴隶制经济、民主政治、海上霸权和古典文化臻于极盛。从公元前462年的改革开始，雅典公民大会在伯里克利的推动下，逐步通过了一系列的法令和措施。经过伯里克利的苦心经营，雅典的奴隶主民主政体日益完备。此外，他还在经济、文化、军事等方面采取了一系列措施。

阿克萨哥拉和伯里克利

在经济上，伯里克利控制了提洛同盟的金库，并在同盟间推行雅典的银币和度量衡。充裕的财政收入为民主政治提供了坚实的经济基础，保证了为参政公民发放津贴。在文化上，深受艺术熏陶的伯里克利大力推崇希腊古典文化，使希腊世界著名的学者文人和艺术大师都聚集在他的周围。此外，他还先后兴建帕特农神庙、雅典卫城正门及附属于这些建筑的各种塑像和浮雕，使精美绝伦的艺术杰作流传后世。

在军事上，伯里克利的军事政策就是要在加强对提洛同盟控制的基础上，建立雅典在希腊世界海陆两个方面的霸权，并曾一度成为希腊最强大的海上强国。

伯里克利在普里克斯山公民大会上演说时的情景

经过伯里克利的苦心经营，雅典进入了自己的黄金时期。在雅典人民的心目中，伯里克利是一个廉洁奉公、刚直不阿的人。初期，他常常走到普通百姓的生活中去，和他们交谈，听取他们的意见。他的这一做法，让很多贵族接受不了，甚至还有人跟在他身后骂他。

一天晚上，就有一个贵族骂骂咧咧地跟在他身后，骂了一路。这个人说："你这个疯子！一个出身于贵族的人，竟然整天去与一些下贱的贫民混在一起，把自己的朋友都忘记了！你这样做真无耻……"直到伯里克利走到家，这个人才停止了漫骂。但伯里克利并没有因此生气，看到天已经黑了，他让手下人点起了火把，把这个人送回家去了。

伯里克利始终用一种宽容的态度对待反对他的人，这在古代奴隶制下的统治者中是相当少见的。雅典城里的百姓都很拥戴他，但有一个叫西门的贵族专门反对伯里克利，凡是伯里克利主张的，他都反对；凡是伯里克利反对的，他都支持。雅典人民就用投票的办法把他放逐了。还有一个叫福克奇利斯的大贵族，也反对伯里克利，最后被雅典公民赶下了台。老百姓形象地说："伯里克利在雅典只熟悉一条路，那就是通向能和普通公民接触的广场和500人会议的路。"

公元前431年，伯罗奔尼撒战争爆发，伯里克利采用陆地退守、海上进攻的策略，把雅典所在的阿提卡半岛的居民移至雅典城内避难。公元前430年，雅典突然发生了严重的瘟疫，居民大量死亡，第二年，伯里克利在当选将军后不久，瘟疫便带走了他的生命。临死前，他说："我对雅典是问心无愧的。"

希波战争

希波战争是波斯帝国为了扩张版图而入侵希腊的战争，战争以希腊获胜，波斯战败而告终。此次战争是人类历史文化的一次前所未有的大融合，其影响远远超出波斯和希腊的范围。它大大加强了东西方文化交流，促进了东西方文化发展，以及科学和艺术的进步，打破了东西方几乎完全隔绝的局面，从而推动了人类社会的发展进步。

波斯是古代西亚一个通过征服而发展起来的大帝国。到了第三代大流士一世的时候，波斯帝国已经成为世界历史上第一个横跨亚、欧、非的庞大帝国了。

早在公元前547年，波斯国王居鲁士大帝就征服了爱奥尼亚。但此后希腊诸城邦一直在寻求独立。为了便于统治，波斯人便给这些城邦委任了僭主。到了公元前499年，米利都和阿里司塔哥拉斯的僭主在波斯王大流士一世的支持下，出海远征纳克索斯岛失败而被解任。阿里司塔哥拉斯人趁机鼓动整个小亚细亚的希腊诸城邦起来反抗波斯的统治。

随着叛乱的发展，越来越多的小亚细亚小国被卷入到这场纷争中。直至公元前

薛西斯一世

493 年，波斯军经过重组，才将叛乱镇压了下去。

为了确保波斯帝国日后不受叛乱的威胁，同时加大对内陆希腊人的影响，大流士一世决定先发制人征服希腊。他的第一个目标是依阿尼亚地区的各个希腊城邦。当时，由于依阿尼亚地区的经济非常发达，政治上是较先进的民主制，因此人民安居乐业，生活富裕。

于是，大流士一世便向依阿尼亚地区各希腊城邦提出要其改民主制为君主制，以寻找借口向其宣战。依阿尼亚诸城邦无法接受这一不合理的要求，于是便以米利都为首，爆发反抗波斯的起义。米利都在坚持数年后，仍然不敌波斯大军。公元前494 年，波斯完全征服了依阿尼亚地区。

公元前492 年的春天，波斯第一次派出大批战舰入侵希腊城邦，历史上著名的希波战争由此爆发。波斯军队首先攻下了色雷斯和马其顿，却因征途中的小差错而功败垂成。公元前490 年春，大流士一世又派出去了第二支军队。在达提斯和阿塔佛涅斯的指挥下，波斯军横渡爱琴海，占领了基克拉泽斯，围困了俄瑞特利亚城并最终将其夷为平地。

随后，波斯军继续南进，挥师雅典。他们在距雅典城东北约40 千米的马拉松平原登陆。在马拉松战役中，雅典最终以少胜多，波斯军溃败，退至海上回国。波斯人的第一次入侵就此止步，大流士也在公元前486年死去，其子薛西斯一世即位。

薛西斯一世即位后，延续了父亲大流士对外扩张的政策，积极扩军备战，准备再次入侵希腊。而希腊方面也不示弱，雅典扩建军港，建造三层桨战船，与斯巴达等三十多个城邦建立反波斯军事同盟，准备抗击波斯军。

公元前480年，薛西斯一世率军十余万人、战船千余艘，第二次远征希腊。波斯军渡过赫勒斯滂海峡，分水陆两路进发，迅速占领北希腊，逼近温泉关。波斯军向温泉关发起猛攻，希腊联军死伤无数。波斯军长驱直入，占领希腊，进入雅典城。此后形势发生逆转，同年的9月，在萨拉米斯海战中波斯海军大败，薛西斯一世率海军残部仓皇退却。

波斯军第二次远征失败后，以雅典为首的希腊联军乘胜反攻。公元前478年，雅典联合爱琴海沿岸各城邦成立提洛同盟；公元前476年，希腊联军在西门指挥下攻占色雷斯沿海地区、爱琴海许多岛屿和拜占庭；公元前449年，希腊海军在塞浦路斯以东海域重创波斯军。同年，双方讲和，签订《卡利亚斯和约》。根据和约，波斯放弃对爱琴海、赫勒斯滂和博斯普鲁斯海峡的控制，承认小亚细亚西岸希腊诸城邦独立。长达四十余年的希波战争至此结束，之后，雅典成为爱琴海地区霸主。

马拉松战役

马拉松战役是公元前490年强大的波斯帝国对雅典发动的战争中的一次战役。在这次战役中，雅典人以少胜多，以弱胜强，取得了最后的胜利。虽然对于希波战争来说，此次战役并没有起到决定性的影响，但却使希腊人获得了前所未有的自信。此后，希腊各城邦国家更加团结，使反对波斯帝国的力量进一步增强。

希波战争爆发后，为了尽快取得胜利，大流士一世一边派军向希腊诸城邦开进，一边派人进行游说，以离间希腊诸城邦的关系，让其臣服波斯。

希波战争中的士兵

　　希腊中部和北部的小城邦惧怕波斯帝国的武力，都一一屈膝投降，但是希腊最大的两个城邦——雅典和斯巴达却不愿意臣服。大流士一世对此恼羞成怒，决定亲自出征雅典。公元前490年，大流士亲率波斯大军横渡爱琴海，在雅典郊外的马拉松平原登陆，妄图一举消灭雅典，进而侵占整个希腊。

公元前490年，波斯第一次进犯希腊，双方军队在阿提卡东北部马拉松平原上展开激战，希腊战士为保卫祖国，奋起抗击。

　　波斯大军的到来，打破了马拉松平原的寂静。600艘波斯战舰把月牙形的海湾挤得水泄不通，岸上是3万波斯大军筑起的一座庞大的营垒。波斯大军已经在这里停留了许多天，波斯人的运输船往返穿梭，源源不断地从小亚细亚的基地运来人马、军械和给养。

紧靠马拉松平原的一座山顶上，是雅典军队的营地。雅典士兵可以居高临下俯视整个平原，观察波斯军队的一举一动。

双方就这样僵持了好多天。对于波斯军队来说，时间拖得越久对他们越有利。因为在爱琴海对岸的小亚细亚，还有随时待命的 10 万波斯军队。而雅典军队除了卫戍部队以外，只有区区 1 万人。处境极为险恶的雅典，一面紧密动员，加强戒备，一面派使者日夜兼程前往斯巴达和普拉蒂亚请求支援。斯巴达和普拉蒂亚都表示同意，普拉蒂亚人立刻准备了一支约为 1000 人的队伍，但斯巴达人由于受节日的限制，必须在满月过后才能出兵。

雅典人并不气馁，他们立即把全体公民组织起来，赶往马拉松，希望占据有利地形。在雅典军事会议上，他们选举出了颇具军事才能的米太亚德将军指挥战斗。在敌强我弱的情况下，米太亚德决定不与敌人硬拼，而是把战线稍稍拉长，把精锐步兵安排在两侧，使得正面战线上的兵力比较薄弱。米太亚德率希腊军队 1 万人进入马拉松平原，布成方阵与波斯军对峙。

激战开始了，希腊士兵在正面对登陆的约 2 万波斯军队发起进攻，波斯军队不知是计，立即反攻。波斯军队步步进逼，希腊军队边战边退。在千钧一发的时刻，埋伏在两侧的士兵以迅雷不及掩耳之势冲出，从两侧夹击波斯军。

被迫挤在雅典军当中的波斯军，受到雅典军左右两面的夹击，阵形大乱，无法有效攻击。慌乱之中，波斯军队的将士纷纷逃向海边，想上船逃跑。雅典军见此，一鼓作气乘胜追击。在海岸边，来不及逃亡的波斯军不得不与追击来的雅典军再次战斗。已经毫无招架能力的波斯军败得惨不忍睹，最终丢下了六千多具尸体和七条战船后，从海上乘船逃脱了。雅典以弱胜强赢得了马拉松战役的最后胜利，在激战中，他们牺牲了不到 200 人。

至此，马拉松战役结束。这次战役是整个希腊第一次靠自己的力量击退波斯的一场会战，对希波战争影响重大。此次战役役以后，希腊各城市国家进一步加强了

斐里庇得斯雕像

团结，结成了三十个国家的同盟，雅典在希腊半岛威名远扬，成为希腊联盟的盟主，加强了反对波斯帝国的力量。

然而这次战役对波斯帝国来说，不过是一个微不足道的挫折。10 年以后，波斯王薛西斯一世率领百万大军又卷土重来，第二次远征希腊。

温泉关之战

温泉关之战是第一次波希战争中的马拉松战役之后第 10 年，波斯帝国和古希腊的又一次具有历史意义的交锋。长期以来，温泉关之战一直是西方历史文学中长久不衰的主题之一，这个悲壮的故事被书写成多种文字，以诗歌、传记、谚语的方式流传下来。人们赞美和歌颂这些英勇不屈、视死如归的希腊英雄，他们的事迹作为一种精神将流传百世。

"路人啊，请告诉斯巴达人，说我们履行了自己的诺言，长眠于此。"

这是一座古老的坟墓前石碑上的一段铭文。这个坟墓在希腊半岛中部德摩比勒隘口（俗称温泉关），埋葬着为保卫祖国领土，而在举世闻名的温泉关血战中英勇牺牲的英雄们。温泉关之战是马拉松战役之后第 10 年，波斯和希腊的又一次交锋。斯巴达国王列奥尼达率领 300 名精兵，700 名底比斯人和 6000 名希腊各其他城邦的联军，在温泉关奋勇抵抗人数多达十倍的波斯侵略军，最后全部英勇战死。

新巴达勇士纪念碑

公元前 490 年的马拉松战役之后，希腊各城邦士气大振，时刻准备抗击波斯人的再次入侵。

波斯王大流士一世死了以后，他的儿子薛西斯登上王位，即薛西斯一世。薛西斯一世为实现父亲的遗愿，发誓要踏平雅典，征服希腊。为此，他精心准备了四年，动员了整个波斯帝国的军力。参加远征的士兵来自臣服波斯的 46 个国家，一百多个民族。

公元前 480 年春天，薛西斯一世亲率百万大军，渡过达达尼尔海峡，向希腊进军。面对来势汹汹的敌人，希腊三十多个城邦在科林斯召开大会，组成了反波斯同盟。同盟军总统帅由富有战斗经验的斯巴达国王列奥尼达担任。渡过赫勒斯邦海峡后，波斯大军迅速席卷了北希腊，于七八月间来到了温泉关。温泉关地处中希腊的北部，是从希腊北部南下的唯一通道。中间仅有一条狭窄的通道，只能容一辆车通过。因此，只要有少量军队在此把守，即使再强大的敌人也难以通过。

而这时，希腊人正在举行奥林匹克运动会。在希腊，奥林匹克高于一切，运动会期间是禁止打仗的。希腊人因此在关上布置的兵力只有几千人。当波斯人临近的时候，斯巴达国王列奥尼达仅带了六七千人来增援。

波斯大军在温泉关不远的平原扎下大营，随时准备开战。根据温泉关地势险要的特点，薛西斯一世采取了派重装步兵轮番冲击的强攻战法，企图利用人数的优势打垮斯巴达人。斯巴达人利用地形优势，居高临下使波斯人连连失败。薛西斯一世只好派最精锐的 1 万名御林军投入战斗，但还是攻不上去。

公元前 480 年，斯巴达国王列奥尼达率 300 勇士抵抗

波斯人的侵略，因捍卫温泉关而英勇牺牲。

就在薛西斯一世一筹莫展的时候，一个名叫埃彼阿提斯的当地农民来报告说，有条小路可以通到关口的背后。薛西斯一世立即命令这个希腊叛徒带领御林军沿着小道直插后山。黎明的时候，御林军接近山顶。

列奥尼达在小路旁的山岭上早已布置下一千余名来自佛西斯城邦的守兵。因数日无战事，他们便放松了警惕。波斯军队突然来袭，使佛西斯人慌张对抗，羽箭像雨点般射来，佛西斯人大败。

斯巴达王列奥尼达得知波斯军迂回到背后时，深知自己腹背受敌，再战必败。为了减少损失，他命令希腊联军赶快撤退。他自己却留下来，打算率领 300 名斯巴达精兵与 700 名底比斯志愿军与敌人血战到底。前后夹攻的波斯人潮水般扑向关口，斯巴达人奋勇迎战。他们用长矛猛刺，长矛折断了，又拔出佩剑劈砍，佩剑断了，就用拳脚、用牙齿同敌人肉搏。在希腊人的英勇冲杀下，不少波斯人在混战中互相践踏，送了性命。

最终因寡不敌众，斯巴达人人数越来越少，逐渐被压缩到一个小山丘上。杀红了眼的波斯人，将残余的斯巴达人死死围住，在口令声中将雨点般的标枪投向他们，直到最后一个人倒下，至此，温泉关才最终被攻占了。

攻占温泉关后，波斯大军长驱直入，直取雅典。雅典人早已将妇孺老幼转移到海岛上，能作战的男子都登上了战舰。就在这年秋天的萨拉米斯海战中，波斯人的舰队全军覆没，希腊军队从此转入反攻。

萨拉米海战

古希腊文明是欧洲文明最重要和最直接的渊源，而萨拉米海战赢得了自马拉松战役以来，雅典对波斯的又一次辉煌胜利。萨拉米海战是希波战争中的一场经典战役，也是希波战争最重要的一场大战。此后，希腊开始由防守转为进攻，终于把波斯军队赶出了希腊本土。希腊从此迈入了历史上的鼎盛时期，迎来了雅典的"黄金时代"。

公元前 480 年，攻占温泉关以后，波斯军直扑雅典城。然而雅典城空空如也，什么都没有。薛西斯一世大怒，下令放火焚毁了希腊这座最大、最富庶的城市。

就在波斯陆军向雅典进军的时候，波斯海军已经来到雅典的外港比里犹斯。他们水陆呼应，大有踏平希腊之势。

　　面对波斯军队的水陆夹击，集中在雅典城南萨拉米海湾的希腊联合舰队发生了动摇。希腊联军召开紧急军事会议，商讨作战方略。

　　在会上，雅典杰出的海军统帅地米斯托克利指出，必须把战船集中在萨拉米海湾和波斯海军决战，才能取得胜利。他认为波斯战舰虽多，但船体笨重，因此港窄、水浅的萨拉米海湾能充分限制其优势。而希腊战船体积小，机动灵活，适合在这个狭窄的浅水湾中作战，并且水手们熟悉水情和航路，能充分发挥自己的优势。

萨拉米海战情景

　　尽管地米斯托克利说得很有道理，众人还是听不进去。眼看战机就要失去，焦急万分的地米斯托克利想出一条妙计：为什么不请波斯人来帮一下忙呢？于是，他叫来一个贴身卫士，让他带一封密信去向波斯王告密，说希腊海军人心浮动，不敢交战，都想逃出海湾。

　　薛西斯见到密信，十分高兴，立即下令严密封锁海湾，不准放过一艘船。一天凌晨，波斯舰队团团包围了希腊舰队。薛西斯把指挥权交给海军将领阿拉米西亚，自己则在萨拉米海湾附近的一个山丘上搭起帐篷，准备观战。

　　希腊人看到自己被逼上了绝境，只得听从地米斯托克利的命令，在萨拉米海湾同波斯海军决战。在地米斯托克利的指挥下，希腊联合舰队迅速展开了阵形：科林斯舰队开往海湾西口顶住埃及人的冲击；主力舰队分为左、中、右三队，集中在海湾东口，与波斯主力抗衡。

本来希腊海军只有战船 358 艘，而波斯庞大的海军拥有 1207 艘战船。但在战役开始前，由于不熟悉天气、航情，波斯海军在实施包围行动时，先后两次遇到飓风，有 600 艘战舰随风飘碎，战斗力损失了一半。

战斗开始后，双方战舰在性能上的优劣也很快显示出来。地米斯托克利机智地指挥雅典战船不断地冲击波斯战船，波斯舰船被一艘艘地撞沉在海中。

一番激战后，波斯前锋舰队因抵挡不住，被迫后撤，与从后面增援战舰迎头相撞，波斯舰队乱成一团。地米斯托克利见此情景，乘机指挥全军四面出击。波斯舰队进退两难，被冲撞得七零八落，毫无还手之力。波斯海军见败局已定，只得狼狈后撤，薛西斯不得不命令残存的战舰迅速撤到赫勒斯邦海峡（即达达尼尔海峡）。薛西斯让一部分兵力留在希腊继续作战，自己则率领其余部队退回到小亚细亚。

萨拉米海战情景。波斯舰队被冲撞得七零八落，毫无还手之力，波斯海军大败，希波战争结束。

萨拉米海战是希波战争中，继温泉关战役之后具有决定性的一战。公元前 479 年，希腊联军在普拉提亚消灭了薛西斯留在希腊的一支陆军。

与此同时，他们又在小亚米卡尔海角消灭了波斯在那里的残存海军。公元前449 年，希腊军队在塞浦路斯岛彻底打败波斯，双方订立和约，持续约半个世纪的希波战争终于结束。

二、斯巴达和雅典

公元前 7—前 3 世纪

希波战争之后，雅典成为希腊的霸主。雅典海军是希腊各城邦中最强大的军事力量，雅典的民主制也在伯里克利执政时期达到黄金时代。希波战争中，希腊各城邦建立了以雅典为首的提洛同盟，战后逐渐成为雅典实现其霸权的工具。而以斯巴达为首的伯罗奔尼撒同盟不满雅典的霸权，双方爆发了多次摩擦。最终，提洛同盟与伯罗奔尼撒联盟之间爆发了伯罗奔尼撒战争，该战争使雅典走出全盛时期，结束了希腊的民主时代。成为希腊新霸主的斯巴达的霸权也未能长久，希腊各城邦陷入混战之中。

雅典的崛起

从一开始，雅典的政治生活就被法制所规范。著名的立法者梭伦是许多改革的设计师。在一度被僭主统治之后，克里斯提尼扩大了公民对城邦管理的参与权，以此削弱贵族阶级的力量。

雅典的守护神是女神雅典娜，她的标志是猫头鹰。雅典在希腊世界中具有特殊的地位，它被认为是"民主政治的发祥地"。雅典城邦的最高机构是战神山议事会，它的成员最初被限定在贵族范围内，但从公元前 683 年起，一直到公元前 84 年的 6

个世纪里，执政官们每年都由选举产生。公元前 630 年，日益加剧的社会动荡和推翻战神山议事会的企图，迫使立法者德拉古制定出一套严酷的法律（这就是英语"严刑峻法"一词的来源）。

刻有地米斯托克利名字的陶片，他在公元前 470 年被
"陶片放逐法"所放逐。

公元前 594 年，雅典人推选梭伦担任执政官。他从各个层面推行"法治"，并进行了广泛的法律改革。在公元前 6 世纪，雅典由于贫困阶层的债务急剧增长，从而引发了社会危机。梭伦尝试通过改革来解决问题，他建立起法律保障体系来防止权力的滥用，并废除了债务奴隶制。

虽然梭伦试图在所有阶层的利益之间取得一种平衡，但是庇西特拉图于公元前 556 年攫取了雅典的权力成为僭主，他不但为雅典城邦的经济增长打下了基础，而且还进一步改革了法律，并在雅典建造了诸如宙斯神庙之类的大型公共建筑。他的儿子希帕科斯（于公元前 514 年被刺杀）和希庇阿斯继承了他的僭主之位，但是在公元前 510 年，当希庇阿斯被废黜和放逐后，旧的制度随即得到恢复。

在公元前 508—前 507 年，新的执政官克里斯提尼对政治体制进行了一场全面的改革。他将阿提卡分成了十个地理区域，称之为"部落"，在每个部落内，公民们可以选举自己的行政官员，组成自己的重装步兵团。每个部落选送 50 名代表到新成立的最高政治会议"五百人议事会",议事会会场就安排在雅典的市政广场上。通过这种方法,克里斯提尼创立了一套适合当地的行政体制,切断了公民和贵族阶级之间的纽带。克里斯提尼还发明了"陶片放逐法",可使僭主政治的支持者暂时被放逐出城邦。

作为强国的雅典

通过提洛同盟,雅典主宰了希腊。因为这个同盟是为了抗击波斯人而建立起来的,所以雅典

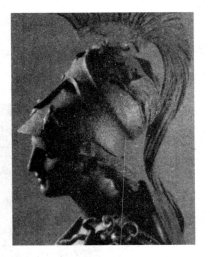

女神雅典娜,约公元前 375—前 340 年的青铜雕像。

的霸权不可避免地引起了其他城邦,尤其是斯巴达的抵制。在国内,雅典民主政治在伯里克利的领导下达到了顶峰。

经过希波战争的洗礼,雅典的力量变得更加强大。在执政官地米斯托克利的领导之下,雅典逐渐加强了对提洛同盟中各盟国的控制。提洛同盟建立于公元前 477 年,其宗旨是联合希腊各城邦共同抗击波斯。通过向盟邦强行勒索贡赋,雅典将它的霸权扩大到了希腊的大部分地区,这不可避免地引发了它与斯巴达的冲突。雅典用武力镇压了同盟城邦的反叛。同时,它与波斯帝国的战争时断时续,最后以公元前 448 年签订的《卡里亚斯和约》而告终。根据这一和约,雅典放弃了将波斯逐出地中海的努力,波斯则同意尊重所有安纳托利亚地区希腊城邦的独立。

在雅典对邻邦采取侵略性政策的同时,它在内部则进一步推进民主政治。在厄菲阿尔特的领导下,雅典人于公元前 462—前 461 年剥夺了战神山议事会的司法审判权,将其转予了陪审法院,并且通过每年抽签选出 6000 名非专业的陪审员,又将司法审判权转移到了公民手中,这些改革由受到厄菲阿尔特提携的伯里克利实施。从公元前 443 年起,伯里克利每年都被选为执政官,他确立了"法律面前人人平等"的原则,公民大会由此成为一个民主的议事会:每一个公民都有权利向他上

雅典的狄奥尼索斯剧场

诉；官员们由抽签来选任。引人瞩目的公共建筑和戏剧表演使得伯里克利时代被公认为雅典的黄金时代。

雅典现在的狄奥尼索斯剧场

军事城邦斯巴达

斯巴达是伯罗奔尼撒半岛上最强大的城邦，它比其他城邦要传统得多，其公共生活以简朴和军事化秩序为特征。斯巴达人最引以为荣的是其强大的军事力量。

斯巴达和雅典一起在希腊诸城邦中起了主导作用。由于公元前5世纪这两个强邦之间的争端，人们经常对它们的政治体制和生活方式进行比较，而没有公正地看待它们不同的发展过程及其背景。

公元前720年左右，斯巴达人为了解决人口问题而开始扩张其领土，他们占领

斯巴达的市政广场，艺术家复原图。

了拉哥尼亚，并侵入美塞尼亚。美塞尼亚人于公元前 660—前 640 年发动起义，但被镇压，并使得斯巴达控制了伯罗奔尼撒的大部分地区。被征服的人们变为了黑劳士或奴隶。不过，黑劳士可以通过在战争中的勇敢表现获得自由，有些甚至获得了斯巴达的公民权。

斯巴达的社会秩序依赖于维持传统的部族习俗，诸如向神明的祈祷、共餐制，以及男孩们从 7 岁起就由城邦而非家庭来抚养。斯巴达人以他们的纪律、简朴的生活和对权威的服从而闻名。然而这也造成了斯巴达在社会和经济方面的落后，比如，它们没有铸造钱币。

年轻人在摔跤，约公元前 500 年的大理石浮雕。

到公元前 6 世纪时，贵族的统治已被废止，而由全体男性公民所组成的"平等

斯巴达青年在体育馆训练

人"（Homoioi）社会所取代。他们一起在公共食堂用餐，一起吃斯巴达"酱色肉汤"。15个成年男性公民组成一个用餐集体，并且承担训练青年的任务。男性公民们在30岁前一直生活在军事组织中，并不断接受训练。由于人们对婚姻和家庭生活极度不重视，从而极大地助长了同性恋的社会风气。另外，因为男性公民经常外出作战或接受军事训练，使得斯巴达的妇女和其他城邦的妇女相比，享有更自由的生活。亚里士多德甚至称斯巴达妇女是一群"过于放肆的女人"。

斯巴达的政治目标即为了保持军事效率，时刻准备对外作战和对黑劳士的反叛进行镇压。通过体能和武装训练，斯巴达青年具有了为斯巴达的利益而战斗、杀戮和牺牲的信念。这种时刻准备战斗和面对死亡的性格成了斯巴达人的典型形象。

斯巴达的政治组织

斯巴达由两个王室家族统治，但监察官偶尔也会攫取统治权。在希波战争之后，斯巴达原先与雅典的友好关系变为了竞争和对抗。

斯巴达的政府形式是双王君主制，两个国王分别出自阿吉亚斯家族和欧里彭提斯家族，他们共享权力。斯巴达的贵族们热衷于战争，他们要求黑劳士缴纳赋税以支撑社会经济。在公元前7世纪的上半叶，立法者来库古制定了一套被称为"大法令"的政治制度，确立了斯巴达的习俗和传统。由28位选举产生、终身任职的贵

配有长矛和盾牌的重装步兵在进行决斗或竞赛，

约公元前 560—前 550 年的希腊瓶画。

族组成的议事会和两名国王共同统治城邦。除了议事会之外，还有全体男性公民所组成的公民大会，它能够通过或否决议事会的提案。在公元前 5 世纪出现了一个新的官职，即监察官。起初，这五位监察官每年由公民大会选举产生，但不久后，他们就篡夺了议事会和公民大会的领导权，并最终取代了国王的权力。直至公元前226 年，国王克里奥美尼三世才解除了监察官的权力。

《来库古阐述教育的意义》，1660—1661 年的油画

斯巴达主宰了整个伯罗奔尼撒，只有极少数城邦才敢反叛这个强国。比起雅典来，斯巴达显得更聪明，它只要求其他盟邦提供人员和武器，而并不介入它们的内

部事务。

《李奥尼达在温泉关》，1814 年的油画。

起初斯巴达和雅典的关系良好，斯巴达人在克里奥美尼一世的领导下，帮助雅典人于公元前 510 年废黜了僭主希庇阿斯。而且，由于斯巴达军事力量强大，他们承担了希波战争中最艰苦的战斗，斯巴达国王李奥尼达的事迹说明了这点。公元前 480 年，他和少数战士一道，在温泉关阻挡了庞大的波斯军队的进攻，为其他希腊人武装起来参加萨拉米海战赢得了时间。斯巴达人坚持战斗，直至牺牲到最后一人。之后，由于雅典寻求扩张，两个城邦之间的融洽关系被对抗所取代，结果导致了伯罗奔尼撒战争的爆发。

伯罗奔尼撒战争

由于雅典摒弃了原先的同盟体系，导致了它与斯巴达的冲突。它无情的扩张政策更引发了波及全希腊的伯罗奔尼撒战争。

公元前 464 年，斯巴达遭受了一场严重的地震，随即又爆发了黑劳士起义，斯巴达因此向雅典求援。公元前 462 年，雅典主要的政治家和军事领袖客蒙答应救援，他派遣了重装步兵军队去帮助斯巴达。雅典的民主派利用客蒙的外出和他所率领的军队在黑劳士手中遭遇的惨败，在政策上进行了激进的变革。最后，客蒙被陶片放逐法所放逐。

希腊战士，身着轻装甲、护胫甲头盔，

手持盾牌和投枪。

雅典于公元前461年脱离了原先与斯巴达一起建立的反波斯同盟，随即建立提洛同盟，其他城邦被迫参加并支持雅典人的扩张计划。雅典与斯巴达的第一次军事冲突未分胜负，双方于公元前446—前445年签订和约，同意不再扩大它们的势力范围，并且允许中立国家保持中立。然而在随后的时间里，雅典继续扩张它的势力，而斯巴达却仍在努力维持现状。这样，和平变得越来越行不通了，形势朝武装冲突的方向发展。

由于希腊半岛边缘小城邦之间的争执，雅典和斯巴达这两个超级强国也被拖入了战斗，伯罗奔尼撒战争爆发。科林斯和科西拉为了它们在亚得里亚沿海的共同殖民地伊庇达诺斯（现今的都拉斯）的归属问题而发生争吵。科西拉原本是个中立国，这时它转而向雅典寻求结盟，而雅典希望它的势力范围能扩张到亚得里亚海

雅典人和科林斯人在波提狄亚附近的战役，公元前 431 年。

岸，因而同意结盟。

公元前 433 年，在雅典和科林斯舰队之间爆发了第一场冲突。公元前 432 年，雅典强行封锁了科林斯的盟邦麦加拉和它在黑海地区的殖民地，作为斯巴达盟邦的科林斯和麦加拉都要求它支援。一段时间之后，斯巴达于公元前 432 年夏天对雅典宣战，理由是雅典破坏了早些时候签订的和约。

伯罗奔尼撒战争（公元前 431—前 404 年）使得周边绝大多数的城邦不得不加入其中一方的阵营。战争第一阶段（公元前 431—前 421 年），雅典在伯里克利的领导之下，凭借其强大的海军，采取陆地上防御而海上进攻的策略。而斯巴达在阿基达摩斯二世的领导之下，凭借它令人畏惧的战士于公元前 431—前 427 年之间集中力量在陆上作战，并于公元前 425 年洗劫了阿提卡。

两个强邦侧重点不同的军事力量导致了战争第一阶段的僵持局面。伯里克利的继任者克里昂继续推行雅典的帝国主义政策。公元前 424 年，他率军在斯法克特里

科林斯陶罐

斯巴达战士的雕像

亚岛附近的海战中取得了对斯巴达的重大胜利，但由于他提出了过分的要求，丧失了达成和平协定的机会。直至克里昂于公元前 422 年在安菲波里斯阵亡之后，和平谈判才变得可行。

雅典的主和派在尼西阿斯的领导下掌握了权力，并且于公元前 421 年与斯巴达签订了《尼西阿斯和约》。根据该和约，双方恢复了战前的疆界。不过，双方的盟

来山德下令推倒雅典的城墙

邦仍然冲突不断。公元前420年，由亚西比德领导的主战派在雅典取得了权力，并且和斯巴达的宿敌阿哥斯结盟。但阿哥斯仍于公元前418年被斯巴达击败。

叙拉古战役，西西里，公元前413年。

公元前415年，战争进入了一个新的阶段，冲突的舞台移到了西西里。但是到了公元前413年，战事又回到了阿提卡。斯巴达与波斯结盟后，在波斯大批黄金的资助下，斯巴达开始建立自己的舰队，雅典的处境变得危险起来。虽然亚西比德先是于公元前411年在阿比多斯，继而于公元前410年在库齐科斯两次击败了斯巴达人和波斯人。但是公元前407年雅典海军在诺提乌姆的战败表明，强大的雅典在军事和财政上已经枯竭了。

公元前405年，在羊河之役中，强大的雅典海军惨败。斯巴达的海军司令来山德成功地封锁了雅典，并迫使其投降。霸权均势被改变了，斯巴达此刻成了希腊世界的霸主。

"历史之父"希罗多德

希罗多德是古希腊最伟大的历史学家，史学名著《历史》一书的作者，西方文学的奠基人。《历史》记录的是希罗多德在旅行中的所闻所见，以及波斯帝国的历史。这部书是西方文学史上第一部完整流传下来的散文作品，书中众多人物性格鲜明，语言生动。希罗多德因这部书得到了人们无比的崇敬，因此从古罗马时代开始，他就被人们尊称为"历史之父"。

在小亚细亚的西南海滨，有一座古老的哈利卡尔纳索斯城，那是古希腊人在海外开拓的年代里所建立的一座殖民城市。大约公元前484年，希罗多德诞生在这里。他的家庭是当地的名门望族，父亲吕克瑟司是一个拥有家畜的奴隶主，在当地颇有威望。他的叔父帕息斯是本地一位著名诗人。优裕的生活使希罗多德从小就受到了良好的教育。从少年时代起，他就非常勤奋，酷爱史诗。

成年以后，希罗多德曾积极参与推翻本城邦僭主吕格达米斯的政治斗争。约公元前454年，他的叔父被吕格达米斯杀害，他本人也因受株连而被放逐，被迫移居萨摩斯岛。国内僭主被推翻后，他一度重返故乡，但很快又被迫出走，从此再也没有回去。

大约从30岁开始，希罗多德进行过长时间的漫游。他的足迹东至两河流域下游，南达埃及最南端，西迄意大利半岛及西西里，北临黑海沿岸。据说在漫长的游

希罗多德雕像

历活动中，为了糊口他做过商人。他每到一个地方，总是广泛地了解乡土人情，细心考察文物古迹，多方采集各种民间传说，努力搜求各类的历史故事。长期的游历大大开阔了希罗多德的眼界，丰富了他的知识，对他后来著述《历史》奠定了基础。

公元前447年，希罗多德来到雅典。经历了希波战争的雅典当时在政治和经济方面都获得了高度的发展，学术文化更是称雄于希腊世界。他躬逢盛世，并很快与政治家伯里克利、悲剧家索福克勒斯等人结下了深厚的情谊。希罗多德积极参加城邦的文化活动，写诗作文，一度享有很高的声誉。

后来，由于受到了伯里克利及友人们的支持，希罗多德决心写一部完整叙述希波战争的历史著作以传之后世。但是，他的写作计划并没有能在雅典完成。

公元前443年，希罗多德随同一些雅典人前往意大利南部殖民，在塔林敦海湾附近建立了一座新城——图里奥伊。他成了这个城邦的公民。他的晚年是在图里奥伊度过的。在那里，他潜心著作《历史》。

　　但可惜的是，公元前425年，这本书还没有最终完稿的时候，希罗多德就离开了人世。他被葬在图里奥伊，在他的墓碑上，刻着这样的铭文："这座坟墓里埋葬着吕克瑟司的儿子希罗多德的骸骨。他是用伊奥尼亚方言写作的历史学家中之最优秀者。他是在多里亚人的国度里长大的，可是为了逃避无法忍受的流言蜚语，他使图里奥伊变成了自己的故乡。"这几句话，是对希罗多德一生的高度概括。

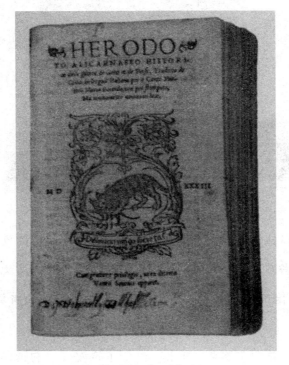

希罗多德的《历史》插图

　　希罗多德的《历史》，也称作《希腊波斯战争史》，以希波战争为主要内容。其非常生动地记叙了西亚、北非以及希腊等地区的地理环境、民族分布、经济生活、政治制度、历史往事、风土人情、宗教信仰、名胜古迹等，为我们展示了古代世界近20个国家和地区的民族的生动图景，俨然一部小型的"百科全书"。

　　《历史》不仅是一部记录历史的书籍，还是一部文学作品。全书语言生动，文辞优美，显示了希罗多德作为一位语言艺术大师的高超才能，为后代的历史文学做出了范例。此外，书中还刻画了许多人物，且大多性格鲜明，形象栩栩如生。

作为西方史学上的第一座丰碑，希罗多德为西方历史编纂学"开辟了一个新时代"，对后世，尤其是对西方发生了极其深远的影响。如今，《历史》已译成多种文字，在世界各国广为流传。

苏格拉底

苏格拉底是著名的古希腊哲学家，他和他的学生柏拉图及柏拉图的学生亚里士多德被并称为"希腊三贤"。他被后人广泛认为是西方哲学的奠基者。公元前399年，古希腊的一代宗师苏格拉底因别人罗织的罪状饮鸩赴死。他是古希腊第一位殉道的先贤，也是为追寻真理而献身的哲学家。这是古希腊史上，乃至整个人类史上的一大悲剧。

公元前399年夏季的一个傍晚，雅典监狱中一位年届七旬的老人就要被处决了。只见他衣衫褴褛，散发赤足，面容镇定自若。打发走妻儿们以后，他与几个朋友谈笑依旧，似乎忘记了即将就要到来的死刑。直到狱卒端了一杯毒酒进来，他才停止了谈话，从容地接过杯子，一饮而尽。临终前，他说："克利托，我还欠医神阿斯克勒皮俄斯一只公鸡，请不要忘了要付钱给他。"说完，老人安详地闭上双眼，安静地离开了人世。这位老人就是古希腊著名的大哲学家——苏格拉底。

苏格拉底于公元前469年出生于雅典一个普通家庭。他的父亲是石匠和雕刻匠，母亲是一个接生婆。据说，苏格拉底容貌平凡，长相丑陋，身子笨拙而矮小。苏格拉底出生的时代，希腊正处于盛世。那个时代的执政官是伯里克利，这是雅典历史上最繁荣、最富强的时期，也是雅典民主政治发展到巅峰的时期。

在苏格拉底二十多岁的时候，雅典和斯巴达之间订立了30年和约。在这样的和平时期，伯里克利完善民主制度，建立了强大的海军，在爱琴海区域扩展自己的势力范围，统协提洛同盟诸邦，迅速地成为海上头等强大的霸主。由于伯里克利的改革，过去只有上层贵族能享受到的权利，现在一般公民也能享受到，像苏格拉底的父亲这样的手工业者也有参加选举和担任公职的权利。

青少年时代，苏格拉底亲自经历并目睹这些光辉壮丽的成就，悲剧诗人索福克勒斯和欧里庇得斯的动人悲剧、艺术家菲狄亚斯的优美雕像、波吕格诺托斯壮丽辉煌的壁画等，都曾使得青少年时代的苏格拉底如醉如痴，让他的精神与思想受到陶冶。

但是，雅典的民主制度逐渐变质，变成无政府主义，国家政权被一些争权夺利和平庸无能的人所掌握，民主徒有形式。这样，雅典经过一段时期的繁荣之后逐渐走向衰落，最后竟在与斯巴达的战争中吃了败仗。

苏格拉底雕像

苏格拉底和他的学生在一起

苏格拉底非常热爱自己的祖国，热爱雅典的人民，眼看着雅典城邦日益衰落，民风日下，他十分悲痛，决心用自己的微薄之力来挽救祖国的命运。为此，他曾三次从军作战，当过重装步兵，在战争中，他表现得顽强勇敢，曾不止一次救助受伤的士兵。

后来，苏格拉底喜欢上了哲学，并开始研究哲学。当时，他在雅典经常和许多智者辩论关于伦理道德以及教育政治方面的哲学问题。三十多岁时，他做了一名不取报酬，也不设馆的社会道德教师。许多有钱人家和穷人家的子弟，常常聚集在他周围，跟他学习，向他请教。苏格拉底却常说："我只知道自己一无所知。"

到了 40 岁时，苏格拉底已经成了雅典远近闻名的人物。然而，他的生活却非常艰难，无论严寒酷暑，他都穿着一件普通的单衣，连一双鞋子也没有。但他似乎并不在乎这些，他已经完全投入到哲学研究之中。

苏格拉底在教学中常常和学生一起讨论哲学问题

在苏格拉底以前，希腊的哲学主要研究的是自然哲学，如宇宙的本源是什么，世界是由什么构成的等问题。苏格拉底觉得，研究这些问题对拯救国家没有什么现实意义，于是转而研究人类本身，即研究人类的伦理问题。如什么是诚实，什么是虚伪；什么是勇敢，什么是怯懦；什么是智慧，知识是怎样得来的；什么是国家，具有什么品质的人才能治理好国家，治国人才应该如何培养等。苏格拉底为哲学研究开创了一个新的领域，使哲学"从天上回到了人间"，后人称之为"伦理哲学"。

苏格拉底终生从事教育工作，他常常在市场、运动场、街头等公众场合进行施教。他施教的对象包括各个阶层的人。不论是谁，只要向他求教，他都热情给予解答。当时的其他智者以当教师作为赚钱的手段，而苏格拉底却不收取学费，因此他一生都过着清贫的日子。

对于教育，苏格拉底提出了自己的主张。他认为，教育对一个人的成长非常重要，无论其天资聪明还是迟钝，如果下决心要得到成就，都必须勤学苦练。

伯里克利死后，雅典由于没有好的领导人，民主制度变成了极端民主化，变成了无政府主义，连国家领导人都用抽签的办法选出。对此，苏格拉底十分痛心，他主张专家治国论。他认为，各行各业，乃至国家政权都应该让经过训练，有知识才干的人来管理，而反对以抽签选举法实行的民主。

他说，管理者不是那些握有权柄、以势欺人的人，不是那些由民众选举的人，而应该是那些懂得怎样管理的人。比如，一条船，应由熟悉航海的人驾驶；纺羊毛时，妇女应管理男子，因为她们精于此道，而男子则不懂。他还说，精通医术的便是一个良医；精于农耕便是一个好农夫；而精通政治的便是一个优秀的政治家。

关于教育的内容，苏格拉底主张首先要培养人的美德，教人学会做人，成为有德行的人。其次要教人学习广博而实用的知识。他认为，治国者必须具有广博的知识。他说，在所有的事情上，凡受到尊敬和赞扬的人都是那些知识最广博的人，而受人谴责和轻视的人，都是那些最无知的人。另外，他也非常注重锻炼，强调健康强壮的身体对体力活动和思维活动的重要性。

在教学的方法上，苏格拉底通过长期的教学实践，形成了自己一套独特的教学法，人们称之为"苏格拉底方法"。这种方法自始至终是以师生问答的形式进行的，所以又叫"问答法"。雅典的集会所就是他的讲堂。据色诺顿的记载，苏格拉底会向毫无准备的路人发问。

苏格拉底在教学生获得某种概念时，不是把这种概念直接告诉学生，而是先向学生提出问题，让学生回答，如果学生回答错了，他也不直接纠正，而是提出另外的问题引导学生思考，从而一步一步得出正确的结论。

　　苏格拉底把自己这种方法称作"产婆术"。为什么这么称呢？他回答说："我的母亲是个助产婆，我要追随她的脚步，我是个精神上的助产士，帮助别人产生他们自己的思想。"这种方法对后世影响很大，直到今天，仍然是一种重要的教学方法。

　　公元前404年，雅典在伯罗奔尼撒战争中失败，三十僭主的统治取代了民主政体。三十僭主的头目克利提阿斯是苏格拉底的学生。据说，一次克利提阿斯把苏格拉底叫去，命令他带领四个人去逮捕一个富人，要霸占他的财产。苏格拉底拒不从命，拂袖而去。

苏格拉底拒绝了朋友外出逃亡的建议，饮下毒酒身亡。

　　克利提阿斯大恼，警告苏格拉底不准再接近青年。苏格拉底对此根本就不予理睬，依旧我行我素。后来，"三十僭主"的统治被推翻了，民主派重掌政权。有人控告他与克利提阿斯关系密切，反对民主政治，用邪说毒害青年，苏格拉底因此被捕入狱，并被判处死刑。他拒绝了朋友和学生要他乞求赦免和外出逃亡的建议，镇静自若地饮下毒酒自杀而死。

　　无论是生前还是死后，苏格拉底都有一大批狂热的崇拜者和一大批激烈的反对者。他一生没留下任何著作，但他的影响却是巨大的。哲学史家往往把他作为古希腊哲学发展史的分水岭，将他之前的哲学称为前苏格拉底哲学。

作为一个伟大的哲学家，苏格拉底对后世的西方哲学产生了极大的影响。在欧洲文化史上，苏格拉底一直被看作是为追求真理而死的圣人，几乎与孔子在中国历史上的地位相同。

历史学家修昔底德

修昔底德是古希腊杰出的历史学家，欧洲人把他与希罗多德并称为历史著作的奠基人。修昔底德是在高度成熟了的希腊文化的熏陶下成长起来的，他创作的《伯罗奔尼撒战争史》是西方史学史上的重要里程碑。有人曾对修昔底德史学成就高度评价说，从希罗多德到修昔底德，史学几乎要进步一个世纪。

修昔底德是在高度成熟了的希腊文化的熏陶下成长起来的。修昔底德大约于公元前460年出生在一个雅典的贵族家庭，其家族在色雷斯沿海地区拥有金矿开采权。他在雅典长大，自幼受到良好的教育。

修昔底德生活的时代正值雅典的极盛时期，也是古希腊文化的全盛时期。伯里克利等人的政治演说，欧里庇得斯、索福克勒斯等人的戏剧，诡辩派（又称"智者派"）的哲学，希罗多德等人的历史著作，以及"医学之父"希波格拉底所代表的"实验的"科学精神，都对他产生了极大的影响。

成年以后，修昔底德也像大多数贵族子弟一样，凭借家族的门第和个人的才干步入仕途。公元前431年，伯罗奔尼撒战争爆发时，修昔底德有30岁左右，他投身军旅。军旅生涯使他积累了一定的军事经验，因而于公元前424年被推选为雅典的"十将军"之一，率领一支由7艘战舰组成的舰队，驻扎在色雷斯附近的塔索斯岛。结果，以贻误战机和通敌之嫌，被当局误判，革职并放逐到色雷斯。

在此后20年的放逐中，修昔底德虽然居住在色雷斯，但他始终关注着伯罗奔尼撒战争的进展情况，多方收集资料记载这次战役，并创作出了著名的历史著作

——《伯罗奔尼撒战争史》。

《伯罗奔尼撒战争史》一书记述古希腊斯巴达领导的伯罗奔尼撒同盟与雅典领导的提洛同盟间的伯罗奔尼撒战争。该书被广泛认为是一部经典作品和最早的学者式历史作品，它着重于史实的记述，只是简单地涉及军队的组织、训练、谋略和战法。

修昔底德雕像

这部书是修昔底德在自己亲身感受的基础上、依靠敏锐的观察力、发挥了卓越的写作才能之后才完成的。这部著作体大思精、前后一贯，是预先定好写作计划之后一气呵成的。因此各个部分上下衔接、首尾相连，其间有严密的逻辑性。它原先也没有分卷，后来的校注家们把它分成 8 卷，总计一百多万字。

修昔底德的写作冲动，来自他对伯罗奔尼撒战争的深刻认识。正如他在书中所说的那样："在这次战争刚刚爆发的时候，我就开始写这部历史著作，相信这次战争是一个伟大的战争，比过去曾经发生过的任何一次战争都更有记载的价值……这是希腊人历史上最严重的一次大动乱，同时也波及大部分非希腊人的地区，可以说，几乎全人类都将蒙受其影响……"

也许正是因为修昔底德在战争之初就有这样的认识，所以他从一开始就十分用心地关注着战局的变化，注意收集和整理资料，并拟订了写作计划。等到战争结束、回到雅典、重新过上安定的生活之后，他就开始实施自己的写作计划。

从这部著作的结构安排来看，修昔底德是想把那场延续了 27 年之久的伯罗奔尼撒战争当作一个完整的过程、严格地按照年代顺序加以叙述的。为此，他经常到各地战场去进行实地考察，甚至还去过伯罗奔尼撒同盟军队的阵地和西西里岛。

公元前 404 年，战争结束以后，修昔底德获得特赦，并得以重返故乡雅典。然

公元 1 世纪时修昔底德《伯罗奔尼撒战史》的手稿残片。

而，在归国途中，修昔底德遇刺身亡。

医圣希波克拉底

希波克拉底是古希腊著名医生，被尊为西方"医学之父"，欧洲医学奠基人。他认为医师所应医治的不仅是病，而是病人，从而改变了当时医学中以巫术和宗教为根据的观念。希波克拉底的医学著作，对欧洲医学产生了深远的影响。在近代医学产生前，它一直被当傲医学教学的基本材料而广泛流传，而他的誓言成为数百年一直被医生们遵守的道德自律原则。

公元前 430 年，雅典发生了可怕的瘟疫，许多人突然发烧、呕吐、腹泻、身上长脓疮、皮肤严重溃烂。患病的人接二连三地死去。

瘟疫蔓延得非常迅速，城里到处都是随处可见来不及掩埋的尸体。希腊北边马其顿王国的一位御医得知这一消息，立即冒着生命危险前往雅典救治。他发现城里家家户户均有染上瘟疫的病人，唯有铁匠家一个也未被传染。他由此设想，或许火可以防疫，于是在全城各处燃起火堆来扑灭瘟疫。

希连克拉底拜访德谟克里特

这是人类第一次用有效的手段击败瘟疫。这位御医正是古希腊著名医生——希波克拉底。

希波克拉底约于公元前 460 出生在小亚细亚科斯岛的一个医生世家。他的祖父和父亲都是医生，母亲是接生婆，是达显贵家族的女儿。而科斯岛正是以医术而闻名于当时的整个希腊。

在古希腊，医生的职业是父子相传的，所以希波克拉底从小就跟随父亲学医。青年时期，他一面漫游希腊、黑海沿岸、北非等地，一面行医。在此期间，为了丰富医学知识，获取众家之长，希波克拉底拜请许多当地的名医为师，使他接触到了各地民间医学。

当时古希腊医学受到宗教迷信的禁锢，庙里的祭司和僧侣就是医生，他们只会用念咒文、施魔法、进行祈祷的办法为人治病。病人被骗去大量钱财，往往因耽误病情而死去。所以，当时医生并没有受到重视，甚至还要受到祭司的仇视。

据说有一次，希波克拉底在市场上看到一个突然神志丧失的人，全身抽动，面色青紫，嘴里还不断吐出泡沫。众人都以为这个人中邪了，惊慌失措地呼喊着快去神庙请僧侣来。正巧有位僧侣经过，看了看病人，板起面孔说："啊！这人得了神经病，要请神来宽恕他。快把他抬到神庙里去！"希波克拉底站了出来，对众人说："这个人得的是癫痫症，如果把他抬到神庙去，只会耽误病情。"但是，众人还是将病人抬到神庙。这样治病，其结果是可想而知的。

正给病人看病的希波克拉底

这让希波克拉底极为痛心，他发誓要将医学从庙堂祭司手中彻底解脱出来。希波克拉底不相信神能治病，为了解除疾病给人们带来的痛苦，他努力研究病人生病的原因。此后，他著成了 70 卷的医学著作——《希波克拉底文集》。这部著作涉及解剖学、病理学、各科临床诊断、外科手术、饮食与药物治疗、医务道德等许多方面。在书中，希波克拉底详细地记录了许多疾病的症状，研究了发病的原因，其中对尿路结石的研究最为有名。他认为尿路形成结石，是由于喝了不干净的水。结石就是由尿中最混浊的部分凝结而形成的。凝结物变大变硬，堵塞了尿道，使得小便不畅，并且引起了剧烈疼痛。因此，他认为人们应该喝干净的水。

一次，德谟克里特以疯癫和败家的罪名被族人诬告。希波克拉底经过诊断，证明德谟克里特非但不是一个疯癫者，还是一个很有思想的哲人。结果，德谟克里特被法庭宣告无罪释放。此后，两人建立了深厚的友谊。

在长期的医疗实践中，希波克拉底特别重视亲身调查研究。他一生行医和研究医学，直到八十多岁去世，为人类的医学做出了巨大贡献。古希腊后期，希波克拉底的研究传统进一步被亚历山大城的医生继承和发展。

柏拉图

柏拉图是古希腊伟大的哲学家、思想家。他是苏格拉底的学生，亚里士多德的老师，也是古希腊哲学家中第一个留有大量著作的人，是他把古希腊哲学推到了高峰，建立了一个庞大的以"理念论"为核心的客观唯心主义哲学体系。此后，这个体系一直影响和制约着西方哲学思想的发展，对西方文化和政治产生了巨大的影响。

柏拉图原名阿里斯托勒斯，因为他自幼身体强壮，胸宽肩阔，所以体育老师就给他取名"柏拉图"。

约在公元前 427 年，柏拉图出生于雅典的一个贵族家庭，他的母亲是雅典民主制创始人梭伦的后代，父亲阿里斯顿是阿提刻最后一个王的后裔。优越的家族条件使柏拉图从小就受到了最好的教育，他很小的时候，父亲就为他请了 3 位启蒙老师，其中一位教文法、修辞法和写作，另一位教美术和音乐，还有一位则教他体育。

柏拉图不仅热爱写作，而且在美术老师的指导下，对美的东西的辨别能力也越来越强。后来，柏拉图在美学上的一些理论和见解，可以说和他童年的启蒙教育密不可分。

柏拉图 20 岁时，师从当时雅典最有学问的苏格拉底。从公元前 407 年开始，柏拉图在苏格拉底身边整整学习了 8 年，深得苏格拉底哲学的真谛，成为苏格拉底最优秀的学生。

公元前 399 年，苏格拉底受审并被判死刑，这对柏拉图打击很大，使他对现存的政体完全失望，更加深了他对平民政体的成见。

从此，柏拉图一心一意地纪念苏格拉底，集中转入对哲学的研究，从而寻找到一个理想的社会制度，建立一个更理想的国家。28—40岁他都在海外漫游，先后到过许多国家，这是形成柏拉图思想体系的重要阶段。

公元前388年，他到了西西里岛的叙拉古城，想说服统治者建立一个由哲学家管理的理想国，但目的没有达到。返回途中他不幸被卖为奴隶，他的朋友花了许多钱才把他赎了回来。

第二年，经过12年的游历后，柏拉图在雅典城外西北郊的圣城阿卡德米创

柏拉图雕像

立了欧洲历史上第一所固定学校——阿卡德米学园，即柏拉图学园。学园吸引了希腊各地很多的学者前往，其中以亚里士多德最为突出。

柏拉图主持学园四十多年，一生共写了36部著作，主要有《理想国》《法律篇》《政治家篇》。其中，《理想国》是柏拉图最著名的代表作，主要内容为讨论"正义国家"的问题。

公元前367年，柏拉图再度出游，此时学园已经创立二十多年了。他两次赴西西里岛企图实现政治抱负，并将自己的理念付诸实施，但是却遭到强行放逐，于公元前360年回到雅典，继续在学园讲学、写作。约公元前347年，柏拉图在一个弟子的婚礼上说要小睡一会，此后就长眠未醒。这一年，柏拉图80岁。

柏拉图一生都在为理想国而奋斗，他认为一个国家应该有3种人：护国者、卫国者和供养者，他们没有矛盾，会各安其位，各行其是，国家完美和谐，这就是柏拉图理想国的美好前景。

文艺复兴时期著名画家拉斐尔为教皇尤利乌斯二世的书斋所做的壁画。画面门洞正中二人是柏拉图（左）和亚里士多德（右），他们在进行着激烈的争论。

希腊战败

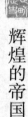

伯罗奔尼撒战争以后，斯巴达为了保住自己在希腊的霸权，不得不与各城邦的独立运动做斗争。最后，它被底比斯打败了。

伯罗奔尼撒战争打破了力量的平衡，雅典的帝国梦想破灭了，它被迫将霸权让与斯巴达。然而，希腊半岛仍难以维持普遍的和平。战争给几乎所有与两个主要参战国结盟的城邦都留下了深深的创伤。几乎在每一个城邦，公民们都分成了亲雅典的民主制度的拥护者和亲斯巴达的旧寡头制度的支持者。社会暴动和小规模内战也时有发生，比如在科西拉发生的起义。

公元前404年雅典签订投降协定以后，斯巴达的同盟国——尤其是科林斯和底比斯——要求毁灭雅典，以永远铲除其力量。已经达到目的的斯巴达拒绝了这一要求。与此同时，曾经在雅典统治下的各个城邦也要求斯巴达归还在战争期间许诺给它们的自主权，它们并不愿意由雅典这个霸主又换成了斯巴达。然而，斯巴达却废除了这些

斯巴达在第二次科罗尼亚战争中取得胜利

城邦的民主政府，恢复了原来寡头派的权力。

　　在伯罗奔尼撒半岛同样爆发了一些新的动乱。公元前400年左右，波斯人再一次攻占了安纳托利亚地区的希腊城邦。从公元前400—前394年，斯巴达试图用武力驱逐波斯人。波斯人用金钱和归还自主权的承诺说服了底比斯、阿哥斯、科林斯、雅典以及其他中部的希腊城邦并肩对抗斯巴达。尽管斯巴达对一些单个的城邦取得了局部性胜利，例如第二次科罗尼亚战争的胜利，但由于以波斯金钱做后盾的联盟实在过于强大，斯巴达无法将它们全部征服。

公元前394年第二次科罗尼亚战争中的海战

接着在公元前387—前386年的《大王和约》中，斯巴达被迫承认波斯在小亚细亚的统治权和其他希腊城邦的自主权。斯巴达明显地衰落了，而对它曾经的同盟国来说，这是它们可以永远摆脱其控制的信号，于是底比斯率先发难。

底比斯的将军埃帕米农达发明了一种从左翼突破的新战术，公元前371年，底比斯军队在贝奥提亚的留克特拉打败了斯巴达人，斯巴达被攻陷。在后来的几十年中，底比斯成为希腊首屈一指的城邦。直到一个新的势力即腓力浦二世统治下的马其顿兴起，这一秩序才被改变。

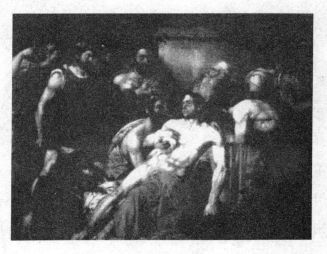

《埃帕米农达之死》，发生在公元前362年的曼提尼亚之战中，路易斯·盖略特画。

三、从马其顿帝国到希腊化王国

公元前 7—前 1 世纪

　　最初，希腊人几乎没有注意过马其顿人，他们只把马其顿人看作是有用的"半野蛮人"，可以为他们的文明抵挡来自北部的入侵。然而，公元前 5 世纪，马其顿人在强有力的君主的领导下开始形成一个团结的民族，并在腓力浦二世统治时期成了希腊世界最强大的国家。他的儿子亚历山大大帝征服了当时所有已知的世界，但是他的帝国在他死后并未能延续。亚历山大大帝的继承者们将希腊文化在帝国内发扬光大并将其传播到西亚与中东。

马其顿王国

　　马其顿位于希腊北部，虽然马其顿人不是纯粹的希腊人，但与希腊人有渊源关系。公元前 5 世纪初，波斯侵略希腊，马其顿一度受波斯统治。进入公元前 4 世纪，马其顿一跃而成为希腊北部的重要国家。马其顿国王们把希腊的先进文化引入他们的宫廷，与希腊城邦进行贸易。经济的发展使马其顿日益强盛，并成为公元前 4 世纪世界上最为庞大的帝国。

　　公元前 8 世纪，在希腊半岛的北部，一个名为马其顿的城邦出现。马其顿位于巴尔干半岛北部，境内山区称上马其顿，滨爱琴海地带称下马其顿。马其顿的居民是由色雷斯、伊利里亚和一些与希腊人有血缘关系的部落混合而组成的。

约公元前 700 年，自称为马其顿人的民族开始为人所知。他们在国王佩尔狄卡斯一世及其继承者的领导下，由在哈利亚克蒙河畔向东推进。在兴起之前，马其顿曾被希腊人视为蛮荒之地，被排除在希腊世界之外。

公元前 5 世纪中叶，以国王为首的奴隶制国家在下马其顿首先出现。公元前 495—前 450 年，当政的亚历山大一世统一了整个下马其顿。马其顿的王位是世袭的，王权受军事贵族的限制。军事贵族被称为"王友"，组成贵族会议，古老的民众会议战时召集。

公元前 413—前 399 年，在位的国王阿尔赫拉奥斯进行了旨在加强王权的军事和币制改革，促进了马其顿的经济和政治发展。他把首都从阿伊格迁到更靠近海的佩拉。公元前 5 世纪后期到前 4 世纪初期，马其顿国家逐渐形成。国王阿刻劳斯时期，马其顿国家初具规模。他文武兼修，改革军事，开辟道路，兴建城镇，发展教育，大力提倡希腊学术文化。

腓力二世雕像

在马其顿王国发展壮大的过程中，马其顿国王腓力二世与其子亚历山大大帝政绩是最为突出。

腓力二世是一位天才的统帅，他统一了上、下马其顿。经过他二十多年的励精图治，使马其顿逐渐变成一个强大的国家。在内政方面，他加强王权，改革币制，促进贸易，建立新城市，打开出海口，但更重要的是在军事和外交方面的作为。

他建立了一支常备军，训练了一支强大的军队和拥有称著于世的"马其顿方阵"，并建立了强大的海军。

当时，希腊诸城邦之间纷争不已，许多城邦内亲马其顿势力增长。腓力二世巧妙地运用外交与军事等手段，使马其顿很快成为左右希腊政局的力量。

腓力二世依靠精悍的兵力，在很短时间内占领了马其顿、色雷斯的沿海地区，此后便把扩张的矛头直接指向希腊各城邦。

腓力二世对希腊一方面实行军事威胁，另一方面用外交手段和金钱收买的方法拉拢希腊各邦亲马其顿的政客。

公元前340年，马其顿巩固了在北希腊的统治后，开始向中希腊伸展势力。中希腊各邦在雅典反马其顿派首领德谟斯梯尼领导下组成反马其顿联盟。不久马其顿军南下，公元前338年在喀罗尼亚，双方发生决定性战斗，结果希腊联盟军战败。

腓力二世战胜了希腊联军，从而成为希腊诸城邦的主宰。

公元前337年，腓力二世在科林斯召集全希腊会议（只有斯巴达未参加）。科林斯会议标志着希腊城邦时代的结束，此后各城邦仅名存而实亡了。

公元前336年，腓力二世在他女儿的结婚典礼上，即他准备东侵前夕遇刺身亡。他的儿子亚历山大继位后，以武力压服马其顿和希腊各地的反抗，加强了专制王权。公元前330年，亚历山大灭掉了波斯帝国，不久建立起了一个地跨欧、亚、非三洲的庞大帝国——马其顿亚历山大帝国。

但是，在亚历山大死后，马其顿亚历山大帝国随之瓦解。公元前2世纪中叶，马其顿王佩尔修斯在皮德纳战役中惨败，佩尔修斯被俘处斩。此后，马其顿不再作为一个独立国家存在，被划分为四个彼此分离但仍保持一定自治权的地区。

少年亚历山大

亚历山大大帝是一个天才的军事家，是古代世界一位伟大的征服者，杰出的军事统帅。他在短暂而辉煌的一生中建立起了一个前所未有的庞大帝国。还在少年时代。亚历山大就显露出非凡的胆略和才华。在父亲腓力二世的培养下，他从小就接受了希腊文化的教育，而老师亚里士多德的教育对他一生更是影响深远。

公元前356年，亚历山大生于马其顿王国的首都佩拉。他的父亲腓力二世是杰出的马其顿国王，母亲是智慧过人、性格刚烈的奥林匹娅斯。父母对亚历山大的成

腓力二世的金棺

长产生了重要的影响。

　　据说，亚历山大的母亲奥林匹娅斯喜欢与蛇共眠，这使腓力二世非常厌恶。在亚历山大出生之前，他的母亲梦见雷电，而当时佩拉市区有一座女神殿失火焚毁，弄得附近人心惶惶。几个占卜师都说是大灾难来临的前兆，但是有一个却说："女神殿的焚毁日，已经有一个男孩在这一天诞生了，这个孩子以后将要灭亡全亚洲。"

亚里士多德教导幼年时期的亚历山大

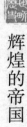

当时在马其顿的谣言和后来阿蒙神谕的显示，亚历山大是古希腊传说中的英雄人物阿喀琉斯和天帝宙斯之子赫耳墨斯的后代。亚历山大对此深信不疑，并在自己的事业中努力模仿先祖的战绩。后来他转战各国时，身边总带着记载着英雄业绩的伟大著作《荷马史诗》。

为了使亚历山大日后能够继承王位，使马其顿发展壮大，腓力二世煞费苦心地培养亚历山大。他认为不仅要使儿子具有强健的体魄和刚强的意志，还应具有哲人的大脑、王者的气派、诗人的激情等等。因此还在很小的时候，亚历山大就在严冬和酷暑中接受跑步、骑马、掷标枪等项目的训练。

而亚历山大在少年时代所表现出来的非凡气质和胆略，也使他的父亲感到由衷的欣慰。亚历山大12岁时，一天，一名色萨利的卖马人带来了一匹骏马。马其顿所有最优秀的驯马人都试图驯服它，但都失败了。没想到，小亚历山大却对他的父亲说："如果我能驯服这匹马，你将它作为礼物送给我。"他的父亲便同意了。

亚历山大将马头牵往背向阳光的一边，然后轻轻地抚摸，培养信任感。然后，他突然上马，策马奔驰跑向远方。原来亚历山大发现，这匹马害怕看见自己的影子。他给这匹马起名为布塞法洛斯，后来这匹马随他征战一生。当亚历山大兜了一圈，骑着马回来的时候，他的父亲兴奋得热泪盈眶，一边说："我的儿子，找一个适合你的王国吧，马其顿太小了。"

亚历山大受过良好的希腊文化教育。为了让亚历山大获得更多学识上的教育及引导，腓力二世聘请了很多高人和名师，让他们全力栽培亚历山大。这些人对亚历山大眼界的开阔、知识的丰富以及精通治国驭民之术都有重要的作用。而在这些人中，当时希腊鼎鼎有名的大哲学家亚里士多德对亚历山大的影响最大。

亚里士多德给予亚历山大完整的口才和文学训练，并且激发了他对科学、医学和哲学的兴趣。跟随亚里士多德学习了三年之后，亚历山大奉命召进父亲的军队，开始跟随父亲南征北战。

16岁时，腓力二世着手远征拜占庭。他觉得是时候让亚历山大锻炼一下了，

青少年时期的亚历山大大帝

于是留下亚历山大在马其顿主持国政。

　　这期间，亚历山大并非无所事事，因为腓力二世的离开，马其顿原本不稳定的北部边境出现了米底人的叛乱。亚历山大初次上阵，就一直进军到他们的城市，驱散了当地人，重新组织移民，并且在那里重新命名为亚历山大波利斯。

　　18岁时，亚历山大跟随父亲参加了决定希腊命运的战役——喀罗尼亚战役。在战役中，亚历山大指挥希腊联军队的左翼，全歼闻名希腊的底比斯神圣军团，初步显示了他出色的军事才能。

　　公元前336年夏天，腓力二世在女儿的婚礼中遇刺。刚满20岁的亚历山大继承了王位，成为马其顿的新国王。在短短的两年之内，他平定了反马其顿的骚动，成为整个希腊世界的盟主。此后他梦想着征服世界，开始了长达十多年的东征。

格拉尼库斯河战役

　　格拉尼库斯河战役是亚历山大在东征中，与波斯军在格拉尼库斯河上发生的首次大规模交战。这次战争最终以马其顿军队获胜而结束，它极大鼓舞了亚历山大及其军心，彻底摧毁了波斯军队的士气，震慑了小亚细亚沿岸各城邦，大多数希腊人把亚历山大当成了救星，期盼着亚历山大的早日到来。此后。亚历山大远征军迅猛地扑向波斯帝国的心脏。

两百年来，波斯人统治着广阔的领土，从地中海一直绵延到印度。虽然波斯施行强权的鼎盛时期已成为过去，但仍是一个可怕的敌对势力，仍是地球上领域最广（约马其顿国土面积的 50 倍）、财富最多、军力最大的帝国。

而亚历山大要征服的，正是这样一个庞大的帝国。

公元前 335 年秋，亚历山大以马其顿军为主，雇佣兵和各邦盟军为辅，组成一支约 3 万步兵、5000 骑兵、160 艘舰船的远征联军。

骑着爱马出征的亚历山大

公元前 334 年初春，亚历山大授权安提柯将军摄政，亲率远征军浩浩荡荡从都城佩拉出发了，开始了长达 10 年的东征之战。从此，亚历山大一直在远征中度过，再也没有回到希腊。他们沿着腓力二世当年踏过的足迹，一路晓行夜宿，20 天后，进入了希腊东部沿海一带，然后渡过了波涛汹涌的赫勒斯滂海峡。波斯虽然有 400 艘战舰，竟然未对海峡进行封锁，错过了阻遏敌军的最佳时机。

相传在部队渡海时，亚历山大亲自掌舵，在渡过海峡的时候宰了一头牛祭奠海神，用金碗盛酒洒进大海献给海神娘娘。在登上亚洲大陆后，他下令所做的第一件事就是筑起祭坛，向保佑他安全登陆的宙斯、雅典娜献祭。一踏上亚细亚的土地，亚历山大立即率领部队向格拉尼库斯河（今土耳其境内）挺进。

波斯国王大流士三世闻讯，命小亚细亚诸省总督迈农为前线指挥，迎击亚历山大。在商量战术的会议上，迈农和小亚细亚各省的总督们发生了分歧。迈农想将敌人引到小亚部，切断敌人的退路，然后围而歼之。但那里的总督们要求正面迎击亚历山大，心里其实是不想放弃自己的地盘。在一番争论后，大会决定遵从总督们的意思。波斯的军队驻扎在了格拉尼库斯河东岸，等待着即将等岸的马其顿军队。

马其顿军队行进到距离格拉尼库斯河不远的地方，接到侦察兵的通报，说是波斯已经严阵以待了。亚历山大的部将帕曼纽建议天亮后再过河。

但是亚历山大却主张立刻渡河作战，他说："我绝不能让这条河沟挡住去路。波斯人以为这样就能够使我们退却吗？我们应该立刻让他们领教一下马其顿人的厉害！"说完，他立即召集将领，将部队分为左、中、右三队，准备强攻渡河。

格拉尼库斯河战役浮雕画

一声响亮的号角响起，亚历山大飞身上马，把长矛一举，率先冲入水中。他的骑兵部队拼命想冲上右岸。波斯军队见状，先用排箭和标枪进行攻击，一拨接一拨的马其顿人倒下，但是后面的援军很快就补充上来。两军厮打在一起，苦战了几个小时。局势很快就扭转了，亚历山大的军队渐渐占了上风。

在战斗中，亚历山大表现出了无比的神勇。他的胸铠被标枪射穿，头盔的一块被砍去了，险些丧命。当大批骑兵赶来并击溃了亚历山大身边的波斯军队时，这场战役已接近尾声了。波斯军最终还是抵挡不住马其顿的攻势，波斯十余名高级将领阵亡，其中包括大流士三世的儿子、女婿和小舅子。

首战告捷后，亚历山大把俘虏的 2000 名战俘押回了马其顿做奴隶。另外还用 300 套波斯盔甲给战神雅典娜做献礼。之后，亚历山大加紧了对波斯的征讨，直插波斯帝国的心脏。

伊苏战役

公元前 333 年，亚历山大的东征军与波斯军在小亚细亚古城附近的伊苏爆发了一场历史上著名的战役——伊苏战役。这次战役是亚历山大摧毁波斯帝国关键的一战，战役的结果是波斯军队大败，马其顿军队征服波斯王国的西部和保障了马其顿舰队在爱琴海的霸权。伊苏的胜利为马其顿军队开辟了通向叙利亚和埃及的道路。

伊苏战役后，波斯军队的大批武器装备和全银财宝，都落入了亚历山大手中。伊苏战役的胜利为马其顿军队开辟了通向叙利亚和埃及的道路。

格拉尼库斯河战役之后，亚历山大率领希腊联军继续南征叙利亚沿海地区，并朝腓尼基进发。公元前 334 年深秋，他们到达小亚细亚中部的戈尔狄翁，在那里与派出追歼哈里卡那萨斯残敌的部分希腊联军队会合。

公元前 333 年春天，亚历山大对整个部队重新做了调整后，便率领 3 万大军沿海岸向叙利亚挺进。经过一路艰苦的行军，希腊联军到达了小亚细亚古城附近的伊苏（今土耳其伊斯肯德仑北）。

此时，波斯王大流士三世御驾亲征，他已集中一支大军正驻扎在索契附近宽阔的平原。这个地形对于数量大装备多的波斯大军颇为有利，对骑兵的调度也极为方便。然而，大流士后来却把军队开进地势狭窄的伊苏城一带，准备在这里设防。

当亚历山大得知波斯军已经到了他们的后方时，感到非常震惊，但他没有惊慌。在探明消息后，亚历山大立即召集诸将研究作战计划。他分析了双方的有利条件，也谈到了面临的艰险，并进行了一番精彩的演讲，将士们的士气被鼓舞起来了，大家都迫不及待地要求立即出发作战。

傍晚时分，亚历山大率领部队沿大路继续向北，希腊联军一边行军一边调整队形。参战兵共约有两万名步兵和五千多名骑兵。大流士获得这个消息后，他迅速部署军队，准备进入战斗。希腊联军有条不紊地缓步向河边接近，波斯军则在河岸上列阵待机。

随着一声令下，双方交战开始了。希腊联军右翼快速前进，猛扑河边，霎时间，喊声震天。波斯军挡不住希腊联军的快速突击，结果左翼很快崩溃。

就在这时，马其顿中央方阵中间出现空隙，波斯军迅速插了进来。结果，马其顿指挥官和120名士兵阵亡，使整个马其顿方阵左翼受到威胁。在这个紧要关头，亚历山大率领右翼骑兵迅速赶来，从侧面和背后向波斯方阵发起进攻，形势才有所逆转。

与此同时，希腊联军左翼也展开了一场殊死决战。波斯骑兵勇猛地冲过皮拉穆斯河，向希腊联军的骑兵冲来，企图迫使他们向后退却。波斯骑兵攻势猛烈，寸步不让。习惯养尊处优的大流士见此胆战心惊，他不顾战局，丢弃全军独自逃跑了。波斯骑兵看大流士逃跑了，也跟着抱头鼠窜。希腊联军穷追不舍，波斯许多步兵和骑兵被砍杀。

亚历山大顺利夺占了波斯军营地，俘虏了大流士的母亲、妻子和儿女，还有各种穷奢极侈的物品和黄金。

亚历山大大帝俘虏了大流士的家眷

在伊苏战役中，希腊联军以 3 万军队战胜 16 万大军。双方交战的结果是希腊联军征服了波斯王国的西部，保障了马其顿舰队在爱琴海的霸权，并为希腊联军开辟了通向叙利亚和埃及的道路。通过伊苏作战，亚历山大已取得对波斯作战的主动权，他按照既定战略方针，南下腓尼基和阿拉伯，夺取波斯的外围地盘。伊苏会战后，亚历山大率领联军继续东征，企图征服世界。

亚历山大之死

亚历山大大帝是古代世界一位伟大的征服者，杰出的军事统帅。他在短暂而辉煌的一生中建立起了一个前所未有的庞大帝国。他是个天才的军事家，在十多年的征战中，从未输掉过任何一次战斗。尽管他的征服行为引起被征服地人民的反抗，然而不能否认的是，他的征服对于促进东西方经济文化的交流融合产生了巨大的影响。

公元前 331 年，马其顿与波斯的高加米拉一战，宣告了波斯帝国的灭亡。随后，亚历山大宣布把波斯与马其顿合并，联合组成一个大国，并自封为"大帝"，从而真正成了整个波斯帝国的统治者。因此，西方史学家把高加米拉之战称之为改变了古代世界局势的会战。

但是，亚历山大并不满足已经取得的辉煌业绩，他还想在极其遥远的世界尽头建立自己的统治。为肃清盘踞在原波斯帝国东部的残敌，亚历山大率军翻过中亚的兴都库什大雪山，攻入巴克特里亚地区（今阿富汗）。

公元前 327 年，亚历山大率军离开中亚，向印度进发，印度各邦统治者纷纷臣服。但当他们抵达印度一个叫希达斯皮斯河岸的时候，却遭到了印度的一个小国波拉伐斯人的顽强抵抗。结果，双方在希达斯皮斯河战役中进行了激烈的战斗，希腊联军最终获胜。

亚历山大大帝的最后一场、也是代价相当高昂的一场
大型会战——希达斯皮斯河战役。

至此，亚历山大已经建立了一个前所未有、横跨欧亚非的大帝国。后世的罗马

人用了几个世纪建立起来的同样大的帝国，亚历山大只用了十几年。因此，亚历山大被誉为西方历史上"第一名将"。

希达斯皮斯河战役成为亚历山大一生中最后一次战役。在继续南下的路上，热带的雷雨气候，无法通过的森林，令人生畏的毒蛇，无法医治的传染病，使战士们望而却步。已经离乡八载，远征近3万千米的战士们早已疲惫不堪，他们举行集会，公开拒绝继续远征，停止前进。亚历山大不得不停止远征，开始西归，途中他击败了不服从他的部落，还派人进行了一系列探险活动，包括查明印度河入海口，寻找波斯湾，并绘制海岸地形图。

回到波斯的第二年，踌躇满志的亚历山大又开始积极准备新的远征。他用了近一年的时间对他的帝国和军队进行改编，这是一次重大的改编。亚历山大从小就认为所有非希腊民族都是野蛮民族，但是当他逐渐认识到波斯人根本就不是野蛮人，他们与希腊人一样具有智慧和才能，一样值得尊敬。他因此希望波斯人与希腊人和马其顿人结成同等的伙伴。

为了实现这一计划，他把大量的波斯部队编入自己的部队，还为此举行了一次盛大的"东西方联合"宴会。在宴会上，几千名马其顿士兵同亚洲妇女正式结成夫妻。他不仅训练了一支波斯骑兵队，而且选了3万名波斯人接受马其顿的军事训练。亚历山大这种东西结合的思想与行为具有深远的历史意义。

亚历山大计划利用这支改编的军队再次开展远征活动，企图征服迦太基和西地中海地区、意大利和西班牙。但是不管怎样，他的征服活动都未能进行。

公元前323年6月初，亚历山大在巴比伦突然因发热而病倒，10天后就猝然死去，年仅33岁。他的遗体被葬于尼罗河入海口畔的亚历山大城。

亚历山大去世前深明人生的虚空，自己奋战十余年，战无不胜，但却胜不了死亡。他命令部下在自己死后将自己的棺材两侧留上孔，并将其两只手伸出，以示后人，表明自己虽然一生奋战，却仍旧两手空空离去。

亚历山大生前没有指定接班人，死后不久就出现了一场夺权斗争。昔日的战友们扭打成一团，亚历山大的母亲、妻子和孩子都横遭杀身之祸。他的部将们则在这片国土上纷纷建立起各自的政权，盛极一时的亚历山大帝国也随之瓦解。

公元前301年，经过一场决定性的战斗，由三位胜利者——托勒密、塞琉古、叙拉古瓜分了亚历山大帝国的版图，开启了希腊化时代。

"几何之父"欧几里得

"几何之父"欧几里得是古希腊杰出的数学家，希腊亚历山大派的创始人，人类科学思想史上的指路明灯。他第一次使数学理论系统化，并使几何学逐渐成为一门独立发展的正式学科体系。他的传世之作《几何原本》被原封不动地沿用了2000年，是学习几何知识和培养逻辑思维能力的典范教材。

欧几里得是古希腊一位杰出的数学家、欧氏几何学的开创者。欧几里得大约于公元前325年生于古希腊的文明中心——雅典。浓郁的文化气氛深深地感染了欧几里得，早年求学于雅典的柏拉图学园，深受柏拉图的影响。

约公元前300年，欧几里得应托勒密王的邀请，来到埃及都城亚历山大的缪塞昂学院进行研究并讲学。

柏拉图学园是雅典著名的哲学家柏拉图开设的，柏拉图学识渊博，尤其在哲学方面有很高的建树。由于柏拉图特别研究过毕达哥拉斯学派，信奉该学派的数与和谐的信条，因此柏拉图认为要学好哲学，必须先学习数学，因为数学是通向理念世界的准备工具。据说，柏拉图在学园的门口立了一块牌子，上面写着：不懂数学者不得入内！正因如此，数学研究在柏拉图的学园里得到了空前的发展，同时也培养出了亚里士多德等许多著名的学者。

欧几里得在柏拉图学园学习时，曾拜亚里士多德为师。亚里士多德无私地将自己的才华都奉献给了这位聪明的学生，欧几里得也因此受到了良好的教育。

在欧几里得生活的时代，古希腊的科学文化已经比较发达，由于当时人们的生活和生产条件的发展所需要，再加上柏拉图学园的良好学习气氛，几何学已经逐渐

现矗立于牛津大学里的欧几里得雕像

发展起来了。但是这些内容支离破碎，彼此不相联系，所以在实践中的作用很小。后来欧几里得逐渐认识到这一点，便萌发了将这些既有的几何知识组织在一个完整的演义体系中的想法。

为了完成这一重任，欧几里得不辞辛苦，长途跋涉，从爱琴海边的雅典古城，来到尼罗河流域的埃及新埠——亚历山大城。在这里，他一边收集以往的数学专著和手稿，向有关学者请教，一边试着著书立说，阐明自己对几何学的理解。

约公元前300年，欧几里得鸿篇巨制《几何原本》终于问世了，它就像一颗重磅炸弹在希腊爆炸开来。《几何原本》构造了数学史上第一个重要的初等几何公理系统，是数学知识系统化的开端；它把当时的自然科学推到了顶峰，为后人提供了一个严密的逻辑理论体系。

这是一部传世之作，几何学正是有了它，不仅第一次实现了系统化、条理化，而且又孕育出一个全新的研究领域——欧几里得几何学，简称"欧氏几何"。直到1607年，这本闪着光辉的数学巨著《几何原本》才被传入中国。

欧几里得出名之后，当时的托勒密国王也想学点几何学。有一天，他派人把欧几里得请到宫殿里，让他给自己讲授几何学；可是当欧几里得只讲了一点最基本的知识后，托勒密王就感到枯燥乏味了。他认为这些都是普通老百姓应该学的，他是一国之王，必会另有捷径让他一下子攀登到几何的高峰。

欧几里得给学生讲解几何知识

于是，就问欧几里得有没有更便捷的学习方法，而欧几里得则回答得很干脆："抱歉，陛下！几何无王者之道！"意思就是说，在几何学里，没有专为国王铺设的捷径。这句话后来被演绎为"求知无坦途"，成为千古传诵的箴言。

欧几里得是人类科学思想史上的一盏指路明灯，他第一次使数学理论系统化，并使几何学逐渐成为一门独立发展的正式学科体系。他对数学史上的许多疑难命题和定理做了开创性的论证和解释，为数学的发展打下了坚实的理论基础。因此，后人尊称他为"几何学之父"，以铭记他在数学思想发展中的卓越贡献。

希腊化时代的王国

亚历山大死后，他的将军们瓜分了帝国。但是，只有那些占领了一块特定领土的将军才得以建立自己的王朝。

由于亚历山大没有指定继任者，年仅 33 岁的他在公元前 323 年去世以后，一场权力争夺战即刻爆发。亚历山大成功塑造了君主这一在希腊世界本较为次要的概念，这为继起的希腊化时代的国王树立了榜样。王冠成了君主的标志。

马其顿将领欧米尼斯接纳了亚历山大大帝的遗孀罗克萨娜及其子亚历山大四世

亚历山大三世的将军们都想从瓦解的帝国中分得一杯羹。在这些继任者中间，有许多强有力的领导人——事实上，有太多的人参与了这场争夺。一开始，曾在征战印度时有功的俄瑞斯提之子帕迪卡斯试图用亚历山大交给他的王印戒指来证明：在亚历山大年幼的儿子亚历山大四世成年以前，自己是帝国合法的摄政王。然而，那些想要继续亚历山大世界帝国计划的继任者都失败了，帕迪卡斯也在公元前 321 年遭到了谋杀。只有那些选择在一个特定的国家内建立自己势力范围的人取得了成功。

继任者们同样继承了世界主义的希腊文化。这一文化在很多领域将希腊—马其顿元素与东方元素融合在了一起。希腊的文化与哲学就这样影响到了远离希腊的国度。

继任者们建立的国家所表现出的特性与统治者的人格非常一致。每一位国王都

"帕加玛祭坛"的东侧装饰带，展现了
众神和泰坦神的战斗。

认为自己是合法的征服者和军事统帅，能够掌控和管理所占领土，他的权力不受制度限制。一些成功的继任者甚至建立起了他们的王朝。但是，这些王朝里经常发生子孙争夺王位的斗争。

亚历山大的军官们建立的小王国，主要分布在小亚细亚。其中之一就是马其顿人菲莱泰罗斯在公元前283年建立的帕加玛王国，这一王国因"帕加玛祭坛"等令人印象深刻的建筑而闻名于世。帕加玛王国成了小亚细亚地区最强大的国家，它与罗马的结盟为整个地区带来了和平。帕加玛王国还取得了重大的文化成就：菲莱泰罗斯的孙子阿塔卢斯一世建立了帕加玛图书馆。当用于书写的埃及纸草的供应被切断后，帕加玛国人便发明了帕加玛羊皮纸。公元前133年阿塔卢斯三世去世后，帕加玛王国被并入了罗马的版图。

塞琉古王国与托勒密王国

希腊化时代的王国中，最重要且持续时间最久的便是叙利亚的塞琉古王国和埃及的托勒密王国，这些王国最终被罗马人所征服。

塞琉古一世名为尼卡托尔，他在亚历山大死后分得了巴比伦行省，是塞琉古王

"帕加玛祭坛"，底部描绘有众神与动物和巨人战斗的神话

场景，神坛西面部分的复原品。

朝的创立者。从公元前 312 年开始，他将他的统治扩大到从叙利亚和美索不达米亚直达印度的广大地区。公元前 305 年，塞琉古称王，并通过广泛的结盟和军事远征巩固了他的领土。他的儿子安条克一世苏特于公元前 280 年继位，并开始了塞琉古君王崇拜的传统，他将凯尔特人安置在加拉提亚，建立了安条克作为都城。其子孙中最著名的是安条克三世大帝（公元前 223 年继位），他征服了亚美尼亚、大夏、帕提亚诸王国。

在公元前 202—前 194 年的几年间，安条克三世又相继攻占了腓尼基、安纳托利亚西南海岸以及色雷斯。当他穿越至欧洲，强迫小亚细亚的希腊城邦服从于他的统治时，引发了公元前 192—前 189 年与罗马人的战争。安条克三世被迫撤出小亚细亚，退到陶鲁斯山脉。

他的继任者们在自相残杀的争斗中耗尽了王国的力量，最终罗马将军庞培在公元前 64 年罢黜了塞琉古最后一位君王，将塞琉古帝国划分为罗马的一个行省。

托勒密王朝的建立者托勒密一世索特是亚历山大的朋友，他撰写了亚历山大的

传记，并建立了以他为中心的国家崇拜。公元前
305 年，托勒密在埃及称王。他广泛采用埃及的
宗教观念和君主形象，从而巩固了他在埃及的统
治。他建立研究院、塞拉匹斯神庙以及亚历山大
里亚图书馆。

托勒密一世的儿子托勒密二世在自己的王朝
中推行了埃及传统的宗教崇拜，并建造了被列为
古代时期七大奇迹之一的亚历山大里亚的法洛斯
灯塔。托勒密三世欧厄格特斯远征至幼发拉底河
和小亚细亚，抵挡了塞琉古王朝的扩张野心。托

安条克三世大帝

勒密三世之后，王朝一直为一些庸碌无为且短命的君王所统治。到托勒密十二世尼
欧斯·狄奥尼索斯统治时，他已经完全投靠了罗马。他的女儿克丽奥佩特拉七世是
托勒密王朝最后的统治者，她的故事属于朱利乌斯·恺撒统治下的罗马时代。

亚历山大里亚的法洛斯灯塔，古代时期七大奇迹之一。

亚历山大之后的马其顿

亚历山大的继任者们为了争夺马其顿和希腊，上演了一幕幕家庭阴谋。亚历山大的王朝崩溃了，几乎所有的继任者都加入了欧洲的权力争夺战。

公元前 323 年亚历山大死后，他最强有力的一批将军便开始瓜分权力，他们控制了最富有的辖地。凭借着强大的军队，他们大肆进行争夺帝国控制权的战争。亚历山大任命的总督安提帕特一直统治着马其顿，直到公元前 319 年他死去为止。亚历山大军中的马其顿人希望能维持阿吉德王朝的统治，便在公元前 323 年拥立亚历山大同父异母的兄弟腓力浦三世阿黑大由斯为国王。但是，在父亲死后出生的亚历山大四世同样拥有王朝的继承权。公元前 321 年，安提帕特成为帝国的摄政王，与此同时，亚历山大的母亲奥林匹亚斯尽力想保住她作为王朝元首的影响力。

临死的亚历山大，大理石雕像，

公元前 2 世纪。

安提帕特决定让忠实的将军波利伯孔做他的接班人。但他的儿子卡山德也希望掌握权力，并和已在亚洲建立了帝国的安提哥那一世结成了联盟。卡山德和安提哥那推翻了波利伯孔的统治，并与国王腓力浦三世及其妻子欧律狄刻结盟。波利伯孔则转而与奥林匹亚斯联手，派人谋杀了腓力浦国王夫妇。从公元前 317 年起，奥林匹亚斯以亚历山大四世的名义开始摄政。之后，卡山德向王室发起一场战争。公元前 316 年，他带着军队从雅典出发，处死了奥林匹亚斯，驱逐了波利伯孔。他还囚禁了年幼的亚历山大四世和他母亲罗克萨娜，并在公元前 310 年处死了他们。就此，卡山德彻底消灭了亚历山大王朝。通过与其他继任君王的轮流结盟，他的"欧洲总督"身份在公元前 311 年得到了认可。然而，从公元前 307 年开始，卡山德与安提哥那发生了一系列严重的冲突，最终在大约公元前 300 年时失去了自己的地位。

国王安提帕特一世谋杀母亲帖撒罗尼迦

卡山德的妻子帖撒罗尼迦因曾试图干涉卡山德的继任人选，而被其子安提帕特一世谋杀。安提帕特一世最终在公元前 294 年被称为"破城者"的德米特里奥斯一世罢黜。

随后，德米特里奥斯一世在马其顿和希腊建立起了自己的统治。最后，亚历山大的继任者们签订和约，认可了领土的划分：安提哥那统治亚细亚，卡山德统治希腊和马其顿，莱西马库斯统辖色雷斯，托勒密统治埃及，塞琉古分得东部辖地。

战争中的国王安提帕特。17世纪的铜版刻画。

安提哥那王朝统治下的马其顿

安提哥那一世的子孙们最终掌握了马其顿的政权，并统治了希腊。他们的后继者向日益强大的罗马发起了战争。

"独眼者"安提哥那一世（约公元前382—前301年）和他的儿子"破城者"德米特里奥斯一世是坚持亚历山大世界帝国计划的最后两个继任者。他们从亚洲的据点出发，侵入希腊，并以"解放者"的名义占领了雅典。在驱逐了卡山德以后，安提哥那在公元前306年称王，并恢复了"科林斯同盟"以解放全希腊。公元前301年，安提哥那在与莱西马库斯和塞琉古一世的伊普苏斯（Ipsus）战役中阵亡。德米特里奥斯控制了希腊的大部分地区、马其顿以及小亚细亚，但他在公元前285年被塞琉古一世俘虏了。他的儿子安提哥那二世通过结盟的方式，维持住了安提哥那王朝对马其顿和大部分希腊城市的统治。公元前168年，安提哥那被罗马人征服。

国王腓力浦五世以逃离马其顿的罪名逼迫提奥克
瑟娜及其丈夫波里斯自杀

　　大约公元前 250 年，局势基本稳定，马其顿再一次无可争议地成了希腊的统治
者。安提哥那二世的儿子德米特里奥斯二世（公元前 239—前 229 在位）战胜了凯
尔特人和达达尼亚人，赢得了爱琴海的控制权。安提哥那三世分别于公元前 258 年
和前 245 年在科斯岛和安德罗斯岛打败了埃及托勒密王朝的舰队，从而将斯巴达置
于自己的统治之下。公元前 224 年，安提哥那几乎统一了整个希腊半岛，组成了
"希腊同盟"。

在公元前 168 年的皮德纳（Pydna）战役中，罗马军团击破
马其顿方阵。

随着罗马的日益强大，争端再次出现，罗马想要瓦解马其顿在欧洲的力量。马其顿的腓力浦五世在公元前215年与迦太基将军汉尼拔结盟，企图向西扩张以对抗罗马。在第一次马其顿战争中，腓力浦取得了一些胜利，控制了亚得里亚海的出海口。

但是，在第二次马其顿战争中，一些希腊城市撤出战争后，他便被罗马人打败了。在接下来的几年里，他又为希腊内部的动乱所困扰。腓力浦的儿子帕修斯是马其顿的最后一位国王，在几次为罗马所败后，帕修斯在公元前168年被罗马人俘虏，次年，他在罗马人的凯旋式上被游街示众。之后，马其顿被分割为四个共和国，最终成了罗马帝国的一个新行省。

四、罗马版图的扩张

約公元前 1100—公元 136 年

　　罗马不断地与近邻发生战争，并逐步征服了周边地区，势力越来越大，最终，罗马发展成为一个横跨非洲、欧洲、亚洲而称霸地中海西部的大国。比如，公元前 264—前 146 年，罗马通过三次布匿战争彻底击败了来自北非却控制着地中海西部的迦太基；朱迪亚地区也被完全并入罗马帝国的版图；佩特拉的纳巴泰最终也屈服于罗马的力量之下，等等。

巴勒斯坦：从波斯人到马喀比家族的统治

　　在犹太人从巴比伦回到巴勒斯坦之后，他们仍然能够在政权频繁更替的情况下继续保持文化和宗教上的独立。最后，马喀比家族建立起第一个政教合一的君主制政权。

　　波斯国王居鲁士二世在公元前 539 年征服巴比伦后，释放了在公元前 588 年被尼布甲尼撒二世俘虏的"巴比伦之囚"——犹太人。大部分犹太人回到耶路撒冷地区，建立起一座尊奉耶和华的圣殿。他们和当地的撒玛利亚人以及同时定居在那里的古代朱迪亚人发生了冲突。直到公元前 520—前 515 年，犹太人才得以在祭司兼政治领袖的率领下，在耶路撒冷重建了一个崇拜耶和华的中央圣殿。

长颈细口瓶，耶路撒冷，公元 1 世纪。

巴勒斯坦一直是波斯帝国的行省，公元前 332 年，亚历山大将它纳入新兴马其顿帝国的版图。亚历山大死后，埃及托勒密王朝于公元前 301 年统治了巴勒斯坦，允许犹太人有完全的宗教自由。大约在公元前 200 年左右，犹太文化开始了一个希腊化热潮。公元前 198 年，叙利亚塞琉古王朝的安条克三世占据了巴勒斯坦和腓尼基，他再次表示承认犹太人的宗教自由和政治制度。但是他的儿子"显圣者"安条克四世却偏离了父亲的政策。他介入犹太祭司家族的矛盾，试图引入塞琉古信仰，并在公元前 168 年洗劫了圣殿。耶路撒冷犹太人的起义被镇压了，一座宙斯的祭坛被安放在圣殿之中。之后，马喀比家族领导人民起义，推翻了统治的高级祭司。

犹大·马喀比将塞琉古人赶出耶路撒冷，在公元前 164 年重建了耶和华圣殿。他的继任者将统治范围扩大到了整个朱迪亚地区，使高级祭司职务变成世袭制。

公元前 1 世纪，朱迪亚内部的权力斗争让罗马人乘虚而入。他们开始干涉朱迪

犹大·马喀比打败敌人后清洗圣殿

高级祭司及其副手

亚的内部政务，并立"许尔湛二世"为王，但给予他的权力十分有限。在马喀比国王安提哥努·马塔提阿斯与帕提亚人结盟后，许尔湛在公元前37年被俘虏并被处死。

希律大帝和他的继任者

希律大帝结束了马喀比家族的统治，并与罗马结盟。在犹太人反叛之后，朱迪亚地区被完全并入罗马帝国的版图。

希律大帝来自一个忠诚于罗马的家族，他的父亲安提帕特曾被朱利乌斯·恺撒指定为朱迪亚的总督。希律消灭了马喀比家族的末代国王后，于公元前 37 年登基。尽管他娶了马喀比家族的公主玛利阿穆妮，但他仿效罗马模式进行统治，仍是世俗化的。希律镇压和粉碎了国境内的宗教煽动者和宫廷阴谋，维护了国内的和平。在他的统治下，朱迪亚经济繁荣，那些巨大的建筑工程就是证明。虽然他重新修建了

公元前 37 年，希律大帝在罗马的帮助下征服耶路撒冷。

圣殿，但他力图在文化上团结犹太人的政策彻底失败了。据说，耶稣就诞生在希律统治时期。但是他屠杀无辜婴儿的事件可能只是基督教杜撰出来的。

公元前 4 年，希律死后，他的王国被三个儿子瓜分。其中，希律·安提帕斯接管了加利利和佩拉亚，并以与他的侄女同时也是嫂子的希罗迪亚丝的婚姻而闻名。而他的养女莎乐美的舞姿也名闻天下，她还曾因想要索取施洗者约翰的头颅而献舞。安提帕斯的侄子希律·阿格里帕一世于公元 41—44 年再次统治了希律大帝统治下的完整疆域，他极力支持犹太教，并和罗马人建立了友好关系。

伯利恒屠杀婴儿。亚历山德罗·图契画，1640年。

公元66年，犹太宗教的狂热派引发了一场反抗罗马人的暴动。当时的国王阿格里帕二世虽然信仰犹太教，却是在罗马长大，所以他站在罗马这一边。暴动导致罗马皇帝提图斯在公元70年占领了耶路撒冷，并下令摧毁圣殿。犹太宗教狂热派的最后据点马萨达于公元73年陷落，最后一批守卫者全部自杀。朱迪亚至此沦为一个罗马行省，只有部分自治权。但这种有限的自治权也在巴尔·科克巴起义后彻底失去。犹太军事统帅西蒙·巴尔·科克巴于132—135年领导起义，试图建立一个独立的以色列王国。三年后，犹太人被罗马人从朱迪亚驱逐，开始了他们的"流散"。

在提图斯拱门上，刻有罗马军队获取圣殿里圣物的残存浮雕。

阿拉伯南部诸王国

地处阿拉伯南部地区的诸王国由于商队往来于"香料之路"而经济繁荣。公元1世纪，示巴王国的希米亚人成功地将整个地区纳入他们的控制之下。

阿拉伯半岛从旧石器时代起就有人居住，公元前3世纪，这里成了闪米特人部落的家园，这些居民被称作"阿拉伯人"，早在公元前9世纪的亚述文献中就有所提及。环境恶劣的沙漠中心地区只有游牧民活动，但是在南部气候更宜人的地区（今天的也门和阿曼），一些城邦发展起来了。在很早的时候，他们就建造了灌溉系统，如马里布大坝，并从香料贸易中受益。他们通过商队和海上贸易路线把波斯湾和印度，甚至中国连接起来。运送香料、没药、香辛调料等的商队途经有军队保护的商队驻地和建在小山顶上的城市，最终到达地中海。

商队在前往红海途中，阿尔伯托·帕西尼画，1864年。

阿拉伯南部的示巴王国最初由祭司贵族进行统治，公元前10世纪，国王的力量慢慢发展起来。到公元前5世纪，国王开始掌握权力，并将都城定在马里布。《旧约》中所记载的示巴女王访问所罗门王的故事，反映了当时以色列和阿拉伯南部地区存在着密切的商业贸易关系。另一个铭文记载的国家可追溯到公元前10—前9世纪，它名为卡塔班（Qataban）王国，首都是蒂那（Timna）。这个王国在公元前 2 世纪时达到了其鼎盛时期，但在公元 20 年左右被哈达毛兹人征服。哈达毛兹王国的首都为希巴姆，它在公元 1 世纪初开始取得优势地位，到公元 50 年时就已经控制了整个阿拉伯的东南部。

此时，示巴王国在希米亚部落的统治下重新强大起来。希米亚人把坚固的要塞扎法确立为他们的新首都，随后征服了哈达毛兹人，并于公元 300 年左右控制了整个阿拉伯南部地区。在公元 72 年耶路撒冷遭到毁灭之后，希米亚人的王国里涌入了大批犹太人。从 4 世纪开始，又有大批基督徒迁徙到此。最初希米亚人的王国和信奉基督教的阿比西尼亚保持着友好关系，但是最后几任希米亚君主因为在宗教上倾向于犹太教而对基督徒进行迫害，导致了阿比西尼亚人于 525 年攻打希米亚。随后，王国在 575 年被波斯的萨珊王朝所灭。

捧着一困麦穗的女神像，发现于卡塔班，公元前 1 世纪。

佩特拉的纳巴泰

纳巴泰王国同样因其在"香料之路"上所占据的重要位置而变得富裕起来。至公元前 2 世纪，它已经成为当地最为强大的王国之一，但最终还是屈服于罗马的力量之下。

公元前 4 世纪，纳巴泰人从阿拉伯半岛迁移到今天的约旦地区，在布满红色松软砂岩的盆地里建立了佩特拉城，这个盆地只能通过狭窄的峡谷出入。直到公元前 2 世纪，他们都毫无政治野心地居住在与世隔绝的山谷中，他们的身份是牧人、商队向导和商人，这种身份定位使得他们与埃及、波斯以及希腊都保持着良好的关系。纳巴泰人控制着"香料之路"上的重要地段，他们在岩石表面建造贮藏货物和

示巴女王会见所罗门，油画。

食品的仓库。有些建筑物衍变成了多层住房、墓地和神殿，在神殿里最早膜拜的是石像，后来人们也崇拜被神化的统治者。纳巴泰人制作的装饰精美的陶器，在东方变成抢手的物品。

佩特拉全景，1839 年的彩色粉笔平版画。

纳巴泰的政治情况在公元前 2 世纪有所变化：王国开始扩张了。国王们小心谨慎地周旋于塞琉古王朝和托勒密王国之间，并且支持过犹太人在公元前 164 年反抗塞琉古王朝的起义。

佩特拉的圆形剧场，建于公元前 1 世纪，由罗马人扩建。

　　阿瑞塔斯三世开辟了一个新时代，公元前 84 年，他征服了塞琉古王朝控制下的巴勒斯坦半壁疆土和叙利亚大部分地区。大马士革的居民选他做王。公元前 65 年，他开始围攻耶路撒冷，后来罗马人以战争相威胁时，他被迫撤退。然而，阿瑞塔斯成功地将他的帝国从北部的大马士革扩张到西部的埃及。

佩特拉的女修道院

　　阿瑞塔斯四世在朱迪亚地区发动了一场反抗希律·安提帕斯的战争，并且获得

胜利。战争的起因是希律为了娶侄女希罗迪亚丝，而与他的发妻——阿瑞塔斯的女儿离了婚。阿瑞塔斯因此转向罗马，他在佩特拉建造了引水道和圆形剧场，将纳巴泰、希腊以及罗马的建筑风格融合在了一起，这是保存至今、雕凿于岩石上的建筑结构的显著特色。105 年，纳巴泰国王拉贝尔二世去世，这为罗马占领纳巴泰王国提供了可乘之机，最终佩特拉毁灭了。在图拉真皇帝统治时期，佩特拉被并入了罗马的版图。

世界强国迦太基：罗马的对手（公元前 814—前 44 年）

腓尼基人的殖民地迦太基，传说建立于公元前 814 年，它通过贸易和海上运输成为西地中海地区首屈一指的强国。面对与西西里岛上希腊殖民地以及之后与罗马的冲突，迦太基也开始发展军事武装。汉尼拔所率领的迦太基军队与罗马之间的斗争是一场生死存亡之战，最终以迦太基的战败和毁灭而告终。

迦太基最初是提尔的腓尼基人的殖民地，因此在文化和宗教上都深受腓尼基人的影响。他们崇拜的最高神灵是巴力·哈蒙。崇拜仪式在像洞穴一样的圣地中进行，但是否像传说的那样，将儿童作为献祭品，则尚无定论。在迦太基发现的奇形怪状的陶俑面具可能属于对死者的崇拜。

迦太基遗址

公元前 6 世纪，政治上独立的迦太基开始在北非和地中海沿岸建立贸易殖民地。迦太基变成一个庞大的城市，在城市的中心有一个双层的港口，内部为一个环形的军事港口，它被一个用于商业船只停泊的外部港口包围着，并且在港口周围建有一道 32 千米长的城墙。

迦太基由选举产生的执政官和贵族组成的元老院统治。迦太基人和西部的希腊人，主要是与叙拉古僭主的冲突，开始于公元前 5 世纪，冲突的焦点在于西西里和撒丁岛的基地和贸易据点的归属问题。在多次战争和围攻之后，公元前 374 年，双方确定以哈律库斯河为西西里岛上的分界线。

公元前 6—前 3 世纪，迦太基人和伊特鲁里亚人以及罗马人保持着贸易关系，它们之间签订了同盟合约。但当罗马人于公元前 264 年控制了西西里东北部的美西那时，双方爆发了冲突。

布匿的防御军事港口，一些码头从海面上难以看见

（艺术家复原图）。

在第一次布匿战争（公元前 264—前 241 年）中，罗马人把迦太基人赶出西西里，但同年罗马远征军在非洲登陆，却以失败告终。公元前 241 年，罗马人摧毁了迦太基的舰队，迦太基被迫求和，将西西里及其附近利帕里群岛让给罗马。

公元前 237—前 236 年，迦太基将军哈米尔卡·巴尔卡占领了西班牙南部和西部，建立起对抗罗马的军事基地。公元前 226 年，他的女婿哈斯德鲁巴推进到西班牙中部，最终和罗马签订了暂时停战条约。在哈斯德鲁巴于公元前 221 年被杀后，军队指挥权落在了哈米尔卡·巴尔卡之子汉尼拔手中，他在孩提时代就发誓与罗马为敌。

汉尼拔在军事和战略思想方面天赋极高，他很快便开始了对西班牙埃布罗河以北地区的征服，引发了第二次布匿战争。而后他连续两次击败了罗马执政官大西庇阿率领的军队，第一次是在公元前218年的特拉比亚会战中，第二次是在公元前217年的特拉希米内湖之战中。通过对罗马人形成包围圈的战术，汉尼拔在公元前216年的坎尼之战中取得了重大胜利。他随即试图迫使意大利北部民族如凯尔特人与他联手抗击，却没有完全成功。然而在公元前215年，他成功地与罗马的另一个敌人——马其顿的腓力浦五世缔结了联盟。当时罗马的执政官和独裁官是号称"拖延者"的法比尤斯·费边。在他的领导之下，罗马人避免与迦太基人正面作战，而采取游击战的策略。

公元前183年，在比提尼亚的利比萨，汉尼拔自杀。

公元前211年，汉尼拔挥师直指罗马，但为罗马人所阻。公元前206年，他被迫从意大利和西班牙大部分地区撤军。公元前204年，大西庇阿率领他的罗马军团在非洲登陆。汉尼拔回师保卫迦太基，但是在公元前 202 年的扎马之役中被大西庇阿击败。被罗马人通缉的汉尼拔借道叙利亚逃往比提尼亚。因为可能会被引渡回罗马，汉尼拔于公元前 183 年终结了自己的生命。

公元前 218 年汉尼拔越过罗纳河

　　向罗马无条件的投降暂时挽救了迦太基。但是老加图煽动起了罗马人对迦太基的敌意。他们害怕迦太基再次成为一个强大城邦，于是发动了第三次布匿战争。迦太基在公元前 146 年被占领，并被夷为平地。公元前 29 年，朱利亚·迦太基殖民地才成为罗马阿非利加行省的首府。

五、从罗马共和国的开端到结束

公元前 753—前 82 年

　　从共和国的最初时期开始，罗马就陷入了平民和贵族之间的长期斗争中，之后罗马帝国以罗马城为中心，版图不断扩张，它先是控制了整个意大利，然后逐渐控制了整个地中海区域。而伊特鲁里亚作为独立的文化在意大利中部繁荣发展，从公元前 5 世纪开始，他们的历史就与罗马的历史紧密地联系在了一起。但是。在公元前 133—前 123 年，格拉古兄弟改革失败后，罗马共和国就进入了不稳定的时期，并在罗马内战时达到高峰。

十二城市联盟的文化

　　起初，十二个伊特鲁里亚城邦组成的联盟控制了地中海的贸易，但后来西西里的希腊人迫使他们退居他地。

　　意大利伊特鲁里亚人的历史可以追溯到公元前 7 世纪。今天，学者们已经不再认为他们是来自东方的移民，尽管从他们的文字和瓶画来看，他们与早期希腊世界在文化上有着密切的亲缘关系。关于他们文化的资料主要来自其房屋般的坟墓和装饰有壁画的墓室里出土的殉葬品。他们在诸如奥维埃托和色维特里等地建造大型墓地。伊特鲁里亚人崇拜很多神，这些神后来和罗马的神明混合在了一起。肠卜师观察祭祀品肝脏显示的征兆，并解读闪电和鸟类飞翔，他们的预言在宗教崇拜中扮演着重要角色。

伊特鲁里亚瓶画，约公元前 500 年。

在政治上，伊特鲁里亚人组织了一个由十二个城邦组成的联盟，这些城邦都由祭司王统治。联盟主要是一个以位于伏悉尼的伏徒那神圣地周围地区为基础组成的共同体，同时也追求共同的政治目标。公元前 7—前 6 世纪，伊特鲁里亚人从他们的核心地区（今天的托斯卡纳）向外扩张，进入意大利南部，翻过亚平宁山脉直到北方。通过联合当地已有定居点，他们于公元前 650 年左右建立了罗马。

色维特里的伊特鲁里亚坟场

由于伊特鲁里亚拥有丰富的矿藏，从公元前 5 世纪起，它就和许多民族签订了贸易协约，包括腓尼基人、迦太基人以及希腊人。日长月久，伊特鲁里亚人越来越倾向于干涉西西里的政治事务。当西西里的势力范围扩张到意大利本土时，伊特鲁里亚与叙拉古僭主爆发了冲突。伊特鲁里亚舰队于公元前 474 年在库麦溃败，导致其政治力量被削弱，罗马的兴起成为可能。

罗马统治下的伊特鲁里亚人

随着罗马势力日盛，伊特鲁里亚城市渐渐失去了独立。伊特鲁里亚人成为罗马人的盟友，但是没有投票权。后来他们被完全融入罗马的世界帝国之中。

起初，罗马是伊特鲁里亚世界的一部分，并被伊特鲁里亚的塔克文王朝所统治。在罗马人于公元前510年将塔克文家族赶出罗马后，古代文献中曾提到的伊特鲁里亚国王波尔杉纳围攻并占领了罗马。但是他的努力毫无效果，罗马变成了共和国，而且在公元前500年左右，当人民起义反抗强大的贵族家族时，其他伊特鲁里亚城市的君主制也走到了尽头。

伊特鲁里亚人与凯尔特人之战，公元前2世纪的石瓮浮雕。

公元前5世纪，伊特鲁里亚同时遭到凯尔特人和不断扩张的罗马的攻击。罗马先是和十二城邦联盟中为首的城邦塔克文尼亚发生了冲突。在公元前353年，冲突波及了伊特鲁里亚的所有城邦。罗马人很快攻占并兼并了伊特鲁里亚城邦开雷（Caere）。城邦居民便成为罗马的盟友，拥有罗马公民除投票权之外的所有权力，这就是后来伊特鲁里亚和其他意大利城市并入罗马帝国的模式。

业已被征服的伊特鲁里亚城邦维伊（公元前396年）、内佩特（公元前386年）

以及苏特里姆（公元前383年）也受到了同样的对待。公元前310—前283年，最后一支伊特鲁里亚联军在瓦迪莫尼亚湖之战中遭到罗马人的毁灭性打击，自此伊特鲁里亚作为独立国家的命运终结了。

在罗马统治之下，伊特鲁里亚相继经历了公元前225年高卢人的破坏，以及公元前218—前207年间汉尼拔率领的迦太基军队的入侵。随着政治上的衰落，其经济和文化也随之凋敝。由于掠夺和入侵者野蛮的征服，城邦周围地区人口大量减少，许多伊特鲁里亚农民由于贫穷而沦为奴隶。

卢浮宫的汉尼拔雕像

伊特鲁里亚地区的社会悲剧为罗马改革家比如公元前2世纪的格拉古，还有马略提供了群众基础。马略在公元前87年组建了一支由贫穷的伊特鲁里亚人组成的志愿军，因而马略的政敌苏拉对伊特鲁里亚地区的打击就尤其严重。在奥古斯都皇帝统治下，伊特鲁里亚地区完全融入罗马帝国，成为罗马的第七区，并形成了一个投票单位。

神话、建城与早期阶段

罗马的建城神话塑造了罗马的自我形象和它作为一个国家的身份认同，而争夺军事权力的斗争则导致了贵族和平民的阶级区分。

没有任何其他世界帝国像罗马那样，建城神话在国家中起了如此关键的作用。罗马人将他们的祖先追溯到特洛伊的英雄埃涅阿斯。根据维吉尔的《埃涅阿斯纪》，埃涅阿斯在意大利登陆，建立了罗马的母邦阿尔巴·隆伽。因而，罗穆鲁斯才被视为城邦的建立者和首位国王。一般认为，他建立罗马城的时间是公元前753年4月21日。

古罗马市政广场完工时复原图，木版雕刻，大约1880年。

前后总共有7位国王统治过罗马，他们中的最后一位"高傲者"塔克文在公元前510年被推翻。塔克文政权覆亡的原因之一是，他的儿子强暴了贵族科拉提努斯的妻子鲁克雷提娅。据说塔克文的侄子朱尼乌斯·布鲁图斯发起的改革，对执政官制度的创立起到了至关重要的作用。

罗马建成于公元前650年左右，甚至可能迟至公元前575年，它本是伊特鲁里亚的一个属地。最初统治罗马的是来自塔克文王族的伊特鲁里亚国王。公元前474年，罗马人在库麦打败了伊特鲁里亚人，推翻了他们的统治。

罗穆鲁斯和雷穆斯通过观察鸟的飞翔决定罗马的城址

早在君主政体之下，罗马人中就已划分出"骑士"和"大众"（平民）两个阶级，后来从"骑士"中衍生出了贵族家族，而"大众"则沦为下层军事等级。军队的最高统帅任命军队高级将领，后来这些职位均被贵族所占据。

在罗马采用了希腊重装步兵方阵的作战方式以后，下层等级作用变得日益重要。之后，对军队将领职位的争夺演变成了贵族和平民之间争夺政治职位权利的斗争，这种斗争贯穿了整个罗马史。当出现农业危机和人口过剩时，农民变得日益贫困，只能沦为奴隶。

埃涅阿斯向伴随他从特洛伊到罗马的珀那忒斯（罗马家神）献祭

围绕共和国政治体制的斗争

罗马的早期法律和两位执政官共同领导的政治体制致力于在贵族和平民两个阶级间寻求平衡，但这种平衡时时处于被打破的危险中。

公元前450年左右，罗马的第一部法律汇编《十二铜表法》迫于平民的压力得以起草。直到帝国早期，《十二铜表法》一直是罗马法律的基础，它保证了平民和贵族在法律面前拥有的广泛的平等权利。然而，直到公元前300年，平民获得担任高级行政官职和祭司的权利，贵族与平民的等级斗争这才平息下来。

罗穆鲁斯把人口分为贵族和平民

新共和国的政治体制力求在贵族和平民之间达成政治平衡。作为行政长官的最高咨询机构的元老院被迫接受平民成员。不过，元老院仍然由贵族把持，平民只是获得了担任"平民保民官"的权利，能公开地代表平民的利益；平民还被准许召开平民会议。

至此罗马拥有了一个混合型的体制，包含君主制（行政长官）、贵族制（元老院）和民主制（人民大会）的因素。

公元前 387 年，布伦努斯率领高卢人攻占

并劫掠罗马，19 世纪的木刻浮雕。

公元前 367 年的"执政官法案"是平民争取平等权利斗争中的重要事件。此法案规定，选举两位执政官，比较理想的情况是分别由一位贵族和平民担任，任期一年。这两位首要行政长官加上一位"代行执政官"（praetor）就是最高的民事法庭法官和"仲裁人"。在共和国时期，两位执政官任期期限为一年；在战争期间，如果没有任命独裁官，他们还将共同担任最高军队统帅。在罗马帝国时期，两执政官的制度仍然得到沿用。

在公元前 387 年遭高卢人洗劫之后，罗马重新恢复了内部的稳定。

在公元前 3—前 2 世纪，罗马开始着手建立其世界性帝国。通过征服伊特鲁里亚人，战胜意大利中部的萨姆奈特人，罗马控制了整个意大利，并且在地中海地区向西西里和迦太基的海上势力进行挑战。

经历多次战争之后，罗马的势力从西欧扩张到了希腊和西亚。最后一次对罗马构成致命威胁的是公元前 218—前 201 年汉尼拔统领迦太基人远征，但他以失败

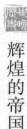

告终。

罗马人拥有装备齐全、训练有素的军队和完整的殖民地驻防系统，就像雅典在公元前5—前4世纪所做的那样，罗马人时常将罗马公民权授予被击败或者被征服的敌人，抑或是和他们结成永久盟友，这一切使得罗马能够专注于对内发展共和自由，对外进行扩张。

元老们，石棺残片。

罗马共和国的危机

国家力量的迅速膨胀激化了罗马的社会矛盾。元老院对格拉古兄弟土地改革的粗暴镇压，进一步加重了王国的危机，导致了社会的动荡，严重威胁到了共和国的政治结构。

公元前2世纪之前，罗马已经建立起了一个世界帝国，不过在文化上它还要依赖其他民族的传统。在早期阶段，希腊文化的影响举足轻重，之后带有东方色彩的希腊化文化影响更为重大。最主要的贵族家族有费边家族、朱利乌斯·克劳迪家族和西庇阿家族等，每一代都有人出任执政官和将军。由于军事上的盛名和战争中获得的掠夺物，他们享有极大的荣誉和财富。

向罗马俯首称臣的民族和盟友缴纳的贡物给罗马城带来了大量钱财和贵金属。但是，主要发生在行省管理中的腐败丑闻撼动了共和国。大地产所有者和一贫如洗的城市平民之间的巨大贫富差距成为再次破坏罗马内部和平的威胁。

公元前133年，罗马保民官提比略·格拉古寻求推行一项土地改革计划，目的是要更公平地分配土地。这个改革遭到大多数贵族的反对，这使他公开与元老院为敌。公元前132年，提比略在一场爆发在平民和贵族武装部队之间的内战式的斗争中被杀，同时死去的还有他的大部分支持者。他的弟弟盖乌斯·格拉古继续了提比略的改革，并计划在行省建立一个平民殖民地。他许诺授予罗马同盟者完全的公民权，从而引发了一场民族危机。元老院和贵族镇压了卷土重来的反抗，并迫使盖乌斯自杀。

但是，因为他们公开代表平民利益和贵族对抗，元老院和执政官的势力也在冲突中被削弱了。

在这种情况下，来自外部的威胁，尤其是抗击努米底亚国王朱古达的朱古达战争（公元前111—前105年），以及日耳曼部族辛布里人和条顿人对意大利北部的袭击（公元前113—前101年），突显了罗马国家的一种出人意料的爆炸性力量。

罗马的内战

将军盖乌斯·马略和卢西乌斯·科内里乌斯·苏拉之间的政治冲突导致了罗马内战。使国家四分五裂。在马略和秦纳的统治之后，苏拉开始了独裁统治，最终导致了共和国的衰亡。

公元前107年，元老院任命野心勃勃的将军盖乌斯·马略统兵抗击外敌。他彻底击溃了朱古达国王和威胁罗马北部边境的日耳曼部落。与此同时，他在自己统领的军队的支持下，开始谋求政治权利，多次担任执政官。马略还开展了一项平民事

公元前 132 年，提比略·格拉古被杀，19 世纪的钢质浮雕。

业，他招募无数贫困的平民入伍，组建了一支半职业化的志愿军；军队使用单一的徽章，即象征罗马的鹰。服完兵役后，这些志愿军可以分得一块属于自己的土地。就这样，马略在行省建立起平民和士兵的殖民地。

　　元老院因土地改革的问题陷入分裂状态，此时（公元前 91—前 89 年）罗马的意大利同盟者发动了反叛。只有在他们取得罗马全权公民权后，叛乱才得以平息。在这些战争中，卢西乌斯·科内里乌斯·苏拉作为军队统帅表现十分突出，他因在战事中的运气而获得了"幸运者"的称号。苏拉在公元前 88 年当选为执政官，但是元老院在米特达拉梯五世战争之后解除了苏拉的最高指挥权，并将之交付给马略。于是苏拉带领军队进军罗马，将马略放逐到非洲，重新夺得兵权。罗马将领胆敢采取军事手段逼迫元老院服从自己的意志，这还是第一次。内战由此揭开了帷幕。

公元前 132 年，提比略·格拉古被杀，19 世纪的钢质浮雕。

盖乌斯·马略将军，大约公元前 90 年大理石像。

苏拉继续与米特达拉梯的战争，他刚一出发，马略的盟友卢西乌斯·科内里乌斯·秦纳就率自己的军队进军罗马，企图夺取统治权。秦纳在公元前 86 年占领了罗马，并以独裁官的身份独自统治，直到他在公元前 84 年被造反的军队杀死。苏拉于次年回到意大利，大部分的贵族和元老投向了他这一边。

公元前 82 年，苏拉作为独裁官和"国家及元老院权力的恢复者"进入罗马。在接下来的几年里他残酷镇压异己，追捕和刺杀马略和秦纳的追随者，导致一些家族全部被血腥清除（"公敌宣言"）。

公元前 86 年苏拉战胜米特拉梯五世的军队

公元前 81—前 80 年，苏拉改革了罗马的政治体制，加强元老院的权力并限制保民官的权力。个别的国家职务和法庭则获得新的权威和权限。同时他将 12 万名退伍军人安置在意大利。公元前 79 年，苏拉自动辞官退居乡村，不久逝世。苏拉所恢复的旧罗马政体在他死后也被废除，但是苏拉和马略开创的先例却被后来的独裁者效仿。